Armin Krishnan

Gezielte Tötung

Die Individualisierung des Krieges

Armin Krishnan

GEZIELTE TÖTUNG

Die Individualisierung des Krieges

Matthes & Seitz Berlin

INHALT

EINE NEUE FORM VON KRIEGSFÜHRUNG

Das Auffinden und Neutralisieren von Individuen durch ›gezielte Tötung‹ hat sich über das letzte Jahrzehnt, nicht zuletzt als Folge der Entwicklung bewaffneter Drohnen, zu einer völlig neuen Form der Kriegsführung entwickelt. In der gegenwärtigen öffentlichen Debatte wird die ›gezielte Tötung‹ in erster Linie als Maßnahme der Terrorismusbekämpfung diskutiert. Tatsächlich handelt es sich aber um ein sehr viel komplexeres Phänomen und um einen neuen Ansatz in der Nutzung von tödlicher Gewalt durch Regierungen im Kontext von politischen und militärischen Konflikten. In der Praxis sind gezielte Tötungen moralisch und juristisch sehr schwer zu beurteilen, und die Umstände, in denen diese Maßnahme angewendet wird, unterscheiden sich oft erheblich, ebenso wie die Mittel, die dabei zum Einsatz kommen. Selbst wenn man gezielte Tötungen als eine reine Antiterrorstrategie begreift, entsprechen die in der Regel überaus unscharf definierten Begriffe ›Terrorismus‹ und ›Terrorist‹ einem historischen Phänomen, das sich im Lauf seiner Geschichte sehr stark gewandelt hat.[1] Schwierig ist insbesondere die Unterscheidung von ›Freiheitskämpfer‹ und ›Terrorist‹, da dies nicht nur von der verwendeten Taktik abhängt und davon, ob Unschuldige zu Schaden kommen, sondern sehr stark von der moralischen und politischen Legitimität des Kampfes. Zur Zeit der Apartheid in Südafrika galt beispielsweise der Afrikanische Nationale Kongress (ANC) als eine Terrororganisation und Nelson Mandela, der Anführer des militärischen Flügels des ANC, als Terrorist, nicht zuletzt deswegen, weil der ANC die bestehende politische Ordnung in Südafrika umstürzen wollte und zuweilen auch Terroranschläge gegen Zivilisten verübte.[2] Dennoch gelang es dem ANC aufgrund der Legitimität seines Kampfes internationale Anerkennung zu gewinnen und schließlich ab 1994 zur größten und regierenden Partei Südafrikas zu werden. Regierungen verwenden das Schimpfwort ›Terrorist‹ oder ›Terrorgruppe‹ darüber hinaus nicht nur gegen jene, die eine bestehende politische Ordnung gewaltsam umstoßen wollen, sondern auch für politische Abweichler und Oppositionelle. Da sich umfassende staatliche Terrorismusdefinitionen oft auf sehr unterschiedliche Personengruppen ausweiten lassen, könnten vorgebliche Antiterrorstrategien wie die gezielte Tötung von ›Terroristen‹ leicht auch gegen Individuen angewendet werden, die Regierungen aus welchen Gründen auch immer als problematisch oder gefährlich einschätzen.

Die genaue Abgrenzung der gezielten Tötung vom politischen Mord ist nicht nur wegen der ungenauen Definition von Terrorismus schwierig, sondern auch weil dieselben Staatsorgane (Geheimdienste und militärische Spezialkräfte), die zuweilen politische Attentate ausführen, gleichermaßen mit der gezielten Tötung von Terroristen betraut werden. Auch die verwendeten Methoden unterscheiden sich wenig. Geheimdienste wie der israelische Mossad oder die Sicherheitsabteilung (Security Branch oder SB) der südafrikanischen Polizei haben ›Terroristen‹ mit Giftinjektionen, Sprengsätzen und Briefbomben getötet.[3] Auch können die gezielt angegriffenen Individuen keineswegs immer als ›Kombattanten‹ charakterisiert werden, und deren Tötung dient damit keineswegs immer der Verhinderung bestimmter zukünftiger Terroranschläge. Der Mossad tötet auch Wissenschaftler, die an Waffenprogrammen für Israels Feinde arbeiten.[4] Die USA töteten auch gezielt Mitglieder von afghanischen Drogenkartellen.[5] Der Diktator

Gaddafi wurde auf dieselbe Weise wie al Quaida-Terroristen in Pakistan gejagt und angegriffen, nämlich mit bewaffneten Drohnen.[6] Die Methoden und die Ziele mögen sich daher unterscheiden, was diese Aktionen jedoch verbindet, ist die Überzeugung der ausführenden Staaten, dass Konflikte politischer und militärischer Natur durch die gezielte Eliminierung von Individuen entschieden werden können oder dass sich durch die systematische und selektive Tötung von bestimmten Feinden im Kontext eines größeren politischen oder militärischen Konfliktes zumindest ein taktischer, operativer oder strategischer Vorteil gewinnen lässt.

Die Ähnlichkeit von ›gezielten Tötungen‹ und politischen Attentaten ist schwer zu übersehen, auch wenn die Befürworter der Praxis gezielte Tötungen als legitime Kampfhandlungen zu definieren versuchen. ›Gezielte Tötung‹ klingt zwar wie ein Fachausdruck, aber im Völkerrecht gibt es diesen Begriff nicht, und er wird auch sehr unterschiedlich von Juristen, Wissenschaftlern und Regierungen verwendet und definiert.[7] Eine eindeutige und scharfe Abgrenzung von legitimer bzw. legaler ›gezielter Tötung‹ auf der einen Seite und illegitimen bzw. illegalen ›Attentaten‹ auf der anderen Seite ist in der Praxis äußerst schwierig. Die Verwendung des Ausdrucks ›gezielte Tötung‹ versucht einem Akt staatlich sanktionierter tödlicher Gewalt gegen Individuen Legitimität und Legalität zu verleihen. Dies ist aber eine rein rhetorische Strategie. Die Unterscheidung beruht damit nicht auf greifbaren und klaren Unterschieden, sondern vorwiegend darauf, wie ein Beobachter die Legitimität bzw. Legalität einer staatlich angeordneten Tötung einschätzt.

Die Praxis des politischen Attentats ist natürlich nicht neu, sie findet sich bereits in der frühen Antike. Die Sekte der Assassinen perfektionierte im Nahen Osten des Spätmittelalters angeblich das politische Attentat als Mittel der Kriegsführung und der Ausübung von politischer Macht und Kontrolle. Die Macht der Assassinen beruhte hauptsächlich auf deren Fähigkeit, selbst Könige und Fürsten durch Attentate zu bedrohen mit Hilfe von fanatischen und zum Tode bereiten gedungenen Mördern. Obwohl die Assassinen den politischen Mord nicht gerade erfunden haben, so waren sie jedenfalls dermaßen erfolgreich damit, dass das englische Wort für Attentäter, ›assassin‹, sich von ihnen herleitet.[8] Was jedoch neu ist in der Praxis des politischen Mordes, ist der verstärkte Einsatz des Militärs und modernster Waffentechnik gegen Individuen im Zusammenhang mit innerstaatlichen bewaffneten Konflikten, Terrorismus, Waffenproliferation und organisiertem Verbrechen. Die Neutralisierung von bestimmten Individuen der Gegenseite ist keine irreguläre Randerscheinung mehr, sondern findet in vielen Kriegen Anwendung: in den maßgeblichen Konflikten des frühen 21. Jahrhunderts nimmt sie sogar eine zentrale und strategisch entscheidende Rolle ein. Dies bedeutet in vielerlei Hinsicht eine radikale Abkehr von der Praxis der westlichen Kriegsführung des 19. und 20. Jahrhunderts, die ganz auf Masse, Bewegung und Feuerkraft ausgerichtet war. Im individualisierten Krieg des 21. Jahrhunderts werden nicht mehr reguläre Streitkräfte gegen gegnerische reguläre Streitkräfte ins Feld geführt. Ein individualisierter Krieg bedeutet dagegen, dass Kriege nicht mehr von Staaten gegen Staaten, sondern von Individuen gegen Staaten geführt werden.[9] Natürlich heißt das auch umgekehrt, dass Staaten nun Krieg gegen Individuen führen, die sie als ›gefährlich‹ einstufen.

Bei dieser neuen Art von Kriegsführung gibt es somit keine Feldzüge und Schlachten, sondern höchstens sehr begrenzte Militäreinsätze gegen einzelne strategische Ziele (fast immer Individuen) in Staaten, mit denen kein offener Krieg geführt wird. Charakteristisch für solche

Militäreinsätze ist die Anwendung relativ geringer militärischer Gewalt mit Hilfe von hochpräzisen Raketenangriffen oder durch den Einsatz von Spezialkräften. In bestimmten Fällen sind es auch Geheimdienste, die Terroristen professionell mit Sprengsätzen oder doppeltem Kopfschuss beseitigen. Die Schwelle zum formalen Staatenkrieg soll dadurch nicht überschritten werden, und der Krieg gegen diese ›gefährlichen‹ Individuen kann beinahe rücksichtslos geführt werden, da sie als illegitim bzw. kriminell gelten. Daher betrachten die beiden Staaten, die gezielte Tötungen am offensten und häufigsten anwenden – die USA und Israel – diese als legitime Reaktion auf die Bedrohung ihrer nationalen Sicherheit, die offiziell von bestimmten Individuen ausgeht.

Dennoch sind ›gezielte Tötungen‹ aus vielerlei Gründen überaus umstritten. Kritiker sprechen oft von ›Attentaten‹, ›außergerichtlichen Hinrichtungen‹ oder von ›staatlich sanktioniertem Mord‹. Die Beantwortung der Frage nach der völkerrechtlichen Legalität von ›gezielten Tötungen‹ ist alles andere als einfach. In der Regel hängt dies von den jeweiligen Umständen ab, unter denen die Tötung stattfindet. Interessanterweise gibt es im Völkerrecht kein generelles Verbot von ›Attentaten‹, sondern nur ein Verbot der Tötung von völkerrechtlich geschützten Personen.[10] Auch wenn nicht explizit im Völkerrecht verboten, so unterscheiden sich gezielte Tötungen aber sehr deutlich von anderen Kontexten, in denen der Staat legitim tödliche Gewalt ausübt. Polizisten und Soldaten dürfen unter bestimmten Umständen legal tödliche Gewalt anwenden, jedoch ist diese Gewalt nicht gegen im Voraus bestimmte Personen gerichtet, sondern an spezifische Umstände gebunden. Polizisten dürfen tödliche Gewalt anwenden, um ihr eigenes Leben oder das Leben anderer zu schützen. Zum Beispiel kann die Polizei einen Geiselnehmer ohne Vorwarnung erschießen, wenn dadurch das Leben der Geisel gerettet werden kann. Dies wird als ›finaler Rettungsschuss‹ bezeichnet und ist legal. Gleichermaßen dürfen Soldaten in einem bewaffneten Konflikt gegnerische Kombattanten töten, sofern diese nicht *hors de combat* sind und keine verbotenen Waffen oder Praktiken angewendet werden. Die Gewalt im traditionellen Krieg richtet sich aber nicht gegen bestimmte Individuen im Feindeslager, sondern gegen den Feind allgemein, und die Tötung eines Gegners ist ein Resultat des Kampfes. Dagegen hat die Verwendung von Namenslisten von bestimmten Personen, die zum Abschuss freigegeben sind, wie dies typischerweise bei gezielten Tötungen der Fall ist, sehr viel eher den Charakter einer Hinrichtung als den einer Polizeiaktion oder einer normalen Kampfhandlung. Auch wenn gezielte Tötungen als nationale Selbstverteidigung im Kontext eines bewaffneten Konflikts legitimisiert werden und damit als analog zur Tötung von Kombattanten in einem Krieg betrachtet werden, so widerspricht diese Vorgehensweise eindeutig den Traditionen und Konventionen des Krieges, die Attentate auf bestimmte Gegner als Heimtücke betrachten. Die wachsende Verbreitung und Akzeptanz der Praxis ist darum als eine relativ neue und womöglich besorgniserregende Entwicklung in der Evolution des modernen Krieges anzusehen.

Was sind ›gezielte Tötungen‹?

›Gezielte Tötungen‹ sind nur schwer vom politischen Mord oder Attentat abzugrenzen. Befürworter sehen eindeutige Unterschiede und betonen, dass es sich bei der ›gezielten Tötung‹ um eine sowohl legitime als auch völkerrechtlich legale Maßnahme der Terrorismusbekämpfung handelt. So haben führende Politikprofessoren wie Avery Plaw die gezielte Tötung eindeutig als eine Antiterrorstrategie beschrieben, die Regierungen gegen Terroristen allein zum Schutz vor Bedrohungen ihrer Sicherheit einsetzen.[11] Thomas B. Hunter, ein früherer Analytiker des amerikanischen Militärgeheimdienstes DIA, bezeichnet die ›gezielten Tötungen‹ als »die geplante, vorbeugende und absichtliche Tötung eines Individuums oder mehrerer Individuen, von denen bekannt ist oder angenommen wird, dass sie aufgrund ihrer Kontakte zu Terrorgruppen oder bestimmten Individuen eine gegenwärtige und oder zukünftige Bedrohung für die Sicherheit des Staates darstellen«.[12] Der Völkerrechtler Nils Melzer hat die Legalität gezielter Tötungen juristisch definiert, als »die Anwendung tödlicher Gewalt, die einem Völkerrechtssubjekt zugeschrieben werden kann, mit Absicht, Vorausplanung und Überlegung, individuell ausgewählte Personen zu töten, die sich nicht im Gewahrsam derer befinden, die sie zum Ziel erklärt haben«.[13] Noch breiter ist die Definition des Analytikers der RAND Corporation Bruce Berkowitz, der keinerlei Unterschied zwischen gezielter Tötung und Attentat sieht. Nach Berkowitz spielt es keine Rolle, ob die Zielperson einen hohen Rang hat oder nicht, um eine Tötung als Attentat zu charakterisieren. Auch gemeine Soldaten könnten zum Ziel von Attentaten werden, ebenso wie Terroristen in den unteren Rängen.[14] Indes ist es durchaus sinnvoll, zwischen Attentat und gezielter Tötung zu unterscheiden, da ein Attentat ein singuläres politisches *Ereignis* ist, während gezielte Tötungen als eine neue Form von Kriegsführung beschrieben werden können, die aus einer *Serie von Attentaten* auf bestimmte und nach bestimmten Kriterien ausgewählte Individuen des Gegners besteht, mit dem Ziel, diesen Gegner zu besiegen oder zu einem bestimmten Verhalten zu zwingen bzw. zu manipulieren oder aber zu demoralisieren. Darüber hinaus können mit gezielten Tötungen auch andere bedeutsame politische oder strategische Ziele verfolgt werden, wie innenpolitische Ziele, Verbrechensbekämpfung, Verhinderung der Weiterverbreitung von Waffentechnik usw. Der Ausdruck ›gezielte Tötung‹ wird im Folgenden im Sinne einer Form von Kriegsführung verwendet, die auf der systematischen Eliminierung von ausgewählten Individuen zur Erreichung von wichtigen politischen oder militärischen Zielen basiert. Danach zeichnen folgende Eigenschaften nach gegenwärtiger Praxis eine gezielte Tötung aus:

Eine legitime Regierung ordnet die Tötung an und führt sie aus;

es gibt einen formalen und juristisch informierten Prozess, nach dem die Ziele ausgewählt werden;

die Zielperson ist normalerweise ein ›Terrorist‹ und allgemein ein nichtstaatlicher Akteur;

die Tötung findet außerhalb des Hoheitsgebiets des Staates statt, dessen Regierung sie angeordnet hat;

es besteht kein formaler Kriegszustand zwischen dem Staat, der die gezielte Tötung angeordnet hat, und dem Staat, in dem die Tötung stattfindet;

die Tötung ist präventiv: Sie ist ein Akt nationaler Selbstverteidigung, der zukünftige Anschläge oder Bedrohungen verhindern soll, und kein bloßer Vergeltungsakt für vergangenes Unrecht;

die gezielte Tötung ist rechtlich im Zwischenbereich von internationaler Strafverfolgung und Kriegsführung angesiedelt.

Die gezielte Tötung ist somit eine eigenständige Form von Kriegsführung, die nicht auf eine Zielkategorie (Terroristen) beschränkt ist, sondern sich vielmehr im Prinzip universell anwenden lässt. Der frühere Elitesoldat George Crawford bezeichnet diese Form von Kriegsführung als ›Menschenjagd‹ (›Manhunting‹).

Dabei geht es im Wesentlichen um das Aufspüren und Unschädlichmachen von Individuen, die für Aggression verantwortlich sind. Crawford betont, dass dabei nur in extremen Fällen tödliche Gewalt angewendet werden sollte, da gefährliche Individuen, wenn möglich, bevorzugt der Justiz überstellt werden sollten.[15] Crawford betrachtet die Menschenjagd als die Gegenwart und möglicherweise Zukunft des Krieges und fordert von den amerikanischen Streitkräften und Geheimdiensten die Ausbildung entsprechender Fähigkeiten durch die Entwicklung einer Doktrin, durch Ausbildung, Ausrüstung, Organisation und den Ausbau nationaler und internationaler Zusammenarbeit. Betrachtet man die Entwicklung der Kriegsführung in den letzten Jahren, besonders im Hinblick auf die amerikanische Aufstands- und Terrorismusbekämpfungsstrategie im Irak, in Afghanistan und Pakistan, dann wird deutlich, dass die amerikanischen Streitkräfte und Geheimdienste sich bereits sehr gut auf die neue Aufgabe der Auffindung und Neutralisierung von Individuen umgestellt haben. In der gegenwärtigen Sprechweise des U.S.-Militärs heißt dieser Ansatz auch ›finden, festnageln, erledigen‹ (›find, fix, finish‹), was soviel bedeutet wie den Feind aufzuspüren, ihn bewegungsunfähig zu machen, um ihn dann angreifen zu können, was bei Terroristen immer häufiger mit Drohnen geschieht.[16]

Nichts zeigt die Wende in der Kriegsführung deutlicher als die Schnelligkeit, mit der die U.S.-Streitkräfte das eigene Drohnenarsenal ausgebaut haben. Während die U.S.-Streitkräfte im Jahr 2000 nur etwa 50 Drohnen besaßen,[17] waren es gut zehn Jahre später über 5.500 Drohnen. Nur 340 Drohnen haben die Größe von bemannten Flugzeugen, alle anderen Drohnen sind Mikrodrohnen in der Größe von Modellflugzeugen.[18] Das CIA-Drohnenprogramm erfuhr in den letzten Jahren exponentiellen Zuwachs, und das Pentagon hat so viele Drohnen bestellt, dass die Hersteller derzeit Lieferschwierigkeiten haben.[19] Die amerikanische Luftwaffe USAF bildet inzwischen mehr Drohnenpiloten als Piloten von bemannten Flugzeugen aus.[20] Der Zweck dieser Drohnen und des Drohnenkriegs ist in der Regel nicht die Führung eines konventionellen Krieges, für den sie sich nicht besonders eignen,[21] sondern das Aufspüren und Töten von gefährlichen Individuen, seien es Terroristen, Aufständische, Drogenbosse oder flüchtige Diktatoren. 2011 operierten amerikanische Drohnen in wenigstens sieben verschiedenen Ländern außerhalb der USA, wo sie gezielte Tötungen durchführten oder diese zumindest durch Luftaufklärung unterstützten: im Irak,[22] Afghanistan,[23] Pakistan,[24] Jemen,[25] Somalia,[26] Libyen[27] und Mexiko.[28] Zudem haben die amerikanischen Streitkräfte in den letzten zehn Jahren weltweit wenigstens 60 geheime Drohnenstützpunkte aufgebaut, die es ihnen ermöglichen, Ziele in vielen Teilen der Welt anzugreifen.[29] Zu den wichtigsten Drohnenstützpunkten zählen: eine Basis auf den Seychellen im Indischen Ozean, ein Flughafen in Arba Minch in Äthiopien, ein Flugfeld in Dschibuti, mehrere Militärflughäfen in Afghanistan, darunter Bagram und Kandahar, ein Flughafen in den Vereinigten Arabischen Emiraten, der Militärflughafen Balad im Irak, der Militärflughafen Al-Udeid in Katar, ein Flughafen in Tuzel in Usbekistan und der Militärflughafen Shabaz in Pakistan.[30] Gezielte Tötungen erfordern zwar keine Drohnen, aber Drohnen sind derzeit die bevorzugte Methode für die gezielte Tötung von Gegnern. Vieles deutet darauf hin, dass diese Methode seitens der USA und anderer Staaten in Zukunft häufiger zur Anwendung kommen wird.[31]

1. KRIEG UND DIE ›GEZIELTE TÖTUNG‹ VON INDIVIDUEN

Krieg ist in der Vorstellungswelt vieler Menschen ein intensives Massenereignis nach dem Vorbild des Zweiten Weltkrieges. Millionenstarke Armeen mit Tausenden von Panzern, Kampfflugzeugen und Kriegsschiffen treten gegeneinander an. Ganze Nationen ringen über Jahre hinweg miteinander und schlagen viele Schlachten, bis eine Seite schließlich unterliegt und kapituliert. Diese Vorstellung hat sich durch unzählige Kriegsfilme und Dokumentationen im Bewusstsein der meisten Europäer und Amerikaner verfestigt. Die gegenwärtige Realität des Krieges ist jedoch eine völlig andere. Für westliche Streitkräfte wie die Bundeswehr oder andere NATO-Streitkräfte sind Kriege begrenzte Interventionen fern von der Heimat, in denen sie meist einem sich stets entziehenden Feind in Form von Partisanen oder Terroristen gegenüberstehen. Dort gibt es kaum nennenswerte Schlachten, nur einzelne Scharmützel, Hinterhalte und Terroranschläge. Der Feind ist in der Regel unsichtbar und kämpft oft mit improvisierten Sprengsätzen. Die Anzahl der eigentlichen Kombattanten ist in diesen Kriegen, die oft formal als ›humanitäre Interventionen‹ bezeichnet werden, auf beiden Seiten relativ gering. Es sind ohnehin zumeist Zivilisten, die zu Kriegsopfern werden. Das moderne Gefechtsfeld ist voll von Zivilisten und fast leer in Bezug auf Kombattanten. Es ist daher eine wesentliche Herausforderung unter solchen Umständen den Feind überhaupt erst einmal zu finden. Ein gutes Beispiel dafür ist der Kosovokrieg von 1999. Der Journalist Michael Ignatieff hat darauf hingewiesen, dass dieser Krieg von nur 1.500 NATO Piloten und weniger als 1.000 serbischen Luftabwehrspezialisten geführt wurde.[1] Krieg wird zunehmend von einer verschwindend kleinen Zahl von Kombattanten ausgetragen, die zudem oft nichtstaatliche Akteure sind und zuweilen als Verbrecher angesehen werden, was eine individualisierte Kriegsführung attraktiv macht. Die historischen Wurzeln des Wechsels zu einer individualisierten Kriegsführung liegen in der wachsenden Bedeutung des Revolutions- und Bürgerkriegs, der Entwicklung einer modernen Aufstandsbekämpfungsdoktrin, der sogenannten Revolution in Militärangelegenheiten (RMA) bzw. dem Konzept der »wirkungsbasierten Bombardierung« und der Tendenz moderner Kriegspropaganda, Feinde individuell zu dämonisieren. Die Evolution des Krieges vom Clausewitz'schen Konzept im 19. Jahrhundert hin zum individualisierten Krieg des frühen 21. Jahrhunderts verlief schleichend.

Das Clausewitz'sche Paradigma des Krieges

Carl von Clausewitz, einer der einflussreichsten Theoretiker des Krieges, prägte mit seinem nachgelassenen und unvollendeten Werk *Vom Kriege* das westliche Verständnis der Natur des Krieges maßgeblich. Nach Clausewitz ist Krieg ein »erweiterter Zweikampf« mit dem Zweck, »den Gegner zur Erfüllung unseres Willens zu zwingen«.[2] Krieg ist damit ein Wettkampf des Willens zweier Völker. Krieg ist zudem nach Clausewitz kein Selbstzweck, sondern stets ein Mittel, um eine politische Zielsetzung zu erreichen. Der Krieg setzt die Politik nicht außer Kraft, sondern ist »eine bloße Fortsetzung der Politik mit anderen Mitteln«. Genau wie Politik ein Vorrecht des souveränen Staates ist, so ist es ebenso ein Vorrecht des Souveräns, zu entscheiden, wann und ob Krieg als Mittel den eigenen politischen Interessen dient. Krieg gilt hier als ein legitimes Instrument der Staatsräson. Dies bedeutet auch, dass es für Clausewitz allein der Staat ist, der legitim Krieg führen darf, und zu einer legitimen Kriegsführung gehört selbstverständlich das Aufgebot regulärer staatlicher Armeen. Gewöhnliche Mitglieder des Volkes haben kein Recht, sich an den Feindseligkeiten zwischen Staaten zu beteiligen. Das gemeine Volk ist am Krieg nur insofern beteiligt, als es die wirtschaftlichen Kosten trägt. Der israelische Militärhistoriker Martin van Creveld bezeichnet daher das Clausewitz'sche Paradigma des Krieges als »trinitarisch«, hergeleitet aus der Trinität von Staat, Heer und Volk.[3] Für Clausewitz ist Krieg *per definitionem* ein Phänomen internationaler Politik, das politisch gezähmt werden kann, obwohl er ihn grundsätzlich als »Akt der Gewalt« betrachtet, dessen Logik gerade in der Grenzenlosigkeit dieser Gewalt besteht.[4] Entscheidend im Clausewitz'schen Kriegsverständnis ist das Primat der Politik, nach der Krieg nur Mittel zum politischen Zweck, und Krieg stets ein Staatenkrieg ist.

Der Krieg als Duell

Für Clausewitz ist der Krieg eine Art Duell von Ebenbürtigen, bei dem es verbindliche Regeln gibt. Diese Regeln haben ihren Ursprung in der mittelalterlichen Kultur der Ritterlichkeit, die die Kriegführenden zur Fairness im Kampf verpflichtet. So beschränkt die militärische Tradition der Ritterlichkeit den Kampf auf eine klar identifizierbare Gruppe von Kombattanten und verbietet Angriffe auf jene, die sich nicht verteidigen können. Waffen, die es Kombattanten erlaubten, ohne Risiko zu kämpfen, wie zum Beispiel die Armbrust, galten lange Zeit als ehrlos und wurden darum geächtet.[5] Ein wichtiger Gesichtspunkt bei diesem und späteren Verboten von Waffen war und ist die Fairness ermöglichende Symmetrie der Kampfweise und der Waffen.[6] Darum wurden verschiedene Verbote von bestimmten Waffen wieder aufgehoben, sobald sie allen Kriegsparteien gleichermaßen zur Verfügung standen.[7] Auch wenn das Gebot zu Fairness im Krieg anachronistisch (oder utopisch) erscheint, so lebt dieses Ideal in den Grundsätzen militärischer Ehre fort und ist im modernen Kriegsrecht weitgehend enthalten, das Massaker von feindlichen Kombattanten, Angriffe auf die Zivilbevölkerung und Heimtücke eindeutig verbietet.

Die Konzeption des Krieges als Duell bedeutet, dass es ein Kampf nach Regeln ist, in dem sich zwei gleichwertige Gegner gegenüberstehen. Wegen der inhärent politischen Natur des Krieges ist der Feind im Krieg, wie der politische Theoretiker und Verfassungsjurist Carl Schmitt herausgestellt hat, keineswegs ein persönlicher Feind, der als kriminell oder verachtenswert anzusehen ist. »Den Feind im politischen Sinne braucht man nicht persönlich zu hassen …«[8] Der Feind sei »eben der andere, der Fremde«, dessen Existenz genüge, um die Möglichkeit oder Eventualität des Krieges zu erzeugen. Das Politische als eine Unterscheidung von Freund und Feind und damit der Krieg selbst (oder zumindest dessen immer bestehende Möglichkeit) ist nach Schmitt existenziell. Die Tötung von Feinden im Krieg wie der Krieg selbst seien daher überhaupt nicht moralisch bewertbar. Gerechtigkeit gehöre somit nicht zum Begriff des Krieges.[9] Für Schmitt (und Clausewitz) kann es daher gar keine gerechten Kriege geben. Es ist nämlich ein fester Bestandteil des Clausewitz'schen Paradigmas des Krieges, dass die militärischen Gegner trotz ihrer formalen Feindschaft moralisch gleichwertig sind. Der Feind ist kein Verbrecher, da es ein fundamentales Recht der souveränen Staaten war, nach Gutdünken Krieg zu führen, egal aus welchem Grund. Die legitimen Repräsentanten des Staates sind damit ebenfalls keine Verbrecher, sondern verdienen es als ehrbare Kämpfer behandelt zu werden. Daher schreibt das moderne Völkerrecht, dessen Wurzeln im 19. Jahrhundert liegen, vor, dass die legitimen Repräsentanten des militärischen Gegners (dessen uniformierte Soldaten) nicht als Verbrecher ohne Rechte zu behandeln sind, sondern dass sie besonderen Schutz genießen und nach Ende der Feindseligkeiten wieder freigelassen werden müssen. Die Genfer Konvention verbietet zum Beispiel eindeutig die Folterung bzw. Misshandlung und Exekution von Kriegsgefangenen und fordert im Gegenteil für sie eine besondere Fürsorgepflicht.[10]

Zu diesen Traditionen des Krieges gehört auch das Tabu, bestimmte Kombattanten wie militärische Führer gezielt anzugreifen. So hatte einer Anekdote zufolge Wellington eine Gelegenheit, Napoleon zu töten, auf die er mit den Worten verzichtete, es sei nicht das Geschäft von Kommandeuren, aufeinander zu schießen.[11] Selbstverständlich war das Zögern Wellingtons, Napoleon gezielt anzugreifen, nicht einfach von militärischer Ehre motiviert, sondern auch ein Ausdruck mittelalterlichen Standesdünkels, der gemeinen Soldaten verbot, einen General oder gar einen Kaiser zu töten.

Die Grundsätze der militärischen Ehre, die über Jahrtausende das militärische Denken und Handeln beeinflusst haben, verbieten ganz klar unfaire und inhumane Mittel und Methoden der Kriegsführung. Die Haager Landkriegsordnung betont, dass die »Kriegsführenden ... kein unbeschränktes Recht in der Wahl der Mittel zur Schädigung des Gegners« haben. Ausdrücklich verboten ist »die Verwendung von Gift oder vergifteten Waffen«, »die meuchlerische Tötung oder Verwundung von Angehörigen des feindlichen Volkes oder Heeres«, »die Tötung oder Verwundung eines die Waffen streckenden oder wehrlosen Feindes, der sich auf Gnade oder

Ungnade ergeben hat«, »die Erklärung, dass kein Pardon gegeben wird«, usw.[12] Bestimmte Waffen, Taktiken und Methoden, die als inhuman angesehen werden oder Verrat an dem guten Willen des Feindes begehen (zum Beispiel durch Heimtücke) sind strengstens verboten. So ist es etwa verboten, unter dem Schutz der weißen oder einer neutralen Flagge anzugreifen, die Uniformen des Feindes zu tragen oder gegnerische Kombattanten heimtückisch zu ermorden. Attentate auf militärische Führer oder der Mord von Kombattanten mit Hilfe einer List oder meuchlerischer Methoden ist eindeutig untersagt. Zweck dieser Verbote ist es nach Carl Schmitt, eine Eskalation von einer nur politischen zu einer totalen oder absoluten Feindschaft zu verhindern und damit die Möglichkeit eines politischen Friedensschlusses zu erhalten.

Kriminalisierung des Krieges und Umdeutung des Kriegsbegriffs

Der Erste Weltkrieg wurde zu jener Zeit allgemein als so furchtbare Katastrophe für die Menschheit empfunden, dass sich die Staatengemeinschaft in der Folge intensiv bemühte, die Praxis des Krieges allgemein zu verbieten. Bereits der Versailler Friedensvertrag enthielt eine Klausel über Kriegsschuld (Artikel 231) und bezichtigte Kaiser Wilhelm II., persönlich für den Ersten Weltkrieg verantwortlich gewesen zu sein (Artikel 227). Dass die Frage der Kriegsschuld überhaupt aufkam, war an sich bereits eine erhebliche Abweichung vom Clausewitz'schen Paradigma des Krieges und vom klassischen Konzept staatlicher Souveränität, wonach es ein Vorrecht von Staaten ist nach Gutdünken Krieg zu führen. Ebenso im Versailler Vertrag enthalten war das Gebot zur Gründung eines Völkerbundes, der das friedliche Zusammenleben der Völker garantieren sollte. Der Völkerbund hatte das Ziel, jeden Angriffskrieg zu kriminalisieren und durch kollektive Sanktionen der Staatengemeinschaft zu bestrafen und damit langfristig den Staatenkrieg unmöglich zu machen. Der Kellogg-Briand-Pakt von 1928 war noch deutlicher in der Zielsetzung und beinhaltete eine klare Verzichtserklärung fast aller derzeit existierenden Staaten, Krieg als ein Werkzeug internationaler Politik zu benutzen. Mit diesem Universalismus zeichnete sich eine Aufhebung, oder zumindest Relativierung, nationaler Souveränität ab. Allerdings waren Völkerbund und Kellogg-Briand-Pakt historisch zum Scheitern verurteilt, was bald durch eindeutige Verstöße gegen das Verbot des Angriffskriegs durch Italien, Japan und Deutschland deutlich wurde. Der später folgende Zweite Weltkrieg war schließlich um einiges zerstörerischer und verlustreicher als der Erste. Wieder wurde auf die ursprüngliche Lösung der Kriminalisierung des Krieges zurückgegriffen. Aber zum ersten Mal in der Geschichte wurden die politischen Führer der aggressiven Mächte wegen des Führens eines Angriffskriegs formal vor Gericht gestellt und verurteilt.

Die Nürnberger Kriegsverbrecherprozesse waren eine beispiellose Neuheit im Völkerrecht, und sie haben den Grundsatz eingeführt, dass auch verantwortliche Individuen von Staaten, die nicht der Genfer und anderen Konventionen beigetreten sind, wegen Kriegsverbrechen und Verbrechen gegen die Menschlichkeit juristisch zur Verantwortung gezogen werden können. Die Einhaltung der Grundsätze von Menschlichkeit im Krieg ist somit nicht mehr optional fur Staaten und deren Lenker, sondern universell bindend. Die neugegründeten Vereinten Nationen erlauben im Kapitel VII der UN-Charta die Nutzung militärischer Mittel gegen Feinde des internationalen Friedens. Damit wurden alle Kriege, sofern sie legitim sein wollen, zu bloßen Polizeiaktionen der internationalen Staatengemeinschaft umdefiniert. Im eigentlichen juristischen Sinne gibt es damit gar keine Kriege mehr,[13] sondern nur noch Polizeieinsätze der Staatengemeinschaft gegen aggressive Mächte und andere »Bedrohungen des Friedens«. Zugespitzt formuliert bedeutet dies, dass Kriege nur noch international legitimiertes polizeiliches Eingreifen gegen kriminelle Aggressionen sind, die von ›Schurkenstaaten‹ oder ›bösen‹ Individuen wie Diktatoren und Terroristen, ausgehen. Der nur politische Feind, den man nach Schmitt existenziell benötigt und damit auch nicht hassen soll, ist seit dem Zweiten Weltkrieg immer mehr zu einem »absoluten Feind« geworden, der verachtenswert ist und den es letztlich zu eliminieren gilt.

Das Ende des ›gehegten Krieges‹?

Der Krieg innerhalb des Clausewitz'schen Paradigmas ist ›gehegt‹ in dem Sinne, dass das Kriegsrecht den Rahmen der erlaubten Kriegshandlungen sehr beschränkt. Ein Problem für das Clausewitz'sche Paradigma war stets die Rolle des Partisanen im Krieg. Wie Carl Schmitt herausgestellt hat, stand der Partisan ursprünglich klar außerhalb des klassischen Kriegsrechts, da er eben kein regulärer Kämpfer im Auftrag eines souveränen Staates ist. Im Gegenteil, es ist das definierende Charakteristikum des Partisanen, irregulär, oder wie es im gegenwärtigen Sprachgebrauch heißt, ›asymmetrisch‹ zu kämpfen, also sich einen Vorteil zu verschaffen, indem er die Regeln des konventionellen Krieges bricht. So trägt der Partisan keine Uniform und kann sich dadurch in der Bevölkerung verbergen, um immer dann überraschend zuzuschlagen, wenn er gerade im Vorteil ist. Nach Mao Tsetung soll der Partisan im Volk schwimmen wie ein Fisch im Wasser. Im Partisanenkrieg ist die Bevölkerung eben nicht unbeteiligt wie beim Clausewitz'schen Idealkrieg, sondern geradezu das Objekt und Ziel des Krieges. Der Partisan kann ohne die Unterstützung der Bevölkerung nicht kämpfen und muss daher zumindest einen Teil seiner Bemühungen auf die politische Mobilisierung der Bevölkerung richten. Die Aufstandsbekämpfer im Dienste des Staates (Polizei, Geheimdienste, Militär) müssen umgekehrt den Partisanen daher ebenso militärisch wie auch politisch bekämpfen, indem sie ›Herz und Verstand‹ der Bevölkerung gewinnen und damit dem Partisan die Unterstützungsgrundlage entziehen. Die Kriegsführung im Partisanenkrieg ist damit total oder unbegrenzt, und die Natur der Feindschaft ist eine andere als im gehegten Krieg. Schmitt argumentiert: »Der moderne Partisan erwartet vom Feind weder Recht noch Gnade. Er hat sich von der konventionellen Feindschaft des gezähmten und gehegten Krieges abgewandt und in den Bereich einer anderen, der wirklichen Feindschaft begeben, die sich durch Terror und Gegen-Terror bis zur Vernichtung steigert.«[14] Der Partisan läuft damit stets Gefahr, von seinen staatlichen Gegnern zum Kriminellen (oder in gegenwärtiger Sprachweise zum ›Terrorist‹ oder ›illegalen Kombattant‹) erklärt zu werden. Somit hat der Partisan durch die Anwendung unfairer Mittel wie terroristischer Anschläge im Grunde nichts zu verlieren.

In der Tat sind Revolutionskrieg und Terrorismus eng miteinander verwandt, und viele Guerillaorganisationen wenden Terroranschläge gegen Zivilisten (etwa gegen Mitglieder der Regierung) als Bestandteil ihrer irregulären Strategie an. Diese charakteristische Irregularität der Kampfweise bedeutet letztendlich, dass der Partisanenkrieg nach Carl Schmitt unmöglich juristisch begrenzt werden kann.[15] Wie Schmitt herausgestellt hat, ist es die natürliche Tendenz von Staaten, die mit einem organisierten Aufstand gegen den Staat konfrontiert werden, Aufstand und Aufständische für kriminell zu erklären und diese schonungslos zu bekämpfen. Dies wiederum rechtfertigt für den Revolutionär eine terroristische Kampfweise, da die Übermacht des Staates zu groß ist, um eine diskriminierendere oder direktere Kampfweise zu wählen. Darum haben die irische IRA und der südafrikanische ANC den Terrorismus als Mittel des Widerstands gewählt. Dies bedeutet nach Schmitt, dass der Revolutionär im Bürgerkrieg »zum Träger der absoluten Feindschaft gegen einen absoluten Feind« wurde in einem »absoluten Krieg«.[16] In einem absoluten Krieg gibt es keine verbindlichen Regeln, und das Ziel ist nicht der politische Friedensschluss, sondern letztlich nur die militärische, politische und schließlich auch die moralische Vernichtung des Feindes. »Die Menschen, die jene Mittel gegen andere Menschen … anwenden, sehen sich gezwungen, diese anderen Menschen … auch moralisch zu vernichten. Sie müssen die Gegenseite als Ganzes für verbrecherisch und unmenschlich erklären … [s]onst sind sie eben selber Verbrecher und Unmenschen.«[17]

Der Partisanenkrieg war ein wichtiger Aspekt des Zweiten Weltkrieges und der antikolonialen Befreiungskriege des Kalten Krieges in Lateinamerika, Afrika und Asien. In manchen Fällen waren die Befreiungskriege in der Dritten Welt erfolgreich und haben zur Gründung von relativ stabilen neuen souveränen Staaten geführt. In anderen Fällen hat sich der Bürgerkrieg in einen Dauerzustand verfestigt und in manchen Weltregionen, ganz besonders in Afrika, zum Staatsverfall beigetragen. Das Ergebnis dieser fehlgeschlagenen Befreiungskriege wird nun in der akademischen Debatte als »neue Kriege« bezeichnet, die zu einem allmählichen Zerfall des Kriegsrechts führen, da die Kriegführenden oft irregulär und darüber hinaus auch noch oft unpolitisch sind. Der Clausewitz'sche oder ›gehegte‹ Krieg gehört nun weitgehend der Vergangenheit an, und die Grundsätze militärischer Ehre, die im modernen Kriegsrecht formalisiert sind, haben sehr viel von ihrer traditionellen Bedeutung verloren.

Die ›neuen Kriege‹

Seit Mitte des 20. Jahrhunderts wird der klassische Staatenkrieg immer seltener geführt und ist beinahe irrelevant geworden: »Großkriege sind veraltet in dem Sinne, wie alte Kleider veralten: sie sind aus der Mode, und obwohl man sie wiederbeleben könnte, gibt es für sie derzeit keine Nachfrage.«[18] Dies bedeutet aber keineswegs ein Ende organisierter Gewalt bzw. ein Ende des Krieges, nur dessen Transformation. Revolutions- und Bürgerkriege, in denen es vor allem um den Kampf um die politische Ordnung innerhalb eines Staates geht, ersetzen mehr und mehr den Krieg zwischen unabhängigen Staaten. Gleichzeitig sind diese Konflikte sehr stark internationalisiert durch häufige offene und verdeckte Einmischung anderer Staaten sowie nichtstaatlicher Akteure. Bereits Ende der 1990er Jahre hat die Politikwissenschaftlerin Mary Kaldor die These von den »neuen Kriegen« formuliert, nach der die »alten Kriege« durch eine neue Form von globalisierten internen Konflikten ersetzt werden.[19] Die Internationalisierung dieser internen Konflikte erfolgt durch grenzüberschreitende Flüchtlingsbewegungen, die Präsenz von internationalen Hilfsorganisationen, Interventionstruppen sowie durch eine internationalisierte bzw. globalisierte Kriegsökonomie. Westliche und andere internationale Streitkräfte werden oft zur Friedenssicherung und zum Schutz der Zivilbevölkerung entsandt oder aber um andere Bedrohungen abzuwenden, seien sie Terrorismus, transnationales organisiertes Verbrechen oder die Weiterverbreitung von Massenvernichtungswaffen.

›Konflikte geringerer Intensität‹

2008 gab es weltweit 36 aktive Konflikte. Kein einziger davon war ein zwischenstaatlicher Konflikt.[20] Es gibt damit weltweit derzeit keinen einzigen konventionellen zwischenstaatlichen Krieg, der symmetrisch von regulären Streitkräften geführt wird. Der Militärhistoriker Martin van Creveld hat schon in den 1990er Jahren aufgezeigt, dass der konventionelle Krieg zu einer historischen Randerscheinung geworden ist und dass bereits in dem Zeitraum von 1945 bis 1990 drei Viertel aller Kriege in die Kategorie der Konflikte geringer Intensität (low intensity conflict) fallen.[21] Charakteristisch für diese Konflikte sind Guerillakrieg und Terroranschläge bewaffneter Gruppierungen innerhalb eines Staates, der dadurch destabilisiert wird. Van Creveld zufolge werden diese neuen Kriege vorwiegend aus nichtpolitischen Gründen geführt und sind vielmehr durch ethnische und kulturelle Differenzen, Religion, das Streben nach ökonomischem Vorteil, Gerechtigkeit oder schlicht nach Überleben motiviert.

Ein wichtiges Merkmal dieser Kriege ist außerdem, dass sie sich im Gegensatz zu kurzen und intensiven zwischenstaatlichen Kriegen oft über Jahrzehnte erstrecken und damit die betroffenen Staaten und Gesellschaften nachhaltig zerstören. Neue Kriege sind damit vor allem Staatszerfallkriege – Symptom des Staatszerfalls und zugleich dessen Ursache. Wichtige Beispiele sind die Bürgerkriege in Somalia, Angola, Sudan, Kongo und Afghanistan, die teilweise bereits 30 Jahre andauern. Charakteristisch für diese ›Konflikte geringer Intensität‹ ist außerdem, dass sie keineswegs weniger verlustreich sind als größere zwischenstaatliche Kriege. Die Zahl der Todesopfer geht über die Gesamtdauer der Konflikte oft in die Hunderttausende, wenn nicht Millionen. Da die Kriege in erster Linie auf dem Rücken der Zivilbevölkerung ausgetragen werden, sind die Opfer überwiegend Zivilisten und nicht Kombattanten, was eine völlige Umkehrung der Clausewitz'schen Kriegsführung ist. Charakteristisch sind »ethnische Säuberungen«, in denen bestimmte ethnische Bevölkerungsteile durch systematischen Terror aus bestimmten Gebieten vertrieben werden. In extremeren Fällen kommt es dabei zum großangelegten Völkermord wie 1994 im Falle der Tutsi durch die Hutus in Ruanda oder wie beim Völkermord an der schwarzen Bevölkerung in der sudanesischen Darfur-Region seit 2003.

Da die Kriege normalerweise in Entwicklungsländern stattfinden und die staatlichen Armeen dort wenig professionell und schlecht ausgerüstet sind, können selbst primitiv bewaffnete Milizen zu einer ernsthaften Bedrohung für den Staat werden. Solche Kriege werden hauptsächlich mit selbst für die ärmsten Guerillagruppen noch erschwinglichen Handfeuerwaffen geführt.[22] Die Kämpfer werden von bewaffneten Banden oft zwangsrekrutiert, ihr Alter liegt meist bei unter 18 Jahren, bisweilen sogar unter zehn Jahren.[23] Manche Guerillaorganisationen wie die *Revolutionary United Front* (RUF) in Sierra Leone oder die *Lords Resistance Army* in Uganda bestanden während der Bürgerkriege vorwiegend aus Kindersoldaten, die oft unaussprechliche Gräueltaten an der Bevölkerung verübten, deren Zweck allein in der Terrorisierung und Einschüchterung der Bevölkerung lag. So waren die RUF-Rebellen dafür bekannt, Hände und Arme von Zivilisten abzuhacken; die Bakassi Boys in Nigeria haben ihren Opfer oft brennende Autoreifen um den Hals gehängt; in Kolumbien und Mexiko ist die Grausamkeit der Drogengangster geradezu rituell, wie zum Beispiel die ›kolumbianische Krawatte‹, bei der dem Opfer die Kehle durchgeschnitten und die Zunge durch die offene Wunde gezogen wird. Oft finanzieren sich die Guerilla- und Terrorgruppen durch illegale Aktivitäten bzw. durch ›organisiertes Verbrechen‹. In Westafrika war es vor allem der Diamantenschmuggel, in anderen Teilen Afrikas ist die Erpressung von Ölgesellschaften eine der Haupteinnahmequellen von Guerillagruppen. Guerillagruppen in Kolumbien und Peru sowie die Taliban in Afghanistan haben den Drogenhandel als eine wesentliche Einnahmequelle entdeckt, und manche vormals politischen Gruppierungen, wie die FARC in Kolumbien, haben sich in Verbrechenssyndikate umgewandelt.[24] Selbst internationale islamistische Terrorgruppen wie die Hisbollah oder al Quaida profitieren stark von kriminellen Aktivitäten wie Waffenschmuggel, Drogenhandel, Kreditkartenbetrug und sogar Schutzgelderpressung, um die eigenen politischen und terroristischen Aktivitäten zu unterstützen.[25]

Diese Vermischung von Guerillakrieg, Terrorismus und organisiertem Verbrechen stellt ein »Grauzonen-Phänomen« dar, denn nationale Sicherheit und Verbrechensbekämpfung sind dadurch nicht mehr klar abzugrenzen.[26] Der Gegner besteht aus transnationalen Terror- und Verbrechensnetzen, die ein hohes Maß an Flexibilität aufweisen und durch die eigenen Aktivitäten Staaten zu destabilisieren und auch jegliche Strafverfolgung zu untergraben vermögen. In Kolumbien versuchte das Medellin-Kartell die Regierung durch eine massive Terrorkampagne einzuschüchtern, Ähnliches geschah durch die sizilianische Mafia in Italien Anfang der 1990er Jahre. In beiden Fällen konnte die Macht der Verbrechenssyndikate gebrochen werden, jedoch konnten seitdem Terror- bzw. Verbrechensgruppen in vielen anderen Ländern Fuß fassen und bedrohen etwa in Mexiko, Irak, Afghanistan, Pakistan, Jemen und Somalia die staatliche Ordnung. Sobald ein Terror- bzw. Verbrechensnetz in einem Staat zerstört oder zurückgedrängt wird, verlagert es sich eben in einen anderen Staat. Die Staatengemeinschaft steht damit vor einem geradezu unlösbaren Dilemma: Ist es überhaupt sinnvoll, konventionell in ›neue Kriege‹ zu intervenieren?

Interventionen westlicher Staaten

Es gibt zwei Hauptgründe, warum der Westen ›neue Kriege‹ mit Sorge betrachtet: die Gefahr, dass Staaten zu sicheren Häfen für Terroristen und Verbrecher werden und dass diese Konflikte eine ganze Region destabilisieren. So hatte al Quaida in Afghanistan einen sicheren Hafen gefunden, wo sie Terroristen ausbilden und Terroranschläge weltweit planen konnten; das beinahe regierungslose Somalia wurde zu einem Rückzugsgebiet von Piraten, die am Horn von Afrika die internationale Schifffahrt bedrohen. Hinzu kommt, dass die ›neuen Kriege‹ wegen unkontrollierter Flüchtlingsströme häufig benachbarte Staaten destabilisieren, aber auch wegen der Tendenz von Guerilla- und Terrororganisationen, ihre sicheren Häfen und Operationsbasen außerhalb der Staaten zu haben, in denen sie kämpfen. Inländische Konflikte schwappen dadurch auf Nachbarländer über und führen gelegentlich zu militärischen Interventionen der betroffenen Nachbarstaaten. Beispiele sind die Interventionen Nigerias in Sierra Leone und Liberia, die Interventionen der Türkei im nördlichen Irak und die Interventionen der NATO in Pakistans Stammesgebieten.

Die militärischen Interventionen der Staatengemeinschaft werden oft formal durch humanitäre Gesichtspunkte, wie den Schutz der Zivilbevölkerung, legitimiert. Die völkerrechtliche Legitimation liefert oft, aber keineswegs immer, ein Mandat des UN-Sicherheitsrats. Das bedeutet, dass die Interventionsstreitmächte sich in der Regel aus einer Vielzahl von internationalen Truppen zusammensetzen, die im Rahmen eines UN-Mandates Ordnung und Sicherheit wiederherstellen. Dies verleiht einer

Intervention sehr viel mehr Legitimität als der Einsatz eines einzelnen oder einiger weniger Staaten. Dennoch sind diese Interventionen entgegen ihrem Anschein in Wirklichkeit oft neokolonialistisch und geopolitisch motiviert und nicht von einer »moralischen Außenpolitik«. Es geht dabei normalerweise um die Sicherung des Zugangs zu wichtigen Rohstoffen, den Schutz von Handelswegen, die Stützung von befreundeten Regimes, die Ausweitung des politischen Einflussgebiets und die Eindämmung aufstrebender Groß- und Weltmächte wie Russland, China und Indien.[27] Die Teilnahme an diesen Kriegen ist im Gegensatz zu einem reinen Verteidigungskrieg natürlich optional. Allerdings kann die Weigerung eines westlichen Staates, an internationalen Interventionen teilzunehmen, mit einem Verlust an politischem Einfluss innerhalb der NATO verbunden sein, sie kann aber auch andere eigene außenpolitische Interessen gefährden.

Die neuen Kriege provozieren geradezu die Einmischung durch äußere Mächte, die formal im Auftrag der internationalen Staatengemeinschaft handeln. Das erklärte Ziel ist meist die Verhinderung eines Völkermordes. Tatsächlich gibt es nur *eine* starke Motivation für ein Eingreifen: wenn ganz reale Interessen wie im Konfliktgebiet vorhandene Rohstoffe berührt werden. Daher kam es in Ruanda und Darfur, wo tatsächlich Völkermorde stattfanden, nicht zu einer internationalen Intervention – in den Ölstaaten Irak und Libyen dagegen schon. Ein wesentliches Merkmal dieser Interventionen ist, dass die eingesetzten militärischen Mittel oft sehr begrenzt sind. Dies hat verschiedene Gründe: Die politischen und militärischen Zielsetzungen sind begrenzt; die Bevölkerungen westlicher Staaten haben eine geringe Toleranz für eigene Verluste; die geschrumpften westlichen Berufsarmeen haben nicht die nötigen personellen Ressourcen, um Truppen in größerer Stärke und auf Jahre im Ausland zu stationieren; und die begrenzten Zielsetzungen rechtfertigen keine allzu hohen menschlichen und finanziellen Kosten für Militärinterventionen. In Somalia zogen sich die USA daher 1993 zurück, nachdem eine Spezialkräfte-Mission gegen den Warlord Mohammed Farah Aidid fehlschlug und nur sechzehn U.S.-Soldaten getötet wurden. Das Debakel in Somalia markierte einen Wendepunkt in der amerikanischen Außenpolitik[28] und hatte zur Folge, dass reguläre amerikanische Bodentruppen nur noch in außerordentlichen Situationen eingesetzt werden können.[29] Größere Militärinterventionen wie im Irak und Afghanistan können überaus teuer sein,[30] und in Zeiten knapper Staatskassen sind solche militärischen Anstrengungen nur noch schwer zu finanzieren.

Um das finanzielle und politische Risiko von Militärinterventionen zu verringern, haben die Streitkräfte der technisch fortgeschrittensten Staaten mit der Entwicklung von Roboterarmeen begonnen.[31] Am weitesten fortgeschritten ist die Robotisierung der Luftkriegsführung in Form von Aufklärungsdrohnen und unbemannten Kampfflugzeugen, wie der amerikanischen *Reaper*-Drohne. Aber auch in der Land- und Seekriegsführung werden zunehmend unbemannte Systeme entwickelt und eingesetzt, die es langfristig einer geringen Anzahl von Soldaten gestatten werden, größere Roboterverbände zu kontrollieren und in die Schlacht zu führen. Ein Krieg zwischen Roboterarmeen ist inzwischen durchaus vorstellbar und nicht länger Science fiction. In der gegenwärtigen Praxis der Kriegsführung werden militärische Roboter wie Drohnen und Marschflugkörper allerdings noch benutzt, um sehr begrenzt in einem anderen Staat zu intervenieren – gegebenenfalls auch ohne Verbündete und völkerrechtliche Legitimierung durch die UN.

Die USA haben in den letzten dreißig Jahren Hunderte solcher »diskreten Militäroperationen« durchgeführt, bei denen es nicht um die Erlangung eines abschließenden militärischen Sieges ging, sondern darum, »ein taktisches militärisches Ziel zu erreichen, einen Gegner zu bestrafen, abzuschrecken, zu einem bestimmten Verhalten zu zwingen oder um einem inländischen oder internationalen Publikum Entschlossenheit zu demonstrieren.«[32] Die USA haben zwischen 1991 und 2002 mehrere begrenzte Militärschläge gegen den Irak, auf dem Balkan, in Afghanistan, Jemen, Pakistan und Somalia durchgeführt, oftmals mit Marschflugkörpern. Allein Präsident Bill Clinton hat im Durchschnitt alle drei Tage im Amt einen Marschflugkörper abgefeuert.[33] Eine große Zahl dieser Militäroperationen richtete sich gegen bestimmte Individuen. Der Angriff auf Individuen ist eigentlich nur im Kontext der ›neuen Kriege‹ sinnvoll, da die Gegner eben nicht ganze Nationen sind, sondern nur bestimmte kriminelle Elemente innerhalb dieser Nationen, die es »chirurgisch« zu beseitigen gilt. Der Einsatz von robotisierten Kräften bzw. von Langstreckenwaffen für Präzisionsangriffe ist ein Trend, der sich seit wenigstens zwanzig Jahren abzeichnet und sich wahrscheinlich in der Zukunft fortsetzen und verstärken wird.

Die Individualisierung des Krieges

Ein individualisierter Krieg ist aus Sicht Clausewitz' oder Schmitts geradezu absurd. Krieg begreifen sie als zutiefst politisch, als ein kollektives Handeln einer politischen Gruppierung (sei sie nun staatlich oder nichtstaatlich organisiert) zur Erreichung einer politischen Zielsetzung gegen eine andere politische Gruppierung mittels organisierter Gewalt. In diesem Sinne kann es keinen individualisierten Krieg geben. Dennoch gehört es zur derzeitigen Realität des Krieges, dass er oft gegen bestimmte Individuen geführt wird: »Nach den Anschlägen vom 11. September begann das Pentagon von der ›Zwei-Kriegs-Strategie‹ des späten Kalten Krieges abzugehen und sich stattdessen auf irreguläre Kriegsführung gegen Individuen und Gruppen zu konzentrieren.«[34] Diese Individuen sind Aufständische, die Anführer internationaler Verbrechenssyndikate, wahnsinnige Diktatoren, skrupellose Waffenhändler oder blutgierige Terroristen. Es handelt sich in Carl Schmitts Terminologie um »absolute Feinde«, mit denen Verhandlungen oder ein Friedenschluss nicht einmal denkbar ist. Der Feind gilt nicht nur als Verbrecher, sondern auch als im absoluten Sinn *böse*.

Moderne Aufstandsbekämpfungsdoktrin

Die historischen Wurzeln gezielter Tötung als Kriegsform liegen in der modernen Aufstandsbekämpfung, die vor allem in der zweiten Hälfte des 20. Jahrhunderts im Kontext der Befreiungskriege während des Zeitalters der Dekolonialisierung und des Kalten Krieges entwickelt wurde. Es ist ein Merkmal von Aufständen und Guerillaoperationen, dass die Zahl der eigentlichen Kämpfer sehr klein ist und dass die feindlichen Kombattanten sich inmitten der Zivilbevölkerung verstecken. Guerillas tragen keine Uniformen, und sie vermeiden aufgrund ihrer eigenen – relativen – Schwäche die direkte Konfrontation mit regulären Streitkräften. Dies bedeutet für moderne Aufstandsbekämpfer die Notwendigkeit, den Gegner namentlich zu identifizieren und, wenn möglich, einzeln zu »neutralisieren«, sei es durch Verhaftung oder Tötung.

Die theoretischen und praktischen Grundlagen moderner Aufstandsbekämpfung wurden vor allem von britischen Militärtheoretikern wie General Sir Frank Kitson und Feldmarschall Sir Gerald Templer gelegt, die persönlich die Bekämpfung von Guerillas in den britischen Kolonien Kenia, Malaysien und Nordirland leiteten.[35] Insbesondere die Kampagne gegen marxistische Guerillas in Malaysien zwischen 1948 und 1960 gilt als ein Paradebeispiel erfolgreicher Aufstandsbekämpfung und diente als ein Labor für die Entwicklung der modernen Aufstandsbekämpfungsdoktrin. Das Geheimnis des Erfolgs in Malaysien bestand in der Trennung von Aufständischen und normaler Bevölkerung. Nach dem sogenannten ›Briggs-Plan‹ wurde das ganze Land in Zonen aufgeteilt, die bereits frei von Aufständischen waren, und Zonen, die von Aufständischen kontrolliert wurden.[36] Ziel war es, die befreiten Zonen systematisch auszuweiten und den Operationsraum der Guerillas immer weiter einzuschränken. Dies erforderte die Umsiedlung der Landbevölkerung und die Errichtung von ›Wehrdörfern‹, die befestigt waren und von Milizen bewacht wurden. Templer setzte im Kampf gegen die »kommunistischen Terroristen« vor allem auf eine verbesserte geheimdienstliche Aufklärung,[37] aber auch auf psychologische Operationen (Propaganda), die die Bevölkerung von der Notwendigkeit dieser Maßnahmen überzeugen sollten. Selbst Schulen und Krankenhäuser wurden aus dieser Strategie heraus errichtet. Letztlich war die Aufstandsbekämpfung in Malaysien aber erfolgreich, weil die Briten einen klaren Plan für die Unabhängigkeit Malaysiens hatten und damit den Guerillas nach und nach den politischen Nährboden entzogen.[38]

Andere Aufstandsbekämpfungen in Algerien und Vietnam waren weniger erfolgreich, und die Franzosen und Amerikaner haben ganz andere Lehren aus Malaysien gezogen. Selbstverständlich waren die geographischen und politischen Gegebenheiten in diesen Fällen völlig andere, und es wäre damit sowieso nicht möglich gewesen, den britischen Erfolg einfach zu wiederholen. Die Franzosen waren zudem in den 1950er Jahren politisch nicht bereit, Algerien aufzugeben, und sahen sich zugleich einem starken und sehr entschlossenen Gegner gegenüber. Die französische Aufstandsbekämpfung beruhte zunächst hauptsächlich auf dem Einsatz von Flugzeugen und Hubschraubern gegen die ›Banditen‹, die sich in den Aurès-Bergen versteckten und vornehmlich Terroranschläge in Städten, vor allem in Algiers ausführten. Die Franzosen gingen also dazu über, Guerillas zu fangen und zu foltern, um Informationen über die Aufständischen zu gewinnen. Der französische Oberkommandierende General Raoul Salan setzte brutale Unterdrückungsmethoden ein, was 1957 zu 24.000 Verhaftungen und 3.000 Todesfällen in Gefangenschaft führte.[39] Die Franzosen errichteten ebenfalls befestigte Stützpunkte in den ländlichen Gebieten, die als Basen für Militäroperationen gegen die Guerillas genutzt wurden.[40] Letztlich scheiterten die Franzosen an der politischen Spaltung Frankreichs, die die Vierte Republik stürzte und die französische Regierung 1962 zwang, Algerien in die Unabhängigkeit zu entlassen.

Die Amerikaner versuchten in Vietnam eine Aufstandsbekämpfungsstrategie zu entwickeln, die gleichermaßen die Erfahrungen aus Malaysien und Algerien einzubeziehen versuchte. So betonte die amerikanische Aufstandsbekämpfung defensive Maßnahmen wie die Umsiedlung und Verteidigung der Bevölkerung, die Ausbildung von Milizen und psychologische Operationen, wie sie in Malaysien angewendet wurden. Gleichzeitig versuchten die Amerikaner die Guerillas mit Hilfe von Mobilität und Feuerkraft zu zerstören, wie es die Franzosen in Algerien vormachten. In einem klassischen Buch über Aufstandsbekämpfung aus den frühen 1960er Jahren heißt es lapidar: »Die Zerstörung der Guerillakräfte in dem ausgewählten Gebiet ist offensichtlich höchst erstrebenswert.«[41] Der Autor David Galula empfiehlt neben direkten Angriffen auf die Guerillas auch die Zerstörung der politischen Organisation des Gegners. Diese Idee führte schließlich zum umstrittenen Phoenix-Programm, das die Entdeckung und ›Neutralisierung‹ von Individuen, die Aufständische durch politische Agitation und politische Organisation unterstützen, zum Ziel hatte. Die amerikanische Aufstandsbekämpfung in Vietnam war ein gewaltiger Misserfolg, dennoch wurden die Methoden dieses Krieges wenig später in Lateinamerika in zugespitzter Form wiederholt.

In den 1980er Jahren vermieden die USA, von wenigen Ausnahmen wie Grenada 1983 und Panama 1989 abgesehen, klugerweise direkte Interventionen in Lateinamerika. Dennoch gab es eine Serie von verdeckten Interventionen, durch die die amerikanische Regierung die Aufstandsbekämpfung in freundlich gesinnten bzw. antikommunistischen lateinamerikanischen Regimes unterstützt hat, vor allem in Honduras, El Salvador, Guatemala und später in Kolumbien. Das Muster bei allen diesen Aufstandsbekämpfungen war stets das gleiche: Die CIA und amerikanische Spezialkräfte bildeten einheimische Aufstandsbekämpfer in Methoden der Folter, der gezielten Tötung von Aufständischen und der Einschüchterung der Zivilbevölkerung aus. Für die Zusammenarbeit der CIA mit den Todesschwadronen, die in El Salvador und Honduras Zehntausende von Menschen ermordeten, gibt es überzeugende Beweise.[42] In El Salvador wurde Bischof Oscar Romero von einer Todesschwadron in seiner Kirche erschossen, da er Präsident Carter gebeten hatte, die Unterstützung für die Junta in El Salvador zu beenden.[43] Ein typisches Vorgehen war die Entführung von verdächtigten Aufständischen, um sie dann mit Hilfe von Folter so lange zu verhören, bis sie die Namen von angeblichen Mitverschwörern preisgaben. Die Opfer wurden schließlich exekutiert, ihre Leichen ließ man verschwinden, um eine Verbindung der Morde zum Militär oder zur Regierung zu verschleiern.[44] Die amerikanische Aufstandsbekämpfungsdoktrin mutierte also über die Jahrzehnte seit Ende der 1960er Jahre bis zu den 1980er Jahren von einer Strategie der Bevölkerungskontrolle zu einem reinen Folter- und Tötungsprogramm, ausgeführt von befreundeten Regimen. Diese Praktiken scheinen sich in der amerikanischen Reaktion auf die Anschläge vom 11. September fortgesetzt zu haben. Die USA haben seit 2001 unter Terrorismusverdacht stehende Individuen weltweit verschleppt, um sie dann in geheimen Gefängnissen in verbündeten Staaten zu verhören. In anderen Fällen wurden Terrorverdächtige einfach gezielt getötet. Die Politologin Patrice McSherry hat darum die große Ähnlichkeit der im ›Krieg gegen den Terror‹ verwendeten Methoden (Folter und gezielte Tötung) mit CIA-unterstützten Aufstandsbekämpfungen in Lateinamerika herausgestellt.[45]

›Wirkungsbasierte Operationen‹

Die andere historische Wurzel individualisierter Kriegsführung ist die Debatte über die sogenannte Revolution in Militärangelegenheiten (RMA), die in den frühen 1990er Jahren begann und bis heute die Transformation moderner Streitkräfte beeinflusst.[46] Der zentrale Gedanke dabei ist, dass moderne Informationstechnik die Wirksamkeit der Waffensysteme vervielfacht und es kleineren Hightechstreitkräften ermöglicht, große, aber technisch weniger fortgeschrittene Streitkräfte mit Leichtigkeit zu besiegen. Der amerikanische Physiker und Stratege Albert Wohlstetter behauptet, dass »eine zehnfache Verbesserung der Treffgenauigkeit einer tausendfachen Erhöhung der Explosionskraft entspricht.«[47] Höhere Waffenpräzision und verbesserte Feindaufklärung machen moderne Streitkräfte demnach auf kriegsentscheidende Weise effizienter und effektiver. Verbesserte Sensortechnik ermöglicht das präzise Auffinden des Feindes und Verfolgen seiner Aktivitäten überall auf dem Schlachtfeld. Langstreckenpräzisionswaffen erlauben es, den Feind jederzeit auf dem gesamten Gefechtsfeld anzugreifen und im Besonderen gezielte Angriffe gegen Kommando- und Kontrolleinrichtungen durchzuführen. Dies unterbricht Kommunikationsverbindungen zwischen feindlichen Einheiten im Feld und deren Hauptquartieren und verringert deren Möglichkeiten, auf Angriffe schnell und effektiv zu reagieren.

Die enorme Verbesserung der Treffgenauigkeit von modernen Waffensystemen seit den 1970er Jahren ist ein besonders offensichtlicher militärischer Trend. Im Zweiten Weltkrieg galt als treffgenau, wenn etwa die Hälfte der abgeworfenen Bomben in einem Radius von 300 Meter um das Ziel fiel. Am Ende des Vietnamkriegs wurden zum ersten Mal lasergelenkte Bomben eingesetzt, die es ermöglichten, ein Punktziel so klein wie eine Brücke mit einer einzigen Bombe zu zerstören. Seit den 1990er Jahren gibt es GPS-gelenkte Bomben, die zuverlässig innerhalb eines Radius von zehn Metern um das beabsichtigte Ziel fallen.[48] Der U.S.-Verteidigungsminister Donald Rumsfeld prahlte 2002 sogar: »Unsere militärischen Ressourcen sind so zerstörerisch und präzise, dass wir einen irakischen Panzer unter einer Brücke zerstören können, ohne die Brücke zu beschädigen.«[49] Gleichzeitig sind Präzisionswaffen so erschwinglich geworden, dass man sie in großen Mengen einsetzen kann: Während nur sieben Prozent der Bomben im Golfkrieg von 1991 ›intelligent‹ waren, so waren es bereits über 70 Prozent im Irakkrieg von 2003. Bewaffnete Drohnen erlauben sogar eine noch sehr viel präzisere Kriegsführung, da sie hochentwickelte Sensoren haben und speziell entwickelte Raketensysteme tragen, die nur geringe Sprengkraft haben, aber dafür präziser sind.

In den 1990er Jahren konzentrierte sich die RMA-Diskussion sehr stark auf die zu erreichende ›netzzentrische Kriegsführung‹ (›network-centric warfare‹), die auf der digitalen Vernetzung aller militärischer Einheiten, von Sensoren und Kommandozentralen beruht und einen Austausch von Informationen im Netz in Echtzeit erlauben soll. Alle Waffensysteme, einschließlich das System ›Infanteriesoldat‹, sollen computerisiert und digitalisiert werden, sodass sie in der Lage sind, jederzeit Informationen auszutauschen über Vorgänge auf dem Gefechtsfeld, und sich dadurch schnell und spontan koordinieren können. Die Informationsüberlegenheit bzw. die Fähigkeit, mehr Informationen über das Gefechtsfeld zu haben und diese schneller verarbeiten zu können als der Gegner, führe schließlich zu einem ›dominanten Gefechtsfeldwissen‹ bzw. einer Dominanz des Gesamtspektrums des Krieges (›full-spectrum dominance‹).[50] Daher gilt es als ein vorrangiges Ziel der Kriegsführung, den Gegner im Detail zu verstehen, damit letztlich sein Verhalten vorhergesagt und entsprechende Maßnahmen ergriffen werden können, um das Handeln des Gegners wirkungslos zu machen.

Eine besondere Rolle in der RMA kommt dem Konzept der Luftmacht zu, da Präzisionsangriffe aus der Luft in der Lage seien, den Feind zu besiegen. Kern dieser Idee ist das Konzept der ›Luftbesetzung‹ eines Landes durch die Dominierung eines bestimmten Luftraumes und damit des Bodens für eine bestimmte Zeit.[51] Die Beherrschung des Bodens besteht in der Fähigkeit, ein Gebiet aus der Luft zu überwachen und Punktziele jederzeit mit Präzision angreifen zu können. Das im Golfkrieg von 1991 entwickelte Konzept der ›Luftbesetzung‹ wurde gegen Ende der 1990er Jahre im Kontext der Kosovo-Luftkampagne der NATO zum Konzept der ›wirkungsbasierten Operationen‹ weiterentwickelt. Ein Pentagon-Weißbuch von 2001 definiert ›wirkungsbasierte Operationen‹ als »einen Prozess für das Erzielen eines erwünschten strategischen Ergebnisses oder von Wirkungen auf den Gegner durch synergetische und kumulative Anwendung der gesamten Bandbreite von militärischen und nichtmilitärischen Ressourcen auf allen Ebenen des Konflikts«.[52] Verständlicher wird das Konzept durch einen Blick auf die Systemtheorie. Zumal die amerikanische Luftwaffe dazu übergegangen ist, den Gegner bzw. die gegnerischen Streitkräfte als ein ›System‹ zu verstehen, das aus einer Vielzahl von Knotenpunkten besteht, die bestimmen, wie der Gegner ›funktioniert‹, wie also Ströme von Information, Befehlen, Material, Energie usw. im ›System‹ des Gegners fließen, und die es dem Gegner ermöglichen zu handeln.[53] Nach U.S.-Luftwaffenoberst John Warden besteht das System des Gegners aus fünf Ringen: Führung, organische Basis, Infrastruktur, Bevölkerung und Kampfmechanismus.[54] Indem man bestimmte entscheidende Knotenpunkte angreift, können disproportionale Wirkungen erzielt werden. Elektrizität etwa ist für den Gegner notwendig, um zu kommunizieren, um Güter herzustellen und um das öffentliche Leben in Gang zu halten, was es somit hochgradig attraktiv macht, das gegnerische Elektrizitätsnetz anzugreifen. Allerdings ist es nicht nötig, das gesamte Elektrizitätsnetz im Detail zu zerstören. Es ist noch nicht einmal nötig, das Kraftwerk zu zerstören, das das Netz mit Energie speist. Es kann ausreichen, einen kleinen Verteiler präzise zu zerstören, um den Strom in einem bestimmten Gebiet abzuschalten, wenn dies das Ziel der Operation ist. So präzise und auf eine bestimmte erwünschte Wirkung ausgerichtete Angriffe können den Gegner effektiver Widerstandsmöglichkeiten berauben und helfen, das Ausmaß an notwendiger Zerstörung gering zu halten. Es ist somit eine Grundidee des Konzepts ›wirkungsbasierter Operationen‹, dass sich mit Präzisionsangriffen präzise und vorausberechenbare Wirkungen hervorbringen lassen, die den Gegner mit einem Minimum an angewandter Gewalt lähmen und schließlich besiegen.

Terrororganisationen oder Verbrechenssyndikate werden ebenfalls als Systeme angesehen, in denen bestimmte Individuen zentrale Knotenpunkte in den jeweiligen Organisationen sind.[55] Die Zerstörung der gegnerischen Organisation erfordert keineswegs die Zerstörung jedes Elements in der Organisation bzw. die Tötung eines jeden Mitglieds der Organisation. So kann die Eliminierung eines zentralen Individuums das Funktionieren des Gesamtsystems stören und einen disproportionalen Effekt haben, der unter Umständen sogar zur Zerstörung bzw. zum Zerfall der gegnerischen Organisation führen kann. Angriffe auf gegnerische Organisationen können sich also auf jeden der fünf von John Warden identifizierten Ringe richten und damit sehr spezifische Wirkungen haben, je nach den militärischen bzw. politischen Zielsetzungen.

Die gezielte Tötung von Terroristen und Aufständischen durch Luftangriffe ist daher gleichermaßen sowohl von moderner Aufstandsbekämpfungsdoktrin als auch von moderner Luftmachtdoktrin beeinflusst, was dieses Vorgehen in Militärkreisen womöglich als Strategie gegen vernetzte transnationale Akteure wie Terrorgruppen besonders überzeugend macht.

Die gezielte Tötung als Kriegsform

Gezielte Tötung ist keineswegs nur eine eng begrenzte staatliche Maßnahme im Kontext der Terrorismusbekämpfung, sondern eine neue Form der Kriegsführung, die sich aus der modernen Aufstandsbekämpfung und der RMA herausgebildet hat. Obwohl die Grundidee, bestimmte Führer des Gegners auf dem Schlachtfeld oder auch abseits des Schlachtfeldes individuell anzugreifen, um den gegnerischen Widerstand zusammenbrechen zu lassen, uralt ist, beruht die gegenwärtige Praxis der gezielten Tötung von Feinden auf hochentwickelter Technik. Niemals zuvor in der Militärgeschichte war es möglich, den Feind aus großer Entfernung *individuell* anzugreifen, da weder die Aufklärungsmöglichkeiten noch die dafür notwendigen hochpräzisen Langstreckenwaffensysteme existierten. Inzwischen sind die technischen Aufklärungssysteme und Kommunikationssysteme so gut, dass es, nach Bruce Berkowitz, »schwierig ist, *nicht* eine bestimmte Person zum Ziel zu machen.«[56] Vor allem bewaffnete Drohnen gestatten es, Individuen auf mehrere Kilometer zu identifizieren und relativ präzise zu töten.

Einige wenige Staaten sind dazu übergegangen, gezielte Tötungen *systematisch* in der Bekämpfung von bestimmten Bedrohungen zu verwenden. Es handelt sich damit bei gezielten Tötungen nicht einfach um isolierte oder singuläre Ereignisse, sondern um eine systematisch angewandte Methode, die kontinuierlich weiterentwickelt und perfektioniert wird. Manche gezielte Tötungen werden aufwändig geplant und vorbereitet und erfordern somit oft ein erhebliches Maß an technischem und operativem Geschick. Gezielte Tötungen sind zwar nicht das einzige, aber *das vorrangige Mittel* im Kampf gegen neue und von Individuen ausgehende Bedrohungen. Nachdem vor allem bestimmte Individuen als gefährlich betrachtet werden, scheint es sinnvoll zu sein, den Kampf auf die Eliminierung dieser Individuen auszurichten. Eine gezielte Tötung von bestimmten Individuen bedeutet demnach nicht nur einen taktischen Erfolg, sondern soll darüber hinaus auch eine *strategische Wirkung* haben. Mit anderen Worten, die Neutralisierung einiger bestimmter Gegner kann eine gegnerische Organisation entscheidend schwächen, deren Verhalten beeinflussen und möglicherweise die Organisation zur Aufgabe bewegen. Moderne Streitkräfte, Geheimdienste und Sicherheitskräfte werden zunehmend auf die neue Aufgabe der weltweiten Auffindung und Eliminierung von Individuen durch entsprechende Ausrüstung und Ausbildung ausgerichtet. Um lohnende Ziele zu bestimmen, müssen alle Individuen systematisch erfasst werden, was dann eine spätere Identifizierung von gefährlichen Individuen durch Auswertung und Analyse von Personendaten ermöglicht. Dadurch kann potenziell auch die Rolle dieser Individuen in der gegnerischen Organisation bestimmt werden. Schließlich müssen auch Möglichkeiten für die zeitnahe und effektive Lokalisierung und Eliminierung dieser Individuen bereitstehen. All dies ist keineswegs einfach. Konventionelle Streitkräfte waren nie besonders gut darin, gefährliche Individuen, die sich in der Bevölkerung verstecken, zu bekämpfen. Damit wurde ein völlig neuer Ansatz in der Kriegsführung benötigt, der vor allem von den USA während des Vietnamkriegs getestet wurde, im sog. ›Phoenix-Programm‹.[57] Der Schwerpunkt liegt bei dieser Art der Kriegsführung in der Anwendung nachrichtendienstlicher Mittel, wie der verdeckten und offenen Informationssammlung zu Individuen und Organisationen, in deren Auswertung und gegebenenfalls verdeckten Operationen, die sich gegen bestimmte Individuen richten.

Gezielte Tötungen werden, wie bereits erwähnt, nicht nur gegen Terroristen und zur Terrorbekämpfung eingesetzt, sondern auch im eng verwandten Partisanenkrieg, im Kampf gegen organisiertes Verbrechen und bestimmte andere von Individuen ausgehende transnationale Bedrohungen wie Waffenproliferation. Alle diese Phänomene – Terrorismus, Guerillakrieg, organisiertes Verbrechen, Waffenproliferation – fallen unter die sogenannten ›neuen Bedrohungen‹, die nach Ende des Kalten Krieges in den Vordergrund rückten. Die USA und verbündete Streitkräfte haben im Irak und

Afghanistan eine Vielzahl von Aufständischen gezielt getötet. Die formal als ›kill or capture‹-Operationen bezeichneten Einsätze richteten sich vor allem gegen religiöse/militärische Führer und Taliban-Kommandeure. Da organisiertes Verbrechen zunehmend eine wichtige Rolle in der Finanzierung von Terrorismus und Aufständen spielt, werden auch Individuen mit einer Verbindung zum organisierten Verbrechen zum Ziel von Tötungsoperationen. In seltenen Fällen können Verbrechenssyndikate einen Krieg gegen den Staat führen, wie das in Kolumbien und Sizilien geschehen und jetzt in Mexiko der Fall ist. Das wohl berühmteste Beispiel einer gezielten Tötung eines Mitglieds des organisierten Verbrechens ist Pablo Escobar, der Dezember 1993 von einer amerikanisch unterstützten kolumbianischen Spezialeinheit in Medellin erschossen wurde.[58] Pablo Escobars Medellin-Kartell hatte marxistische Guerillagruppen für Terroranschläge angeheuert und ermordete Tausende von kolumbianischen Polizisten, Staatsanwälten, Richtern und Journalisten. Die Entscheidung der Obama-Regierung, afghanische Drogenbarone auf die Liste für gezielte Tötungen zu setzen, ist dagegen umstrittener. Die offizielle Begründung dafür ist, dass der Opiumhandel die Taliban finanziert und die Taliban durch die Eliminierung der Drogenbarone finanziell geschwächt werden können.[59] Es gibt auch Stimmen für den Einsatz gezielter Tötungen im Zusammenhang mit der Bekämpfung der modernen Piraterie. Seit Ende der 1990er Jahre hat sich am Horn von Afrika im Zuge des Staatszerfalls in Somalia ein ernsthaftes Piratenproblem entwickelt. Die Piraten bedrohen internationale Seewege,[60] und die Kosten der Piraterie werden auf zwischen eine und 16 Milliarden U.S.-Dollar pro Jahr geschätzt. Es gibt wenig rechtliche Verfahren, die es erlauben, somalische Piraten, die in internationalen Gewässern gefangen genommen werden, anzuklagen und zu verurteilen. Zudem sind nur wenig Staaten bereit, die Piraten dem eigenen Rechtssystem zu überantworten und damit die Kosten dafür zu tragen.[61] Die offensichtliche und moralisch anrüchige Lösung ist, bei der Bekämpfung der Piraterie einfach keine Gefangenen zu machen.

Israel hat bereits Anfang der 1960er Jahre Waffenentwickler und Waffenhändler gezielt getötet, um eine Proliferation von Waffentechnologie zu Israels Feinden zu verhindern. Bei der Operation ›Damocles‹ tötete der israelische Mossad den Direktor einer Münchner Firma, Dr. Hans Krug, der Raketentechnik an Ägypten lieferte.[62] Es fanden Anschläge auf einige deutsche Wissenschaftler statt, die mit dem ägyptischen Waffenprojekt in Verbindung standen. Diese Operation war wahrscheinlich nicht die einzige dieser Art, und es wird vermutet, dass der Mossad auch später Individuen im Zusammenhang mit Waffenproliferation tötete, wie zum Beispiel den kanadischen Ingenieur Gerald Bull, der 1990 ermordet in seiner Wohnung in Brüssel aufgefunden wurde. Bull arbeitete zu der Zeit an dem Superkanonenprojekt, das es dem Irak nach seiner Fertigstellung erlaubt hätte, auf Israel Artilleriegeschosse abzufeuern oder Geschosse in den Weltraum zu schießen, die Spionagesatelliten hätten blenden können.[63] In letzter Zeit scheint der Mossad eine Reihe iranischer Atomwissenschaftler gezielt getötet zu haben, um die Entwicklung einer iranischen Atombombe zumindest zu verzögern.[64] So wurde im November 2010 der bekannte iranische Atomphysiker Majid Shariari in Teheran durch eine Autobombe getötet, wobei auch ein weiterer Wissenschaftler verletzt wurde.[65] Die iranische Regierung hat jedenfalls einen vorgeblichen Mossad-Agenten beschuldigt, einen anderen iranischen Physiker, Ali Mohammedi, ermordet zu haben, ihn zum Tode verurteilt und im Mai 2012 hingerichtet.[66]

Sobald eine technische und organisatorische Fähigkeit zur Tötung von Individuen im Ausland durch die Geheimdienste oder das Militär existiert, ist es politisch verlockend, diese Fähigkeit zu nutzen, um eine Vielzahl von verschiedenen Problemen zu lösen, egal ob ein solches Vorgehen im jeweiligen Fall moralisch, effektiv oder sinnvoll ist. Was in den begrenzten Kontexten der Aufstandsbekämpfung und der RMA begann, wird leicht zu einem universellen Mittel, Konflikte gegen eine Vielzahl von Gegnern auszutragen, die dann von Staaten als ›Terroristen‹ oder ›Verbrecher‹ bezeichnet werden.

Fazit

Carl Schmitt hat in seiner Schrift *Die Wendung zum diskriminierenden Kriegsbegriff* unterstrichen, dass das Konzept des gerechten Krieges die moralische Verurteilung des Feindes notwendig macht. Mit dem Universalismus gehe gleichzeitig ein Individualismus einher, der zur ›Entnationalisierung‹ des Krieges führe. Die universal ›gerechten‹ Zwangsmaßnahmen gegen einen Staat können sich nicht gegen eine ganze Nation richten, sondern nur »gegen die jeweils regierenden Personen und deren Gefolgschaft ..., diese aber dadurch aufhören, ihren Staat oder ihr Volk zu repräsentieren.«[67] Der Gegner ist nicht mehr eine legitime politische Gesamtheit, sondern besteht aus einer kleinen Gruppe von Individuen, die individuell schuldig und kriminell sind. Es ist typisch für den individualisierten Krieg, dass bestimmte Individuen dämonisiert werden, was nicht nur die Führung des Krieges moralisch rechtfertigen soll, sondern es ermöglicht, den Feind ohne Gnade anzugreifen und zu töten. So setzte Präsident George H.W. Bush Saddam Hussein mit Hitler gleich und machte damit aus ihm die Personifizierung des Bösen, aus dem Irak einen völkermordenden faschistischen Staat und aus der Allianz gegen Saddam Hussein im Golfkrieg wurde ein moralisches Äquivalent der Rolle der Alliierten im Zweiten Weltkrieg.[68] Bush proklamierte sogar eine ›neue Weltordnung‹, deren Ziel es sei, weltweit Gerechtigkeit und Rechtsstaatlichkeit durchzusetzen.[69] Der spätere Präsident George W. Bush (43. Präsident) erklärte 2001 sogar, das Ziel des ›Krieges gegen den Terror‹ sei »die Welt von allen Bösewichten zu befreien«.[70] Bei den westlichen Interventionen, die sich gegen ›Schurkenstaaten‹ wie Irak und Libyen richten, ist es entsprechend der universalistischen Natur des gerechten Krieges nur logisch, dass die gegnerischen Führungseliten zum eigentlichen Ziel der militärischen Angriffe werden und nicht die Gesamtheit der Bevölkerung oder auch nur die Gesamtheit der gegnerischen Streitkräfte. Zudem gibt es eine wachsende Zuversicht der westlichen politischen Eliten, dass revolutionär präzise Militärtechnik es unnötig macht, eine große Zahl von Menschen zu töten, um ein Regime zu stürzen. Rumsfeld erklärte vor dem Irakkrieg: »Wir brauchen nicht Tausende von Irakern zu töten, um Saddam Hussein, um ihn von der Macht zu entfernen [...]. Wir glauben, dass wir seine Institutionen der Macht und der Unterdrückung auf eine geordnete Weise zerstören können.«[71]

Schmitt war sehr weitsichtig in seinen Beobachtungen zum Partisanenkrieg, der im 20. Jahrhundert zur vorherrschenden Kriegsform geworden ist. Partisanen und Terroristen verstoßen *per definitionem* gegen die Regeln des Krieges, was es für deren staatliche Gegner sehr leicht macht, sie zu Verbrechern zu erklären und als solche zu behandeln. Da Partisanen und Terroristen nicht nur Verbrecher sind, sondern auch Kombattanten, wird dies nun zur Rechtfertigung für Staaten dafür, sie nach Belieben ohne Vorwarnung gezielt zu töten. Aufstandsbekämpfungsprogramme zielen klassischerweise auf die Identifizierung von gefährlichen Individuen ab, die dann entweder verhaftet werden, um sie mit Folter zur Nennung von Mitverschwörern zu bewegen, oder um sie einfach zu töten.

Das *gefährliche Individuum* ist zum großen Mythos unserer Zeit geworden. Es wird oft argumentiert, dass Individuen und Terrorgruppen mittels moderner Technik über nie zuvor dagewesene Zerstörungsfähigkeiten verfügen.[72] Während in früheren Zeiten einzelne Terroristen aufgrund technischer Begrenzungen nur in der Lage gewesen seien, relativ wenige Menschen zu bedrohen, ermögliche es unsere technisierte Gesellschaft gefährlichen Individuen, einer unvorstellbar großen Anzahl von Menschen zu schaden, indem sie existierende technische Systeme einfach als Waffe gegen die Gesellschaft umfunktionieren. Für diese Annahme werden natürlich die Anschläge vom 11. September als Beispiel *par excellence* angeführt, da angeblich eine Gruppe von nur neunzehn mit Tapeziermessern ausgerüsteten und zum Tode entschlossenen radikalen Islamisten imstande gewesen seien, innerhalb weniger Stunden fast dreitausend Menschen zu töten. Dies ist in der Tat in der Geschichte des Terrorismus völlig beispiellos. Der Journalist und Autor Thomas Friedman hat darum von ›super-ermächtigten Individuen‹ gesprochen, die in der Lage seien einen entscheidenden Einfluss auf globale Systeme auszuüben.[72] Da solche Individuen, seien sie nun Terrorchefs, Drogenbosse, Diktatoren oder gar Medienpersönlichkeiten wie Wikileaks-Gründer Julian Assange, angeblich über so viel global schädlichen Einfluss verfügen können, wird dies leicht zu einer Rechtfertigung von Staaten, gegen sie Krieg zu führen und sie auszuschalten.

2. DIE GEGENWÄRTIGE PRAXIS DER ›GEZIELTEN TÖTUNG‹

Eine Reihe von Staaten setzt gezielte Tötungen im Interesse nationaler Sicherheit ein. Das sind vor allem Israel, die USA, Großbritannien und die Russische Föderation.[1] Die jeweiligen strategischen Zielsetzungen und Motivation unterscheiden sich stark, methodisch aber lassen sich vier Kategorien unterscheiden: Gezielte Tötungen werden in der Regel durch verdeckte Operationen der Geheimdienste, durch Spezialkräfte, durch gezielte Militärschläge und in letzter Zeit zunehmend durch bewaffnete Drohnen ausgeführt. Egal welche Methode gewählt wird, die Geheimdienste sind maßgeblich an solchen Operationen beteiligt, da Informationen über die Ziele und eine zeitnahe Zielaufklärung unerlässlich für den Erfolg solcher Aktionen sind. Im historischen Kontext wird deutlich, wie schwierig es in der Praxis ist, gezielte Tötungen, egal welcher Methode, von anderen Formen staatlich sanktionierter Morde wie politischen Attentaten und außergerichtlichen Hinrichtungen autoritärer Regimes abzugrenzen.

Verdeckte Operationen

Verdeckte Geheimdienstoperationen sind nach den Worten des Iran-Kontra-Verschwörers Oliver North ihrer Natur nach eine Lüge, da es notwendig sei, jede Verbindung der Aktivitäten mit der USA abstreiten zu können, um den Feind zu täuschen (was im Englischen als ›plausible deniability‹ bezeichnet wird). Die Nation, die die Operation durchführt, kann plausibel abstreiten, diese autorisiert zu haben oder daran beteiligt zu sein.[2] Das wiederum setzt voraus, dass die Agenten des Staates unentdeckt bleiben oder im Fall von Gefangennahme oder Tötung nicht mit dem verantwortlichen Staat in Verbindung gebracht werden können. In der Praxis ist das sehr schwierig, auch wenn von Geheimdiensten sehr umfassende Vorkehrungen getroffen werden wie die Verwendung falscher Ausweispapiere anderer Nationen, von Legenden (erfundenen Biographien) sowie von Scheinfirmen und Strohmännern, die die Verbindung von Agenten und Regierung verschleiern sollen. Trotzdem kommt es vor, dass gelegentlich Agenten enttarnt und verhaftet werden, was dann schwerwiegende diplomatische Konsequenzen haben kann.

Die von Geheimdiensten praktizierten Tötungsmethoden weisen ein breites Spektrum auf und reichen von Vergiftung, Autobomben, anderen Sprengsätzen, Briefbomben, Erschießung aus nächster Nähe bis hin zu ausgefeilten Intrigen, durch die die Gegenseite manipuliert wird, die eigenen Leute selbst zu beseitigen.[3] Gezielte Tötungen sind aus operativer Sicht überaus schwierig in der Planung und Ausführung: 1) Die Zielpersonen sind oft schwer aufzufinden und/oder gut beschützt; 2) die Zielpersonen sollen getötet werden, ohne dabei Unschuldige zu gefährden; und 3) müssen die Attentäter erfolgreich und unentdeckt entkommen können. Geheimdienstoperationen zur gezielten Tötung von Terroristen und anderen gefährlichen Individuen sind daher politisch riskant und methodisch sowie moralisch kaum vom politischen Attentat abzugrenzen. Die bekanntesten Beispiele stammen aus der Zeit des Kalten Kriegs, als die CIA und andere Geheimdienste außenpolitische Ziele durch die Eliminierung von politischen Führern zu erreichen suchten.[4] Seit den 1960er Jahren ist der Mossad dafür bekannt, die Feinde Israels überaus professionell im Ausland zu ›liquidieren‹ – auch wenn zuweilen Fehler unterlaufen wie zuletzt bei der Tötung des Hamasführers und mutmaßlichen Waffenschmugglers Mahmud Al Mabhu 2010 durch Mossad-Agenten in Dubai.[5]

Operation ›Zorn Gottes‹

Der Mossad ist Israels Auslandsgeheimdienst und hat bereits in den 1950er Jahren Nazi-Kriegsverbrecher und andere Feinde Israels weltweit gejagt, entführt oder getötet, so etwa Adolf Eichmann, den der Mossad 1960 in Buenos Aires aufgespürt hat, um ihn nach Israel zu verschleppen und anzuklagen.[6] Der Mossad hat sogar eine spezielle Einheit für solche Operationen, die unter dem Namen *Kidon* bekannt ist.[7] Seit dem Anschlag auf die Münchner Olympiade 1972 setzt der Mossad gezielte Tötungen als Terrorismusbekämpfungsmaßnahme ein. Der palästinensischen Terrorgruppe *Schwarzer September* gelang damals ein spektakulärer und überaus erfolgreicher Überfall. Acht palästinensische Terroristen drangen in die Quartiere der israelischen Olympioniken ein und nahmen elf von ihnen als Geiseln, wobei zwei israelische Athleten sofort getötet wurden. Die bayerische Polizei unternahm auf dem Militärflughafen Fürstenfeldbruck einen dilettantischen Befreiungsversuch, bei dem alle Geiseln und fünf der Terroristen getötet wurden.[8]

Israels damalige Premierministerin Golda Meir beschloss nur wenige Tage nach dem Anschlag eine Vergeltungsaktion gegen die Führung von *Schwarzer September*. Meir unterzeichnete die Tötungsbefehle von etwa 20 bis 35 Terroristen, von denen man annahm, dass sie an dem Münchner Anschlag beteiligt waren.[9] Mehrere Mossad-Teams wurden entsandt, um die Hauptverantwortlichen des Anschlags aufzuspüren und zu töten. Viele Details der Operation ›Zorn Gottes‹ sind noch immer geheim, da es zur Politik Israels gehört, sich generell nicht zu bestimmten gezielten Tötungen zu bekennen. Daher ist in manchen Fällen unklar, ob getötete Mitglieder palästinensischer Terrorgruppen tatsächlich Opfer von Mossad-Operationen wurden oder ob sie von rivalisierenden Gruppen oder gar von der eigenen Führung liquidiert wurden. In manchen Fällen steht eine Verwicklung des Mossad in die Attentate außer Frage. Die angewandten Methoden variierten und weisen auf den Einfallsreichtum der Mossad-Killer hin. Die Mossad-Teams erschossen einige ihrer Opfer aus dem Hinterhalt (Abdel Wael Zwaiter, Basil Al-Kubaissi), benutzten ferngezündete Sprengsätze, Autobomben und andere Sprengfallen (Mahmoud Hamshari, Mohammed Boudia, Ali Hassan Salameh) und sogar vergiftete Pralinen (Wadi Haddad). Einige besonders gut geschützte Mitglieder des *Schwarzen Septembers* und der PLO wurden von der israelischen Eliteeinheit *Sayeret Matkal* bei der Operation ›Jungbrunnen‹ erfolgreich in Beirut angegriffen.[10] Nach einem unglücklichen Zwischenfall im norwegischen Lillehammer, bei dem ein Mossad-Team versehentlich einen marokkanischen Ober mit dem Planer des Münchner Anschlags Ali Hassan Salameh verwechselte und ihn 1973 auf offener Straße erschoss, kam es zeitweilig zu einem Stopp der Operation ›Zorn Gottes‹. Danach wurden die Mossad-Anschläge auf *Schwarzer September*, *Fatah* und die PLO sehr viel diskreter und geräuschloser durchgeführt.[11] Terroristen mit Verbindung zum Münchener Anschlag starben gewaltsam auch noch zwanzig Jahre später in den frühen 1990er Jahren. So wurde zum Beispiel der PLO-Nachrichtendienstchef Atef Bseiso 1992 in Paris niedergeschossen.[12]

Obwohl Israels Reaktion auf den Terroranschlag auf die Münchner Olympiade weltweit als legitim angesehen wurde, so gibt es dennoch einige Kritik hinsichtlich der Tötung von bestimmten mutmaßlichen Terroristen, sowie den vom Mossad angewandten Methoden. Es ist zweifelhaft, ob das erste Opfer der Operation ›Zorn Gottes‹, der in Rom lebende Palästinenser Abdel Wael Zwaiter, der dort als Übersetzer für die libysche Botschaft arbeitete, eine Verbindung zu *Schwarzer September* oder zu dem Anschlag in München hatte.[13] Der Zwischenfall in Lillehammer war für den Mossad und das Ansehen Israels besonders schädigend, und selbst die erfolgreiche Tötung von Ali Hassan Salemeh forderte den Tod von vier Unschuldigen. Die Palästinenser zeigen sich selbst Jahrzehnte später reuelos in Hinblick auf den Anschlag auf die Olympiade, und selbst die Hinterbliebenen der in München getöteten israelischen Athleten waren von dieser Art Gerechtigkeit keineswegs befriedigt.[14]

Operation ›Condor‹

Die Operation ›Condor‹ war ein weltweites Programm südamerikanischer Militärdiktaturen zur Liquidierung von Regimegegnern, unterstützt von westlichen Geheimdiensten wie der CIA und dem FBI, die dafür Ausrüstung und Ausbildung bereitstellten.[15] Es gibt Hinweise aus offiziellen Regierungsdokumenten, dass die U.S.-Regierung seinerzeit die Operation ›Condor‹ als legitime Antiterror-Operation angesehen hat.[16] Der Startschuss für die Operation ›Condor‹ fiel 1975 in Santiago de Chile, und sie erstreckte sich über einen Zeitraum von etwa zehn Jahren. Für diese Operation haben sich die Geheimdienste der Militärdiktaturen von Argentinien, Chile, Paraguay, Uruguay, Bolivien und Brasilien nach dem organisatorischen Vorbild von Interpol zusammengeschlossen, um Informationen über Oppositionelle auszutauschen und gemeinsam Geheimdienstoperationen gegen sie im Ausland durchzuführen.[17] Es wird vermutet, dass im Rahmen dieser großangelegten Aktion südamerikanischer Geheimdienste weltweit über 50.000 Menschen selektiv ermordet wurden.[18]

Die Welle der Attentate begann Anfang der 1970er Jahre, als viele der Militärregierungen an die Macht kamen und Widerstand durch linke Oppositionsgruppen und marxistische Guerillabewegungen erfuhren. Charakteristisch waren nächtliche Entführungen der Oppositionellen aus den eigenen Häusern. Die Opfer wurden oft eingekerkert und gefoltert, bis sie schließlich ›verschwanden‹, indem sie über dem Ozean aus Flugzeugen geworfen wurden.[19] Bekannt sind auch die rechtsextremen Todesschwadronen in Argentinien, die Oppositionelle sogar auf offener Straße erschossen. Außerhalb Südamerikas wurden Oppositionelle mit Hilfe von verbündeten Staaten und durch die von der USA bereitgestellte moderne Kommunikations- und Computertechnik gejagt und in verdeckten Operationen der südamerikanischen Geheimdienste ermordet. Es gab umfangreiche Datenbanken mit Informationen über Personen und Organisationen, die es den Geheimdiensten erheblich erleichterte, Querverbindungen zu entdecken und die vorhandene Information sehr viel effektiver zu nutzen als in Form altmodischer Akten und Karteisysteme.[20]

Insbesondere das chilenische Regime hat zwischen 1973 und 1976 im Rahmen der Phase III der Operation ›Condor‹ mehrere Oppositionelle in Europa ermordet, darunter in Frankreich und Portugal. Die Attentate wurden in der Regel von zwei Teams ausgeführt: einem Beobachtungsteam, das die Zielperson findet und überwacht, und einem zweiten Team, das die Zielperson tötet.[21] Die »Zielobjekte der Mordplanungen in Paris [waren] [...] u.a. René Valenzuela, Leiter des JCR[Junta zur revolutionären Koordination]-Büros in Paris, und seine Partnerin Silvia Hernandez, Tochter eines bekannten chilenischen Journalisten.«[22] Einige Mitglieder

der Allende-Regierung wurden vom chilenischen Geheimdienst DINA weltweit gesucht und getötet, wie der ehemalige Befehlshaber der chilenischen Streitkräfte, Carlos Prats, und der chilenische christdemokratische Politiker Bernardo Leighton, der 1975 mit seiner Frau in Rom niedergeschossen wurde. Sehr viel bekannter ist jedoch das Attentat auf den früheren Staatsminister in der Regierung Salvador Allendes, Orlando Letelier, am 21. September 1976 in Washington. Letelier wurde gemeinsam mit seiner Assistentin Ronni Karpen Moffitt durch eine Autobombe getötet.[23] Für dieses Verbrechen wurden Jahre später einige Personen angeklagt und verurteilt, darunter der ehemalige Chef des chilenischen Geheimdienstes, Manuel Contreras.[24]

Die südamerikanischen Regierungen betrachteten die im Zuge der Operation ›Condor‹ ermordeten Personen als Terroristen oder Mitglieder linker Terrornetzwerke und Teil einer »internationalen kommunistischen Verschwörung«, die eine Gefährdung der nationalen Existenz darstellten. Obwohl die Beweislage für eine linke terroristische Verschwörung sehr dünn war, haben die an der Operation ›Condor‹ beteiligten südamerikanischen Geheimdienste erhebliche Unterstützung durch westliche Geheimdienste und Regierungen erhalten. Nicht nur wurde dafür technische Ausstattung zur Verfügung gestellt, anscheinend wurden die südamerikanischen Attentäter auch von westlichen Geheimdiensten wie dem Mossad ausgebildet.[25] Die Motivation für die Liquidierungen außerhalb Südamerikas war allerdings oft Rache und das Bestreben, jegliche mögliche Opposition gegen die brutalen Militärregierungen zu eliminieren. Westliche Regierungen haben die Morde gebilligt und zuweilen, wie im Fall Letelier, die Strafverfolgung behindert.

Fazit

Verdeckte Geheimdienstoperationen mit dem Ziel, Gegner gezielt zu töten, haben aus operativer Sicht einige Vorteile, aber auch sehr viele Nachteile. Geheimdienste können Staatsfeinde zuweilen sehr professionell töten in einer Weise, die sehr viel diskriminierender ist als andere Methoden. Sie sind ebenfalls in der Lage, heimlich in praktisch jedem Staat der Welt zu operieren und dort bestimmte Personen aufzufinden. Vorteilhaft ist ebenfalls, dass ein Staat unter Umständen glaubhaft leugnen kann, für eine gezielte Tötung verantwortlich zu sein. Dies ist besonders wichtig in Fällen, in denen die Legitimität und Legalität solcher Operationen zweifelhaft ist, etwa bei politisch motivierten Attentaten. Manche Geheimdienste sind in der Lage, Personen zu töten, ohne dass es wie ein gewaltsamer Tod aussieht. Geheimdienste haben dafür sehr exotische Gifte und Waffen entwickelt. Der Nachteil ist, dass Pannen besonders schwere diplomatische Krisen verursachen können. Geheimdienstoperationen lassen gezielte Tötungen von Terroristen und anderen Staatsfeinden als heimtückische Morde erscheinen, selbst wenn die ausgewählten Opfer im moralischen Sinne schuldig sind und deren Tötung weitere Verbrechen verhindert.

Spezialkräfte

Spezialkräfte sind militärische Einheiten, die für besondere Zwecke rekrutiert, ausgebildet und ausgerüstet werden und sich damit ganz erheblich von den regulären Streitkräften unterscheiden. Eine Hauptaufgabe von Spezialkräften ist die unkonventionelle oder irreguläre Kriegsführung, die vornehmlich in der Ausbildung und Zusammenarbeit mit Partisanen besteht oder umgekehrt in der Ausbildung und Zusammenarbeit mit Regierungstruppen und Milizen für den Kampf gegen Partisanen (Aufstandsbekämpfung).[26] Die Geschichte der Spezialkräfte reicht zurück bis zum Zweiten Weltkrieg und den Kommandos der britischen *Special Operations Executive* (SOE) und des amerikanischen *Office of Strategic Services* (OSS), die in besetzten Gebieten Partisanen unterstützten oder dort strategische Ziele angriffen. In einigen bekannten Fällen haben alliierte Spezialkräfte versucht hochrangige Nazis und deutsche Offiziere zu töten.[27] Während die irreguläre Kriegsführung im Zweiten Weltkrieg nur ein Nebenschauplatz war, bekam sie im beginnenden Kalten Krieg im Kampf gegen die Ausbreitung des Kommunismus und um Einfluss und Kontrolle von Ost-/Südeuropa sowie der Dritten Welt, einen äußerst hohen Stellenwert in der westlichen Geostrategie. Dies führte zur Entwicklung bzw. Weiterentwicklung der psychologischen Kriegsführung und der Aufstandsbekämpfungsdoktrin. In die Kategorie Spezialkräfte fallen allgemein Kommandoeinheiten, die hinter feindlichen Linien operieren können, Sondereinheiten für psychologische Kriegsführung sowie besondere Unterstützungseinheiten wie speziell ausgerüstete Fluggeschwader. Spezialkräfte werden typischerweise in Konflikten geringerer Intensität zur Aufstands- und Terrorismusbekämpfung eingesetzt und sind darum oft spezialisiert auf das Aufspüren, die Gefangennahme, das Verhören oder die gezielte Tötung von Aufständischen und Terroristen.

Das Phoenix-Programm

Das Phoenix-Programm gilt als der umstrittenste Teil der amerikanischen Aufstandsbekämpfungsstrategie in Südvietnam. Auch wenn es zutrifft, dass das Phoenix-

Programm nicht einfach nur ein gigantisches Mordprogramm war, wie Kritiker behaupten, so gilt inzwischen als gesichert, dass in diesem Zusammenhang in einem Zeitraum von etwa sechs Jahren (1967 bis 1973) zwischen 20.000 und 40.000 Zivilisten getötet wurden.[28] Das Phoenix-Programm unterscheidet sich wesentlich von den gezielten Tötungen im Rahmen des Krieges gegen den Terrorismus, da es im Kontext eines bewaffneten Konflikts in einem Kriegsgebiet durchgeführt wurde, die Anzahl der Tötungen außerordentlich hoch war und in erster Linie Zivilisten und nicht Kombattanten das Ziel waren. Allerdings bestehen durchaus signifikante Ähnlichkeiten mit gezielten Tötungen im Rahmen der Aufstandsbekämpfung im Irak und Afghanistan.[29]

Zweck des Phoenix-Programms war die Identifizierung und ›Neutralisierung‹ der Vietcong-Infrastruktur (VCI) in Südvietnam. Als Mitglieder der VCI wurden Zivilisten angesehen, die entweder mit der politischen Mobilisierung im Süden beschäftigt waren oder die kommunistischen Guerillas logistisch unterstützten. Das Phoenix-Programm wurde von der CIA in Kooperation mit amerikanischen und südvietnamesischen Spezialkräften geleitet. Das Kernstück des Phoenix-Programms war ein Koordinationsausschuss mit dem Namen ICEX (für *Intelligence Coordination and Exploitation*: nachrichtendienstliche Koordination und Auswertung), der mit Hilfe eines Computersystems alle eingehenden Informationen über die VCI für eine spätere Auswertung und Nutzung speicherte. Amerikanische Spezialkräfte waren wesentlich an der Umsetzung des Phoenix-Programms der CIA beteiligt. Die sogenannten ›Provinz-Aufklärungseinheiten‹ (Provincial Reconnaissance Units) setzten sich in der Regel aus Mitgliedern der Marinespezialeinheit SEAL (für ›Sea, Air, Land‹) zusammen und hatten die Aufgabe, südvietnamesische politische Kader zu ›neutralisieren‹, indem sie ihnen nachts auflauerten oder Überfälle auf deren Häuser durchführten.

Der Begriff ›Neutralisierung‹ umfasste die Gefangennahme, die Tötung oder gegebenenfalls das politische ›Umdrehen‹ der VCI-Mitglieder. Die CIA bevorzugte die Gefangennahme von VCI-Mitgliedern gegenüber deren Tötung, da dadurch oft weitere Informationen über kommunistische Aktivitäten in Südvietnam gewonnen werden konnten. Die im Rahmen von Phoenix gefangengenommenen Personen wurden in vielen Fällen zu Tode gefoltert oder aus fliegenden Hubschraubern geworfen.[30] Nach Aussage des verantwortlichen Operationsleiters William Colby wurden über 20.000 VCI-Mitglieder nur deshalb getötet, weil sie sich einer Verhaftung widersetzten.[31] Diese Aussage ist nur bedingt plausibel und verschleiert die Tatsache, dass sehr viele unschuldige südvietnamesische Zivilisten im Auftrag und unter der Leitung der CIA ermordet wurden. Ein wesentlicher Grund dafür war die weitverbreitete Korruption in der Regierung Südvietnams.[32] Keinerlei Beweise oder Untersuchungen waren notwendig, um eine Person zur Phoenix-Datenbank hinzuzufügen – eine anonyme Denunzierung war in der Regel ausreichend –, was es den korrupten südvietnamesischen Behörden ermöglichte, unschuldige Bürger zu erpressen. Die Gefangennahme von vorgeblichen VCI-Mitgliedern führte oft zur Misshandlung, Folter und Ermordung der Gefangenen durch die südvietnamesische Polizei und den eng mit ihnen zusammenarbeitenden U.S.-Geheimdiensten und Spezialkräften. Im Endeffekt war das Phoenix-Programm ein Fehlschlag, besonders da es wegen der moralisch fragwürdigen Methoden und der großen Anzahl unschuldiger Opfer die Legitimität der amerikanischen Rolle in Vietnam untergrub.

Die gezielte Tötung von IRA-Terroristen

Die britische Regierung wurde beschuldigt, eine Strategie der gezielten Tötung von IRA-Terroristen seit dem Wiederaufflammen des irischen Terrorismus in den 1970er Jahren verfolgt zu haben. Bis in die 1980er Jahren wurden insgesamt 14 IRA-Mitglieder durch die britische Spezialeinheit *Special Air Service* (SAS) getötet. Angeblich wurden die Elitesoldaten offiziell angewiesen, die Terroristen bei bestehender Gelegenheit ohne Vorwarnung zu erschießen. Die britische Regierung hat diesen Vorwurf entschieden zurückgewiesen.[33] Außer Frage steht, dass die SAS in Nordirland besonders aggressiv vorgegangen ist und der IRA ernsthafte Verluste zufügen konnte. Die IRA rächte sich mit zahlreichen Attentaten auf Mitglieder der nordirischen Polizei und Miliz (Royal Ulster Constabulary (RUC) und der Ulster Defence Force (UDF)) sowie auf Mitglieder der britischen Streitkräfte in Nordirland, besonders auf die verhasste SAS.

Offiziell waren britische Streitkräfte an strenge Regeln gebunden. Das königliche Verteidigungsministerium verteilte an alle britischen Streitkräfte in Nordirland eine sogenannte ›gelbe Karte‹, die jegliche militärische Gewaltanwendung streng reglementierte.[34] Bevor Gewalt angewendet werden durfte, musste die verdächtige Person mit den Worten: »Halt! Hände hoch!« vorgewarnt werden, und falls die Person nicht Folge leistete mussten zwei weitere Warnungen ausgesprochen werden, bevor Gebrauch von der Waffe gemacht werden durfte. Wenn Schüsse abgegeben werden mussten, dann nur gezielte Schüsse und nur so viele wie notwendig. Diese äußerst restriktiven Regeln für den Einsatz galten auch für die SAS. Dennoch gibt es genügend Beispiele für die Missachtung dieser Regeln, was auf eine Billigung, wenn nicht auf ausdrückliche Befehle der britischen Regierung schließen lässt.

In der Auseinandersetzung zwischen der IRA und der SAS gab es zwei besonders bemerkenswerte Zwischenfälle. Der erste ist die Erschießung von acht IRA-Mitgliedern 1987 in Loughall, Nordirland, der zweite die Erschießung von drei IRA-Bombenlegern 1988 auf Gibraltar. Die Briten wurden durch einen Informanten aus den Reihen der IRA über einen bevorstehenden Angriff auf die Polizeistation der RUC in Loughall benachrichtigt. Die IRA plante, die unbemannte Polizeistation am Abend des 8. Mai mit einer 200-Pfund-Bombe in die Luft zu sprengen. Die in der Region befindlichen 22 SAS Soldaten wurden mit 15 zusätzlichen SAS Mitgliedern aus Hereford in England und mit Polizisten der RUC verstärkt und bereiteten einen Hinterhalt vor. Nach Stunden des Wartens erschienen insgesamt acht bewaffnete IRA-Terroristen in einem Toyota-Kleinwagen und einem Traktor. Die IRA-Leute wurden von der SAS sofort mit Sturmgewehren und schweren Maschinengewehren unter Feuer genommen. Die Terroristen starben im Kugelhagel der insgesamt 1.200 abgegebenen Schüsse.[35] Ebenfalls getötet wurde ein unbeteiligter Zivilist, und ein weiterer wurde schwer verwundet. Die SAS hat die Zivilbevölkerung nicht evakuiert, um die IRA nicht vorzuwarnen. Es ist davon auszugehen, dass der Beschuss des Wagens, in dem sich die Zivilisten befanden, ein tragisches Versehen war. Allerdings wird damit deutlich, dass die SAS ohne Vorwarnung auf vermeintliche Terroristen schoss. Die britische Regierung rechtfertigte das Vorgehen der SAS damit, dass sich in der Polizeistation speziell platzierte SAS Soldaten befanden und eine Erschießung der Terroristen notwendig war, um eine unmittelbare Bedrohung für das Leben dieser Soldaten zu verhindern.[36] Die Terroristen wussten jedoch nichts von der Anwesenheit der Soldaten in der Polizeistation und hatten offenbar auch keine Absicht, jemanden mit dem Anschlag zu töten.

Der andere Vorfall, der sich ein Jahr später auf Gibraltar ereignete, war in vielerlei Hinsicht ähnlich. Nach offizieller Darstellung wurden drei IRA-Mitglieder, die auf Gibraltar einen Bombenanschlag auf britische Truppen vorbereiteten, von der SAS erschossen, bevor sie ihren Sprengsatz zünden konnten. Die IRA wollte demnach eine Autobombe neben einem Truppenversammlungsplatz bei der Wachübergabezeremonie am 8. März 1988 detonieren. Die SAS gab auf Gibraltar über 25 Schüsse ab. Keiner der IRA-Leute überlebte. Die SAS behauptete, dass die Terroristen mit einer fernzündbaren Bombe bewaffnet waren. Nach einer Vorwarnung der SAS hätten die Terroristen bedrohliche Bewegen gemacht. Es sei somit nicht zu vermeiden gewesen, das Feuer auf sie zu eröffnen. Die Terroristen waren entgegen der Behauptungen der SAS zu dem Zeitpunkt ihrer Erschießung allerdings unbewaffnet, und es fand sich auch keine Bombe in ihrem Wagen.[37] Die IRA-Mitglieder befanden sich zudem bereits unter britischer Überwachung, als sie noch in Spanien waren. Sie wurden an der Grenze zu Gibraltar von den britischen Behörden nicht aufgehalten oder gar verhaftet. Die SAS hatte also auf eine günstige Gelegenheit gewartet, die IRA-Leute mit einem sorgfältig geplanten Hinterhalt auf Gibraltar, also auf britischem Hoheitsgebiet, gezielt zu töten.[38]

Fazit

Der Einsatz von Spezialkräften für gezielte Tötungen kommt nur unter bestimmten Umständen in Frage und ist überaus risikoreich. Anders als verdeckte Geheimdienstoperationen sind Kommandooperationen von Spezialkräften militärischer Natur und laufen damit Gefahr, bei ihrer Entdeckung durch den Staat, in dem sie stattfinden, als eine eklatante Verletzung der eigenen Souveränität angesehen zu werden und möglicherweise sogar als ein Kriegsakt. Die diplomatischen und innenpolitischen Konsequenzen von fehlgeschlagenen Kommandooperationen können sehr viel schwerwiegender sein als im Fall von Geheimdienstoperationen. Da Spezialeinheiten nur in geringer Stärke operieren, sind sie nach ihrer Entdeckung überaus verwundbar. Sie können nur bedingt eingesetzt werden wegen der hohen Kosten der Ausbildung von Spezialkräften und der unüberschaubaren Risiken. Vorteilhaft am Einsatz von Spezialkräften für gezielte Tötungen im Vergleich zu Geheimdienstoperationen ist allerdings, dass sie militärischer Natur sind und damit Tötungen zur Notwehr oder zu Kampfhandlungen erklärt werden können. Die Elitesoldaten legen den Terroristen einen Hinterhalt, in dem sie mit der Begründung niedergeschossen werden können, dass das Leben der eingesetzten Soldaten auf dem Spiel stand. Diese Taktik war charakteristisch für viele gezielte Tötungen im Rahmen des Phoenix-Programms und des Nordirland-Konflikts. Außerdem sind Spezialkräfte auch in der Lage, falls nötig, Gefangene zu machen oder Unterlagen des Feindes sicherzustellen, was Informationen über Pläne oder andere Feindmitglieder liefern kann.

Militärschläge

Militärschläge in Form von Artillerie- oder Luftangriffen waren stets ein viel zu grobschlächtiges Mittel, um bestimmte Individuen zu töten. Gezielte Tötungen durch Militärschläge erfordern sehr gute und zeitnahe nachrichtendienstliche Information über den genauen Aufenthaltsort der Zielperson, sowie Waffen, die ausreichend präzise sind, um die Tötung der Zielperson durch einen gezielten Angriff sicherzustellen. Da beides bis vor wenigen Jahrzehnten kaum verfügbar war, wurden Militärschläge nur äußerst selten gegen bestimmte Individuen im gegnerischen Lager gerichtet. Eine berühmte Ausnahme war der gezielte Angriff auf das Flugzeug des japanischen Generals Yamamoto, der den Angriff auf Pearl Harbor geplant hat und als einer der bedeutendsten Militärführer des imperialen Japans galt. Amerikanische Codebrecher entschlüsselten 1943 eine Nachricht, die den Flug Yamamotos ankündigte, und die Amerikaner nutzten die Gelegenheit, den Admiral durch den Abschuss seines Flugzeuges zu töten.[39] Die Entwicklung von intelligenten Präzisionswaffen wie Lenkraketen und Marschflugkörpern in den 1970er Jahren hat es jedoch prinzipiell möglich gemacht, militärische Großwaffensysteme zur gezielten Tötung von Individuen einzusetzen. Seit den 1980er Jahren begannen die USA, Terroristen und andere Feinde durch Militärschläge gezielt anzugreifen. Einer der ersten Fälle war 1983 eine Vergeltungsaktion gegen die Hisbollah nach deren Angriff auf eine Kaserne der U.S.-Marineinfanterie in Beirut durch Selbstmordattentäter, bei dem 241 Soldaten getötet wurden. Die Reagan-Regierung wollte daraufhin gezielte Luftangriffe gegen die Hisbollah-Führung im Südlibanon durchführen. Wegen der starken Luftverteidigung sollten erstmals die neuen *Tomahawk*-Marschflugkörper zum Einsatz kommen. Allerdings kam es nicht zu dem Raketenangriff, da das Risiko, dass die neue Technologie in die Hände des Feindes fallen könnte, als zu groß eingeschätzt wurde.[40] Nur wenige Jahre später fanden aber tatsächlich gezielte Luftangriffe gegen ein bestimmtes Individuum statt – Libyens Diktator Muammar al-Gaddafi.

Operation ›El Dorado Canyon‹

Gaddafi war den Amerikanern wegen seiner Nähe zur Sowjetunion und seiner antiamerikanischen Außenpolitik schon lange ein Dorn im Auge. Außerdem beanspruchte Gaddafi einen größeren Teil des Mittelmeers als Hoheitsgebiet, als Libyen vom Völkerrecht her zustand, was zu einer Konfrontation zwischen amerikanischen und libyschen Kampfflugzeugen führte, bei der 1981 zwei libysche Flugzeuge abgeschossen wurden. Zu einer weiteren schweren Konfrontation zwischen Libyen und den USA kam es im März 1986, als Reagan drei Flugzeugträgergruppen zur libyschen Küste am Golf von Sidra schickte, die von den Libyern angegriffen wurden. Dabei wurden zwei libysche Patrouillenboote versenkt, die zuvor amerikanische Aufklärungsflugzeuge beschossen hatten.[41]

1986 befahl der amerikanische Präsident einen massiven Luftangriff auf Libyen als Vergeltung für den Bombenschlag auf die Diskothek *La Belle* am 5. April in Berlin, bei dem zwei amerikanische Soldaten getötet wurden. Der libysche Staatschef Muammar al-Gaddafi galt als der Drahtzieher hinter dem Anschlag und als Förderer des internationalen Terrorismus. Die NSA hatte offenbar kurz vor dem Anschlag Telefongespräche zwischen libyschen Agenten in Ost-Berlin und dem Hauptquartier in Tripolis abgehört, die die Schuld Gaddafis belegten.[42] Libyen wurde zudem für etliche andere Terroranschläge verantwortlich gemacht, und Gaddafi sollte durch den Vergeltungsschlag entweder zur Abkehr vom Terrorismus bewegt oder ganz einfach getötet werden. Dies war keineswegs der erste oder letzte westliche Versuch einer Tötung Gaddafis, aber ohne Zweifel der aufwändigste.[43] Nicht weniger als dreißig amerikanische Bomber, darunter in Großbritannien stationierte F-111-Bomber, griffen eine Reihe von strategischen Zielen in Tripolis und Bengasi an. Eine lasergelenkte, 950 kg schwere Bombe verfehlte Gaddafis Hauptquartier in der Asisija-Kaserne um nur etwa fünfzig Meter und tötete dabei angeblich Gaddafis fünfzehn Monate alte Adoptivtochter.[44] Gaddafi überlebte möglicherweise nur deshalb, weil er nach Beduinenart in einem Zelt im Innenhof der Kaserne geschlafen hatte.[45]

Operation ›El Dorado Canyon‹ war ein Fehlschlag insofern, als Gaddafis Regime überlebte und weiterhin westliche Interessen in Nordafrika und im Nahen Osten bedrohte. Allerdings hatte der Luftangriff durchaus eine starke psychologische Wirkung auf Gaddafi, der danach seine Verbindung zum internationalen Terrorismus besser versteckte und seine antiamerikanische Rhetorik dämpfte.[46] Es gab einerseits eine deutliche Verringerung von mit Libyen in Verbindung stehenden Terroranschlägen unmittelbar nach dem Militärschlag, die auf eine Reduzierung libyscher Finanzmittel für die Förderung von Terrorismus und Terrorgruppen zurückgeführt wird. Eine mögliche Ursache dafür könnten jedoch auch die EG-Sanktionen gegen Libyen gewesen sein, die vor dem amerikanischen Vergeltungsschlag wirksam wurden.[47] Andererseits wurde Libyen beschuldigt, für den Lockerbie-Anschlag auf den PanAm Flug 103 von 1988 verantwortlich gewesen zu sein. Gaddafi hatte lange Zeit eine Verantwortung für den Anschlag zurückgewiesen, aber erklärte sich 2007 bereit, ohne Schuldeingeständnis eine Wiedergutmachung an die Familien der Opfer zu zahlen.[48] Trotz Gaddafis späterer Abkehr vom Terrorismus und dem Verzicht auf Massenvernichtungswaffen wurde Gaddafi im Zuge eines Aufstandes gegen sein Regime im Frühjahr wieder zum Ziel westlicher Militärangriffe.

Operation ›Infinite Reach‹

Der saudische Millionär Osama bin Laden wurde von den USA bereits in den 1990er Jahren für den ersten Bombenanschlag auf das World Trade Center 1993 verantwortlich gemacht sowie für einige weitere Anschläge wie den auf die Khobar-Türme 1996 in Saudi-Arabien. Osama bin Laden erklärte in diesem Jahr Amerika zum ersten Mal den Krieg und rief die Muslime zum Terrorismus auf, um die amerikanische Präsenz auf der arabischen Halbinsel und den amerikanischen Einfluss im Nahen Osten zu beenden. Bin Laden zog schließlich auf Druck der Amerikaner von Sudan nach Afghanistan, wo ihn das islamistische Taliban-Regime eher zögerlich aufnahm. Afghanistan wurde danach zwischen 1996 und 2001 zur Ausbildungsstätte von etwa 10.000 bis 20.000 militanten Islamisten. 1998 gelangen al Quaida zwei spektakuläre Anschläge auf die amerikanischen Botschaften in Kenia und in Tansania. In Nairobi starben am 7. August 1998 213 Menschen, darunter zwölf Amerikaner, und in Daressalam starben elf Menschen, aber kein Amerikaner.[49]

Präsident Clinton entschied sich zu einem Militärschlag als Vergeltung für diese Anschläge. Diese hatten auch das erklärte Ziel, Osama bin Laden zu töten. Die CIA hatte zu diesem Zweck bereits 1996 eine hochkarätige bin-Laden-Einheit gegründet, geführt von dem CIA-Terrorismusexperten Michael Scheuer unter dem Namen ›Alec Station‹.[50] Aufgabe von ›Alec Station‹ war die Verfolgung des Aufenthalts und der Aktivitäten Osama bin Ladens, um den Terrorchef eventuell auszuschalten. Nach Aussage von Michael Scheuer hatte die CIA zwischen 1996 und 2001 etwa zehn Gelegenheiten bin Laden zu töten, wurde aber jedes Mal von der Clinton-Regierung zurückgehalten.[51] 1998 ordnete Präsident Clinton allerdings einen gezielten Raketenangriff auf die Terroristen an, da dies die risikoloseste Methode für die Tötung bin Ladens war. Es wurden also mehrere Ziele in Sudan und Afghanistan von einer kleinen Planungsgruppe des Nationalen Sicherheitsrats (NSC) ausgewählt, darunter ein Taliban-Ausbildungslager in der Nähe von Khost, wo man Osama bin Laden vermutete.[52] An die hundert Marschflugkörper wurden von Schiffen der U.S.-Marine abgefeuert, davon 66 gegen Ziele in Afghanistan. Der Angriff gegen das Ausbildungslager in Khost wurde mit dem Ziel einer maximalen Zerstörungswirkung ausgeführt, um eine Tötung Osama bin Ladens sicherzustellen. Der *Tomahawk*-Gefechtskopf hatte eine Schrapnellladung, die tödliche Splitter über eine größere Fläche verteilten.[53] Wie sich später herausstellte, war Osama bin Laden nicht unter den Opfern. Möglicherweise wurde bin Laden rechtzeitig vor dem Luftangriff gewarnt, oder aber die Geheimdienstinformationen über seinen Aufenthaltsort waren falsch. Jedenfalls betrug die Flugdauer der vor der Küste Pakistans abgefeuerten Marschflugkörper mehrere Stunden, was Osama bin Laden reichlich Zeit gab, seinen Aufenthaltsort vor Einschlag der Raketen zu ändern. Für Angriffe auf winzige und mobile Ziele wie bestimmte Individuen sind Marschflugkörper denkbar schlecht geeignet. Die *Tomahawks* haben einen dafür überdimensionierten Sprengkopf von 500 kg und sind nicht in der Lage, auf etwaige Ausweichmanöver der Ziele zu reagieren. Der Preis eines *Tomahawk*-Marschflugkörpers ist mit fast einer Million U.S.-Dollar zudem so hoch, dass sich die Frage nach einem angemessenen Kosten-Nutzen-Verhältnis stellt. Dennoch hat die USA immer wieder Marschflugkörper gezielt gegen andere Terroristen eingesetzt, zuletzt 2010 gegen al Quaida-Terroristen im Jemen.[54]

Die Operation ›Infinite Reach‹ war in jeder Hinsicht ein Fehlschlag: Nicht nur löste der Angriff auf die einzige medizinische Fabrik im Sudan eine Kontroverse über die völkerrechtliche Zulässigkeit des amerikanischen Handelns aus, sondern – was für Amerika noch schlimmer war – weder Osama bin Laden noch seine engsten Vertrauten und auch keiner der Talibanführer wurden getötet. Die Schäden und Verluste waren für al Quaida minimal und hatten daher keinerlei Effekt auf den Willen oder die Fähigkeit der Terroristen, weiterhin Terroranschläge gegen amerikanische Ziele im Nahen Osten zu verüben. Zwei Jahre später gelang es militanten Islamisten, den im Hafen von Aden ankernden amerikanischen Zerstörer USS Cole von einem mit Sprengstoffen beladenen Schlauchboot anzugreifen und beinahe zu versenken. Die amerikanische Reaktion darauf war vergleichsweise wenig aggressiv: Man schickte das FBI zu einer Untersuchung des Anschlags in den Jemen und Kompetenzrangeleien zwischen FBI, CIA und dem U.S.-Außenministerium stellten sicher, dass diese Untersuchung nur wenige Ergebnisse produzierte.[55] So kann Operation ›Infinite Reach‹ als ein ziemlich halbherziger Versuch gewertet werden, die Bedrohung durch bin Laden und al Quaida zu beenden.

Fazit

Militärschläge eignen sich schlecht für gezielte Tötungen. Es gibt relativ wenige Beispiele dafür, dass durch gezielte Bomber- oder Raketenangriffe bestimmte Personen getötet werden konnten. Weder Gaddafi noch Saddam Hussein noch Osama bin Laden konnten damit erfolgreich beseitigt werden. Paradoxerweise hatte sich in den 1980er und 1990er Jahren in den USA wegen des präsidialen Verbots von Attentaten die Ausführung von Militärschlägen, besonders in der Form von gezielten Luftangriffen, als eine Kompromisslösung herausgebildet.[56] Die Risiken für die eigenen Soldaten sind oft gering – im Fall von Marschflugkörpern praktisch Null –, ebenso gering sind aber auch die Erfolgschancen. Eine Hauptschwierigkeit liegt darin, das Ziel zu lokalisieren und sicherzustellen, dass es sich zur Zeit des Angriffs auch tatsächlich dort befindet, wo der Angriff stattfindet. Bei konventionellen Luftangriffen über größere Entfernungen ist dies überaus schwierig, wie das Beispiel der Operation ›Infinite Reach‹ gezeigt hat. Ein weiteres Problem sind Kollateralschäden, die im Fall eines Langstreckenangriffs mit Marschflugkörpern oder bemannten Kampfflugzeugen fast unvermeidlich sind. Diese Waffensysteme haben oft überdimensionierte Gefechtsköpfe oder Sprengladungen, die ein erhebliches Maß an Zerstörung verursachen. Dies bedeutet in der Praxis die Gefährdung einer größeren Anzahl von Unschuldigen, was nur im Kontext eines Staatenkrieges gerechtfertigt erscheint. Militärschläge gegen Individuen sind in der Regel nur möglich und sinnvoll, sofern bereits ein bewaffneter Konflikt vorliegt (ein Staatenkrieg oder Bürgerkrieg). Ansonsten besteht eine erhebliche Gefahr, dass eine ›diskrete Militäroperation‹ in Friedenszeiten zu einem Krieg eskaliert und somit den Zweck einer solchen begrenzten Aktion untergräbt. Seit etwa zehn Jahren gibt es daher einen Trend zur Nutzung von bewaffneten Drohnen, die im Vergleich zu *Tomahawk*- und Bomberangriffen ein sehr viel höheres Maß an Präzision und Flexibilität besitzen.

Der Drohnenkrieg

Bewaffnete Aufklärungsdrohnen sind eine ideale Waffe für die gezielte Tötung von Terroristen und anderen gefährlichen Individuen, die sich in schwachen Drittweltstaaten aufhalten. Die unbemannten Flugkörper sind in der Lage, bis zu 40 Stunden in der Luft zu sein und ein großräumiges Gebiet zu überwachen. Sie sind mit empfindlicher Sensortechnik ausgestattet, die es den Drohnenpiloten erlaubt, Individuen selbst über mehrere Kilometer Entfernung ausfindig zu machen und zu identifizieren.[57] Durch eine Bewaffnung mit Lenkraketen und lasergelenkten Bomben können Drohnen sehr kleine Ziele, also auch Individuen, mit hoher Präzision angreifen und verursachen dabei relativ geringe Kollateralschäden. Drohnen sind für westliche Streitkräfte besonders attraktiv wegen deren vergleichsweise niedrigen Kosten und ihrer höheren Effizienz.[58] Zudem muss das Leben eigener Piloten nicht aufs Spiel gesetzt werden. Die Entwicklung von unbemannten Flugkörpern reicht bis zum Ersten Weltkrieg zurück. Seitdem wurden sie als ›fliegende Bomben‹ wie die deutsche V-1 und als Zielobjekte für die Ausbildung von Kampfpiloten benutzt. Die ersten modernen Aufklärungsdrohnen wurden in den 1960er Jahren gebaut, und dank Echtzeitübertragung von Sensordaten haben Drohnen seit den 1980er Jahren erheblich an Nützlichkeit im Krieg gewonnen. Die israelischen Streitkräfte haben Drohnen besonders erfolgreich im Libanonkrieg 1982 eingesetzt. Im Zweiten Golfkrieg 1991 erkannten auch die U.S.-Streitkräfte das große Potenzial von Drohnen.[59] Die Amerikaner haben Anfang 2001 begonnen, *Predator*-Aufklärungsdrohnen mit *Hellfire*-Raketen zu bewaffnen, die zum ersten Mal im Rahmen der Operation ›Enduring Freedom‹ in Afghanistan zum Einsatz kamen.[60] Die erste Mission der bewaffneten *Predator*-Drohne war die gezielte Tötung des Talibankommandeurs Mohammed Atef Mitte November 2001. Inzwischen sind Drohnen zur beliebtesten Waffe der amerikanischen und israelischen Streitkräfte für gezielte Tötungen geworden.

Die Tötung von Al-Harethi im Jemen

Im Jemen herrschte 1994 ein kurzer Bürgerkrieg zwischen dem Norden und Süden des Landes. Obwohl der Bürgerkrieg mit Hilfe amerikanischer Diplomatie erfolgreich beendet werden konnte, befinden sich weite Teile Jemens noch immer effektiv außerhalb der Kontrolle der Regierung in der Hauptstadt Sanaa. Jemens Gesellschaft ist in eine Vielzahl von rivalisierenden schwerbewaffneten Stämmen zersplittert, was politische Instabilität und teilweise gesetzlose Zustände mit sich bringt. In den 1990er Jahren gab es viele Fälle von Entführungen von Ausländern mit dem Ziel, Lösegeld zu erpressen. Auch al Quaida konnte hier Fuß fassen. Der kleine Staat auf der arabischen Halbinsel ist wegen seiner Nähe zu Saudi-Arabien, seiner Ölvorkommen und des Hafens von Aden, der an der Mündung des Suezkanals liegt und durch den saudisches und kuwaitisches Öl fließt, geostrategisch bedeutsam. Aden ist zudem ein wichtiger amerikanischer Marinestützpunkt, von dem aus für den Westen bestimmtes Öl im Persischen Golf geschützt wird. Dies motivierte 2000 den Angriff al Quaidas auf die dort ankernde *USS Cole*. Der jemenitische Terrorist Abu Ali Al-Harethi wurde von den USA als einer der Verantwortlichen für den Anschlag auf die *USS Cole* angesehen. Versuche der jeminitischen Behörden, Al-Harethi festzunehmen, waren vormals gescheitert, und Präsident George W. Bush autorisierte darum den Einsatz von Drohnen zur Auffindung und Tötung des Terroristen.[61]

Die dafür eingesetzte *Predator*-Drohne wurde von der Firma General Atomics ursprünglich als Aufklärungsdrohne entwickelt. Die Drohne hat eine Spannweite von 15 Metern und ist etwa eine Tonne schwer. Die normale Fluggeschwindigkeit beträgt nur 135km/h mit einer Maximalgeschwindigkeit von 215km/h, wodurch sich die Drohne ideal für die Beobachtung eines kleinen Gebiets und für Präzisionsangriffe auf Bodenziele eignet. Die Drohne wird von einem Piloten und zwei Sensortechnikern per Satellitenverbindung von einer mobilen Kommandozentrale ferngesteuert und ist in der Lage, 24 Stunden in der Luft zu bleiben. Die Drohne kann in einer Kiste, die als ›Sarg‹ bezeichnet wird, schnell an jeden Ort der Welt transportiert werden. Die modifizierte bewaffnete *Predator-B*-Version kann zwei *Hellfire*-Raketen tragen, die mit einem Zielerfassungssystem von den Piloten ins Ziel gelenkt werden.[62] Es ist nur eine kurze Startbahn und eine kleine Bodenmannschaft im Einsatzgebiet erforderlich, die die Drohne wartet, auftankt, bewaffnet und schließlich birgt. Im Persischen Golf operierende *Predator*-Drohnen werden von Piloten auf den Nellis- und Creech-Luftwaffenstützpunkten nahe Las Vegas in Nevada ferngesteuert.[63]

Am 3. November 2002 hatten die *Predator*-Piloten Glück. Sie feuerten eine Rakete auf einen Geländewagen ab, der mit fünf Personen auf einer Straße etwa 160 km östlich der Hauptstadt Sanaa durch die Wüste fuhr. Alle Insassen wurden getötet, einschließlich Abu Ali Al-Harethi, das Ziel der Operation. Dies wurde durch eine spätere DNA-Analyse der Leichnahme belegt.[64] Nach Ansicht des Militäranalytikers Micah Zenko war die Operation ein entscheidender Umkehrpunkt im globalen Krieg gegen den Terrorismus, da dies das erste Mal war, dass das U.S.-Militär offen Gewalt gegen Terroristen außerhalb von Afghanistan anwendete.[65] Ursprünglich sollte die Operation geheim bleiben. Jedenfalls wollte man sie glaubhaft abstreiten können, um die Regierung Jemens nicht zu kompromittieren. Der Stellvertretende Verteidigungsminister Paul Wolfowitz verkündete aber schließlich die gelungene Operation in einer Pressekonferenz, da es eine undichte Stelle in der jeminitischen Regierung gab.[66] Die jemenitische

Regierung befindet sich nämlich in dem Dilemma, auf der einen Seite mit den Amerikanern im Kampf gegen al Quaida kooperieren zu wollen, aber auf der anderen Seite die streng muslimische Bevölkerung nicht zu verärgern. Es gibt mit anderen Worten eine starke stillschweigende westliche Zusammenarbeit mit dem Jemen im Kampf gegen den Terrorismus, besonders im nachrichtendienstlichen Bereich.

Seit dem Drohnenangriff auf Al-Harethi haben weitere gezielte Tötungen im Jemen stattgefunden. Trotzdem scheint al Quaida auf der arabischen Halbinsel kaum geschwächt zu sein. Indes begann mit dem Drohneneinsatz im Jemen ein sich immer noch ausweitender weltweiter Drohnenkrieg der CIA gegen al Quaida-Terroristen. Die *Predator*-Drohne wurde schließlich zum *Reaper* weiterentwickelt, der erheblich leistungsfähiger ist und das Siebenfache an Waffenladung tragen kann. Seit 2004 wurde Pakistan zum Haupteinsatzort der CIA-Drohnen. Allerdings gibt es seitens der U.S.-Regierung kaum Stellungnahmen zum massiven Drohnenkrieg in Pakistan. Denn aufgrund der gesammelten Erfahrungen in der Al-Harethi Operation sind die USA dazu übergegangen, den Einsatz von Drohnen über souveränen neutralen Staaten nicht mehr offiziell zu kommentieren.

Der Drohnenkrieg in Pakistan

Die militärische Zusammenarbeit zwischen Pakistan und den USA geht zurück bis zur Gründung Pakistans 1948. Während der Besetzung von Afghanistan durch sowjetische Truppen zwischen 1979 und 1989 wurde Pakistan wegen seiner geostrategischen Lage und der Bereitschaft der pakistanischen Regierung, den Kampf gegen die Sowjets in Afghanistan zu unterstützen, zu einem sehr engen Verbündeten der USA. Bereits unter Präsident Carter begann 1979 eine verdeckte Operation, die zum Ziel hatte, die Sowjets zur Invasion Afghanistans zu bewegen, um sie dort aus Rache für Vietnam ausbluten zu lassen.[67] Darum begann die CIA schon vor der sowjetischen Besetzung Afghanistans mit fundamentalistischen Gruppen zusammenzuarbeiten, die später zu den Mudschaheddin oder heiligen Kriegern wurden. Pakistans Rolle war es, im Laufe der Jahre über 80.000 Mudschaheddin aus dem Nahen Osten in den Grenzgebieten zu Afghanistan zu bewaffnen und im Partisanenkampf auszubilden.[68] Diese Aufgabe wurde von dem pakistanischen Militärgeheimdienst *Inter-Services Intelligence* (ISI) mit finanzieller und materieller Unterstützung der CIA ausgeführt. In den 1980er Jahren wuchs der ISI sehr schnell und wurde zu einem der größten Nachrichtendienste der Welt und in Pakistan zu einem Staat im Staate. Nach Abzug der Sowjets 1989 endete die amerikanische Zusammenarbeit mit ISI keineswegs, aber das Bündnis zwischen USA und Pakistan wurde doch erheblich durch die heimliche Entwicklung einer pakistanischen Atombombe und deren Test 1998 gestört. Eine Wende in den Beziehungen kam mit den Anschlägen vom 11. September, nach denen Pakistan wieder zu einem äußerst wichtigen Verbündeten im globalen Krieg gegen den Terrorismus wurde. Mit pakistanischer Hilfe wurden sehr viele hochrangige al Quaida-Terroristen gefangengenommen, so etwa 2002 der al Quaida-Operationschef Abu Zubaidah und 2003 die mutmaßlichen Planer der Anschläge vom 11. September, Chalid Scheich Mohammed und Ramsi Binalschib.

Seit 2004 haben die Amerikaner in Pakistan verdeckt Drohnenangriffe gegen militante Islamisten durchgeführt. Dies geschieht offenbar in stillem Einverständnis der pakistanischen Regierung, die sich aus innenpolitischen Gründen nicht offen dazu bekennen möchte.[69] Die in Pakistan operierenden Drohnen stehen im Gegensatz zu den Drohnenoperationen in Irak und Afghanistan unter der Kontrolle der CIA, und über die Jahre kam es zu einer schrittweisen Zunahme der Angriffe. Zunächst war es nur ein einziger Drohnenangriff 2004 und ein weiterer 2005. 2006 waren es schon drei, 2007 fünf, und danach stieg die Anzahl der Angriffe rasch auf 35 (2008), 53 (2009) und 117 (2010).[70] Unter Präsident Obama kam es zu einer regelrechten Eskalation des Drohnenkriegs, nicht nur hinsichtlich der Anzahl der Angriffe, sondern auch hinsichtlich der Regeln des Gefechts, die es den Drohnenpiloten nun erlauben, jeden in den Stammesregionen Pakistans anzugreifen, der sich wie ein militanter Islamist verhält, was als Signaturschläge (›signature strikes‹) bezeichnet wird. Die Drohnen operierten 2010 und 2011 von mehreren geheimen Luftwaffenstützpunkten in Pakistan, darunter von dem Militärflughafen Shamsi in Baluchistan. Die Drohnenoperationen werden von privaten Militärdienstleistern wie der Firma *Xe Services Worldwide* (früher *Blackwater* und derzeit unter dem Namen ACADEMI tätig) logistisch und nachrichtendienstlich unterstützt, da die USA offiziell keine Militärpräsenz in Pakistan hat.[71] *Xe Services* hatte vermutlich zeitweise Tausende von Mitarbeitern in Pakistan, die unter anderem al Quaida-Terroristen ausfindig machen und den Drohnenpiloten Ziele zuweisen sollten.[72]

Seit 2011 hat sich die Häufigkeit der Drohnenangriffe deutlich verringert. So fanden 2011 nur 64 Drohnenangriffe statt.[73] Allerdings mehrt sich in der pakistanischen Bevölkerung der Unmut angesichts der wöchentlichen Luftschläge gegen ›Terroristen‹ in Pakistan. Der Schwerpunkt des amerikanischen Drohnenkriegs scheint sich nun zunehmend auf Afrika und die arabische Halbinsel zu verlagern. Während der NATO-Intervention in Libyen haben amerikanische Drohnen nicht weniger als 157 Angriffe ausgeführt.[74] Seit Frühjahr

2011 kam es zu mehreren Drohnenangriffen in Somalia[75] sowie mindestens 20 Drohnenangriffen im Jemen im Frühjahr 2012.[76]

Fazit

Der Einsatz von bewaffneten Aufklärungsdrohnen für die gezielte Tötung von Individuen ist seit etwa 2008 ein wichtiger Trend und im Begriff, konventionelle Militärschläge gegen Individuen zu ersetzen. Ein Grund dafür ist die technische Weiterentwicklung der Drohnen, im Besonderen die Entwicklung des sehr viel leistungsfähigeren *Reaper.*[77] Die Drohnen werden von ihren Befürwortern besonders wegen ihrer sehr hohen Präzision gelobt, die es ermögliche, einzelne Personen geradezu ›chirurgisch‹ anzugreifen und auszuschalten. Kritiker der Drohnenangriffe weisen auf die hohe Zahl von unschuldigen Opfern hin und die Tendenz, dass Drohnen zur Verletzung der Souveränität anderer Staaten verleiten. Selbstverständlich hat jeder Staat das Recht, alle illegal in den eigenen Luftraum eindringenden Flugkörper abzuschießen. Da Drohnen aber unbemannt sind, führt deren Abschuss nicht zum Tod oder der Gefangenschaft von Piloten und den damit verbundenen diplomatischen und politischen Konsequenzen. In der Praxis gibt es natürlich Vereinbarungen mit den betroffenen Staaten wie Jemen und Pakistan über den Einsatz von Drohnen in ihrem Luftraum. Es besteht daher auch keine ernsthafte Gefahr, dass bewaffnete amerikanische Drohnen in Europa auf Terroristenjagd gehen. Damit zeigen sich deutlich die Grenzen der Nützlichkeit von Drohnen für gezielte Tötungen – bewaffnete Drohnen können derzeit, ähnlich konventionellen Militärschlägen, eigentlich nur in Kriegsgebieten und bestimmten Entwicklungsländern eingesetzt werden, sofern entweder keine effektive Regierung vorhanden ist oder die Regierung dem Einsatz der Drohnen zugestimmt hat. Somit sind Drohnen wie der *Predator* trotz ihrer gegenwärtigen Beliebtheit bei modernen Streitkräften keinesfalls die ultimative Waffe für gezielte Tötungen.

Methoden gezielter Tötungen	**Sichtbarkeit**	**Gefahr von Kollateralschäden**	**Geografische Begrenzung**	**Risiko**
Verdeckte Geheimdienstoperationen	gering	gering	Fast überall möglich	mittel
Spezialkräfte	mittel	gering	Konfliktgebiete (verbündete oder Feindstaaten)	hoch
Militärschlag	hoch	hoch	Feindstaaten	gering bis mittel
Drohnenangriff	mittel bis hoch	mittel	Konfliktgebiete (verbündete oder Feindstaaten)	gering

Staaten praktizieren verschiedene Methoden für gezielte Tötungen, und es hängt sehr stark vom Kontext und den angestrebten Zielen ab, welche der beschriebenen Methoden sich für einen bestimmten Fall am besten eignet. Geheimdienstoperationen haben einerseits eine geringe Sichtbarkeit und können darum praktisch fast in jedem Land ausgeführt werden, um bestimmte Personen gezielt zu töten, ohne dass Unschuldige zu Schaden kommen müssen. Andererseits besteht die Gefahr, dass ein Fehlschlag zur Verhaftung oder Tötung des eigenen Geheimdienstpersonals sowie zu diplomatischen Konsequenzen führt. Zusätzlich problematisch ist, dass die geringe Transparenz geheimdienstlicher Aktivitäten eine demokratische Kontrolle erschwert und damit eine hohe Gefahr des Missbrauchs des Instruments der gezielten Tötung gegeben ist. In der Tat bedienen sich vor allem autoritäre Regierungen verdeckter Geheimdienstoperationen, um als ›Terroristen‹ gebrandmarkte Regimegegner im Ausland zu beseitigen. Die meuchlerische Natur dieser Art von gezielter Tötung erscheint unmoralisch und ist völkerrechtlich ganz einfach illegal. Spezialkräfte werden in erster Linie im Kontext der Aufstandsbekämpfung für gezielte Tötungen eingesetzt und weniger für verdeckte Operationen in neutralen Staaten. Ein berühmtes Beispiel für den verdeckten Einsatz einer Kommandoeinheit in einem neutralen Staat ist die oben erwähnte israelische Operation ›Jungbrunnen‹. Militärschläge in Form von gezielten Luftangriffen mit Bombern und Raketen sind gegen Individuen nur selten erfolgreich, waren aber zeitweilig eine Kompromisslösung für die USA wegen des präsidialen Verbots von Attentaten seit 1976. Der allgemeine Trend in der amerikanischen Ausführung von gezielten Tötungen geht seit zehn Jahren klar in Richtung Drohnenangriffe. Auch viele andere Staaten sind aus offensichtlichen Gründen (geringes Risiko, hohe Präzision und relativ niedrige Kosten) daran interessiert, gezielte Tötungen auf diese Weise vorzunehmen. Die *Predator*- und *Reaper*-Drohnen sind aber in gewisser Hinsicht bereits eine veraltete Technologie, und moderne Streitkräfte arbeiten bereits mit Hochdruck an neuen Waffen, die für die neue Art der Kriegsführung besonders geeignet sind.

3. DAS GLOBALE SUCHNETZ

Attentate auf wichtige Persönlichkeiten, die gezielte Tötung von Terroristen oder allgemein die gezielte Tötung von gefährlichen Individuen sind aus vielen Gründen keineswegs einfach. Die große Mehrheit von Attentatsversuchen scheint jedenfalls fehlzuschlagen.[1] Die Grundprobleme bei der praktischen Ausführung von gezielten Tötungen und politischen Attentaten sind sehr ähnlich, auch wenn es in moralischer und legaler Hinsicht Unterschiede gibt. Historisch betrachtet gibt es drei grundlegende Probleme bei der Planung und Ausführung eines Attentats: 1) Der Attentäter ist nicht willig oder fähig, das Attentat auszuführen;[2] 2) die Zielperson ist zu gut geschützt;[3] oder es ist 3) zu schwierig, die Zielperson zu finden. Drohnen scheinen diese Probleme zu lösen, aber keineswegs vollständig.[4] Eine Studie der Universität Princeton hat lapidar festgestellt: »Es ist nicht schwierig, Terroristen oder Guerillas zu töten. Das Problem besteht darin, sie zu finden.«[5] Die Identifikation von gefährlichen Individuen, die sich innerhalb einer Bevölkerung verbergen, ist weiterhin ein großes Problem für die damit betrauten Geheimdienste und Spezialkräfte. Da die neuen Bedrohungen von Organisationen und Individuen ausgehen, die Erfahrung darin haben, heimlich zu agieren und unentdeckt zu bleiben, kann das Identifizieren und Auffinden der gefährlichen Individuen innerhalb einer größeren Bevölkerungsgruppe eine große Herausforderung sein.

Die neue individualisierte Kriegsführung erfordert darum eine hochentwickelte Technik, mit der vor allem vier Ziele erreicht werden sollen:

die Entdeckung bzw. Identifizierung von gefährlichen Individuen;

die systematische Überwachung, Lokalisierung und Verfolgung dieser Individuen und ihres Handelns;

die Vorhersage zukünftigen Handelns dieser Individuen;

der Einsatz präventiver Maßnahmen zur Beeinflussung, Kontrolle und gegebenenfalls präventiven Neutralisierung dieser Individuen (Gefangennahme oder gezielte Tötung).

Bei dieser neuen Art von Krieg gegen Individuen ist oft nicht bekannt, wer genau der Feind ist, da der Feind buchstäblich jeder sein kann. Nach dieser Logik müssen alle Individuen erfasst, beobachtet und ständig überwacht werden. Auffälligkeiten führen dazu, dass die Namen von bestimmten Individuen auf Beobachtungslisten gesetzt werden. Eine technische Analyse des Verhaltens von auffälligen Individuen soll dann eine Vorhersage von deren zukünftigen Handeln ermöglichen, was dann Präventivmaßnahmen möglich macht, die terroristische Taten verhindern. In extremen Fällen bedeutet dies die gezielte Tötung oder anderweitige Neutralisierung von Individuen, noch bevor sie eine unmittelbare Gefahr darstellen. Zu diesem Zweck werden vom Militär und von Geheimdiensten neuartige Überwachungs- und Waffensysteme entwickelt, die auch für die neue weltumspannende Geographie des Krieges geeignet sind.

Die neue Geographie des Krieges

Die neue Geographie des Krieges ist global, urban und inländisch. Im Gegensatz zum traditionellen Kriegsverständnis, nach dem sich das Kriegsgebiet auf die am Krieg teilnehmenden Staaten beschränkt, ist die neue Geographie des Krieges entgrenzt. In dem neuen Paradigma findet Krieg immer dort statt, wo sich gerade ein Kombattant oder Teilnehmer an einem bewaffneten Konflikt aufhält.[6] Das Hauptargument dafür besteht darin, dass Terroristen und andere kriminelle Akteure sehr leicht von Land zu Land reisen und leicht neue Stützpunkte und sichere Häfen finden können. Staaten befänden sich gegenüber diesen Akteuren im Nachteil, da deren Mittel der Strafverfolgung auf das eigene Hoheitsgebiet beschränkt seien. Auch sei die Bedrohung globaler Natur, da Terroristen Anschläge auf allen Kontinenten verübt haben. Eine geographische Beschränkung des Krieges gegen den Terrorismus sei daher nicht sinnvoll. Es müsse möglich sein, gefährliche Individuen anzugreifen, wo immer sie sich gerade aufhalten. Daher erklärte Präsident Bush am 20. September 2001 einen »globalen Krieg gegen den Terrorismus«.[7] Die neue Geographie des Krieges ist auch urban, da der Schwerpunkt von Kampfhandlungen sich nach Erwartung von Militärstrategen im 21. Jahrhundert zunehmend in die Groß- und Megastädte verlagern wird. Während in der Vergangenheit Schlachtfelder unbewohnte Landstriche waren, auf denen sich zwei oder mehr Armeen gegenüberstanden, also eine klare räumliche Abgrenzung von Kombattanten und Zivilisten möglich war, so finden bewaffnete Konflikte nun vor allem in Siedlungsräumen statt, in denen sich Kombattanten und Zivilisten vermischen. Die neue Geographie des Krieges ist schließlich inländisch, da der Feind nicht mehr vor allem der äußere staatliche Feind ist, sondern in erster Linie der ›innere Feind‹, der die Sicherheit der Gesellschaft von innen heraus bedroht. Es handelt sich bei diesem inneren Feind nicht so sehr um bestimmte Organisationen oder Gruppierungen, sondern um Individuen, die unter dem Einfluss von staatsfeindlicher Ideologie zur Bedrohung für die Gesellschaft werden. Damit wird die Heimatfront zum wesentlichen Kriegsschauplatz. Die Bedrohung gehe, nach der Umdefinierung nationaler Sicherheit seit den Anschlägen vom 11. September, vor allem von gefährlichen Individuen aus, die sich bereits in der Gesellschaft befinden und dort verborgen halten.

Das individualisierte globale Gefechtsfeld

Kriege wurden bereits im frühen 20. Jahrhundert zu globalen Konflikten. So war der Erste Weltkrieg nicht auf eine bestimmte Weltregion beschränkt, sondern erstreckte sich über Europa, Afrika und Asien sowie die Weltmeere. Der Kalte Krieg war ein globaler Konflikt nicht nur, weil der Konflikt weltweit ausgetragen wurde. Vielmehr ging es bei diesem Wettstreit der Supermächte nicht einfach nur um die Vorherrschaft auf einem Kontinent, sondern um nicht weniger als die Weltherrschaft. Nach Ende des Kalten Krieges hat sich eine neue hegemoniale oder imperiale Weltordnung herausgebildet, die aus ›orthodoxer‹ Sicht hauptsächlich durch einen islamistischen »globalisierten Aufstand«[8] oder einen »Weltbürgerkrieg«[9] bedroht wird. Somit wurde die globale Aufstands- und Terrorismusbekämpfung zu einer Hauptaufgabe der westlichen Sicherheits- und Verteidigungsapparate erklärt. Ebenso wie in der innerstaatlichen Aufstandsbekämpfung richtet sich der Kampf gegen den globalisierten Aufstand in erster Linie auf die gefährlichen Individuen, die sich in der Weltbevölkerung verbergen und die imperiale Ordnung zu untergraben suchen.

In der akademischen Debatte gibt es seit den späten 1990er Jahren das Argument eines ›neuen Terrorismus‹, der sich erheblich von dem ›alten Terrorismus‹ unterscheide und um ein Vielfaches gefährlicher sei.[10] Der neue Terrorismus, versinnbildlicht durch al Quaida, sei von staatlichen Sponsoren mehr oder minder unabhängig und dezentral organisiert in losen globalen Terrornetzen. Diese bestünden aus verschiedenen Gruppierungen, Terrorzellen und radikalisierten Individuen, die weitgehend autonom und dezentral operieren könnten.[11] Die Herausbildung transnationaler Terrornetze und ihrer Dezentralisierung werde ermöglicht durch die Globalisierung und vor allem das Internet, das es Terrororganisationen erlaube, überall auf der Welt mit Propaganda präsent zu sein, Wissen zur Vorbereitung von Terroranschlägen zu verbreiten, Spenden zu sammeln, Mitglieder zu rekrutieren und sich mit lokalen Terrorgruppen zusammenzuschließen bzw. gemeinsam Anschläge zu planen und auszuführen.[12]

Die Entdeckung und Beobachtung von terroristischen Aktivitäten ist aber schwierig. Terrororganisationen wie al Quaida finanzierten sich vor allem durch kriminelle Aktivitäten wie Kreditkartenbetrug oder Drogenhandel und hätten einen relativ geringen Kapitalbedarf, da selbst aufwändige Terroranschläge relativ billig sind.[13] Damit sei es für die effektive Bekämpfung des Terrorismus längst nicht mehr ausreichend, einfach nur bekannte Terrororganisationen und deren staatliche Sponsoren zu beobachten. Der ›neue Terrorismus‹ erfordere die Identifizierung, Beobachtung und Verfolgung von allen gefährlichen Individuen, die dank Internet und Globalisierung sehr viel leichter global kommunizieren, in Sekundenschnelle weltweit Kapital transferieren und leicht reisen können. Terroranschläge werden demnach in Afghanistan oder Jemen geplant und später an jedem anderen Ort der Welt von lokalen Terrorzellen und ›Schläfern‹ ausgeführt.

Der Krieg gegen den Terrorismus müsse darum global geführt werden. Aus diesem Grund autorisierte Präsident George W. Bush am 17. September 2001 die CIA, Mitglieder von al Quaida überall auf der Welt zu töten, gefangenzunehmen und zu verwahren.[14] Der Schwerpunkt des globalen Antiterrorprogramms lag bis etwa 2008 auf der ›außerordentlichen Überstellung‹ von Terrorverdächtigen zur Gewinnung von Informationen über Terrorismusaktivitäten. Die CIA verschleppte daher weltweit Tausende von Personen in geheime Gefängnisse. Mutmaßliche Terroristen wurden von der CIA in den USA (Maher Arar), in Mazedonien (Khalid Al Masri), in Italien (Abu Omar), in Schweden (Ahmed Agiza und Mohammed Zery) und in Pakistan (Jamil Quasim Mohammed und Binyam Mohammed) teilweise auf offener Straße entführt.[15] Die geheimen Gefängnisse befinden bzw. befanden sich im Nahen Osten (Jordanien, Syrien), Nordafrika (Ägypten, Marokko), Zentralasien (Afghanistan), Osteuropa (Polen, Rumänien, Litauen), Fernost (Thailand) und Kuba (U.S.-Marinestützpunkt Guantanamo), wo die Terrorverdächtigen oft unter Einsatz von Folter verhört wurden.[16] Es wird vermutet, dass über die Jahre Hunderte von Individuen aus neutralen Ländern entführt wurden, von denen viele sich immer noch in Gefangenschaft befinden. Seit dem Bekanntwerden dieses Programms durch einen explosiven Bericht des Magazins *The New Yorker* 2005[17] wurden die USA international stark kritisiert, und der neugewählte Präsident Barack Obama versprach, Guantanamo Bay und andere geheime Gefängnisse zu schließen. Wegen des allgemeinen Dilemmas, dass die in geheimen Gefängnissen befindlichen Terroristen weder Gerichten in den USA überstellt noch einfach laufengelassen werden können, bleibt Guantanamo Bay weiterhin ein Gefängnis für mutmaßliche Terroristen.[18] Die USA sind nicht zuletzt wegen der juristischen Schwierigkeiten in Bezug auf ›außerordentliche Überstellungen‹ zunehmend dazu übergegangen, Terroristen weltweit zu töten, statt sie gefangenzunehmen.

Urbane Kriegsführung

Militärstrategen rechnen damit, dass über die nächsten Jahrzehnte viele, wenn nicht die allermeisten bewaffneten Konflikte, in Städten und Siedlungsgebieten ausgetragen werden und Militäroperationen daher zunehmend in Städten stattfinden.[19] Für diese Annahme gibt es zunächst einmal demographische Gründe: die verstärkte Abwanderung der Bevölkerung aus ländlichen Gebieten in die Städte, sowie die Globalisierung, die internationale Migrationsbewegungen von Arbeitskräften in die wachsende Zahl globaler Megastädte verstärkt. Große Teile der Weltbevölkerung konzentrieren sich in wachsendem Maße auf schwer regierbare Megastädte mit mehr als zehn Millionen Einwohnern wie Bangkok, Kairo, Jakarta, Karachi, London, Los Angeles, Manila, Mexiko City, Moskau, Mumbai, New York, Peking, São Paulo, Seoul und Tokio. Die Verstädterung ist ein langfristiger Trend, der sich in letzten Jahren etwas verlangsamt hat, aber dennoch ungebrochen anhält. Die Vereinten Nationen haben ermittelt, dass seit 2008 etwa die Hälfte der Menschheit in Städten lebt und dass bis 2030 etwa fünf Milliarden Menschen Stadtbewohner sein werden.[20] Abgesehen von diesem offensichtlichen demographischen Trend ist es auch die sich verändernde Natur des Krieges, die Militäroperationen in Städten wahrscheinlich macht. Militärinterventionen westlicher Staaten oder Staatengemeinschaften sind nun in erster Linie ›Peacekeeping‹-Operationen oder aber Einsätze mit dem Ziel der Aufstands-, Terrorismus- und Verbrechensbekämpfung, bei denen der Schutz der Zivilbevölkerung von großer Wichtigkeit ist.

Es gibt gute Gründe, warum Städte von den neuen Kriegführenden als wesentliches Operationsgebiet bevorzugt werden. In Städten konzentrieren sich politische Macht, wirtschaftlicher Reichtum und Menschen.

Sie bieten zudem gute Infrastruktur und Ressourcen: Terroristen und Aufständische können sich in Städten leichter in der Zivilbevölkerung verbergen; die Logistik ist wegen der vorhandenen Infrastruktur einfacher; Städte bieten billige und schnelle Kommunikationsmöglichkeiten und eine hohe Mobilität; und in Städten finden sich die lohnendsten Angriffsziele. Die neuen Feinde sind nicht mehr die Partisanenkämpfer vergangener Zeiten, die in ländlichen Räumen operieren und die Städte meiden, da sie, wie Fidel Castro sagte, die Friedhöfe der Revolutionäre seien. Im Gegenteil: Die hochentwickelten Sensoren und Präzisionswaffen lassen Guerillas kaum eine andere Wahl, als von ländlichen Gebieten in die Städte zu flüchten und es damit dem Gegner schwerer zu machen, sie aufzuspüren.[21] Die Hilflosigkeit der 1993 in Mogadischu eingeschlossenen amerikanischen Soldaten und der überstürzte amerikanische Rückzug aus Somalia zeigen, dass selbst hervorragend ausgerüstete und technisch überlegene Streitkräfte in komplexen Umgebungen wie den Groß- und Megastädten der Dritten Welt sehr verwundbar sind. Moderne Streitkräfte befinden sich innerhalb von Städten oft im Nachteil, da es aus Rücksicht auf die Zivilbevölkerung nicht möglich ist, auf überlegene Feuerkraft zu setzen oder aus sicherer Entfernung zu kämpfen. Städte können nicht aus der Luft eingenommen und kontrolliert werden. Städtekrieg ist historisch gesehen in erster Linie Häuserkampf. Infanteristen müssen mühsam Haus für Haus nach gegnerischen Kräften durchsuchen und befreien, was äußerst zeitaufwändig und gefährlich ist. Angriffe können überraschend und von allen Seiten erfolgen, und der Gegner kann sich sehr schnell zurückziehen und entkommen.

Technische Überlegenheit, wie sie in dem Konzept der Revolution in Militärangelegenheiten (RMA) angestrebt wird, muss wegen der immensen Komplexität von Städten keineswegs einen entscheidenden Vorteil bedeuten.[22] Städte bestehen aus unzähligen Straßen und mit Zivilisten gefüllten Gebäuden. Darüber hinaus gibt es in vielen Großstädten wie Moskau, Pjöngjang und Bagdad eine Unzahl von Tunneln und Untergrundverbindungen, die nirgendwo verzeichnet sind. Vor allem Luftangriffe zur Unterstützung von Bodentruppen sind aus einer Vielzahl von Gründen problematisch. Die große Nähe der Kämpfenden bedeutet eine erhöhte Gefahr von Kollateralschäden und ›friendly fire‹; die Navigation aus der Luft ist über Städten schwieriger; es besteht eine erhöhte Gefahr für die Flugzeuge durch Kleinwaffenfeuer usw.[23] Darum ist der Städtekrieg auch stets überaus verlustreich und stellt eine ganz besondere Herausforderung für moderne Streitkräfte dar.

Die Kampfweise ist in Städten und gegen irreguläre Gegner eine völlig andere als gegen reguläre Streitkräfte auf einem mehr oder weniger geordneten großräumigen Gefechtsfeld, für das moderne Sensoren und Waffensysteme optimiert sind. Da es aber kaum die Option gibt, Militäroperationen in Städten einfach zu vermeiden, haben westliche Streitkräfte über das letzte Jahrzehnt eine Vielzahl von speziellen Ausbildungseinrichtungen aufgebaut, in denen Soldaten für die Militärische Operation in Urbanem Terrain (MOUT) speziell geschult werden.[24] Vor allem die amerikanischen Streitkräfte haben sehr viel Geld in die Entwicklung neuer Technik gesteckt, die eine leichtere Kontrolle von dichten Siedlungsgebieten ermöglicht. Dazu gehören neuartige Überwachungssysteme, Robotik und exotische Waffen, die entweder nichttödlich sind oder die gezielte Tötung von Kombattanten inmitten von Zivilisten ermöglichen. Zum Beispiel hat DARPA ein Projekt unter dem Namen ›Combat Zones That See‹ (›sehende Kampfzonen‹) mit dem Ziel begonnen, ein urbanes Kontrollsystem für die vollständige visuelle Überwachung einer Stadtbevölkerung zu entwickeln, sodass es möglich ist, die Bewegungen eines Individuums innerhalb der Stadt ständig zu verfolgen und auch kollektive Bewegungsmuster in Städten zu analysieren.[25] Der Einsatz einer Vielzahl von Robotern zur Aufklärung, Bombenentschärfung, Truppenversorgung und auch im Häuserkampf soll die Verluste für westliche Interventionsstreitkräfte gering halten. Kollateralschäden und Verluste in der Zivilbevölkerung in Städten können durch die gezielte Tötung von Terroristen und Aufständischen mit speziell für den Städtekampf entwickelten Präzisionswaffen minimiert werden.

Die ›Heimatfront‹

In einem einflussreichen Strategiepapier haben Steven Metz und James Kievit von der Akademie des U.S.-Heeres bereits 1994 die Hypothese aufgestellt, dass ungleich der Situation des Kalten Krieges das amerikanische ›homeland‹ kein Schutzgebiet mehr ist und dass Drittweltkonflikte durch Migration, äußere Einflussnahme und Terrorismus gewissermaßen in den Westen überschwappen könnten.[26] Spätestens seit den Anschlägen vom 11. September 2001 sehen sich die westlichen Regierungen konkret mit einer Ausweitung des Kriegsgebiets von der Dritten Welt auf das eigene Hoheitsgebiet konfrontiert. Dies erfordere außerordentliche Maßnahmen, um der neuen Bedrohung, die zugleich von außen und von innen kommt, entgegenzutreten. Dieser neue Ansatz ist versinnbildlicht in dem von den Nationalsozialisten geborgten Begriff des ›Heimatschutzes‹ (›homeland security‹), der vor allem in der englischsprachigen Welt zum festen Bestandteil nationaler Sicherheitspolitik geworden ist. Das amerikanische Ministerium für Heimatschutz, das 2003 gegründet wurde,[27] ist inzwischen eines der größten Ministerien der amerikanischen

Regierung und vereint eine große Bandbreite von Behörden, Ämtern und Zuständigkeiten. Dazu gehören der Schutz der Grenzen und Küsten sowie der Verkehrswege, der Katastrophenschutz, der Schutz des Präsidenten und die Terrorismusbekämpfung im Inland. In vielen westlichen Staaten sind die legalen Möglichkeiten für eine umfassende Überwachung der eigenen Bevölkerung seit 2001 systematisch ausgeweitet worden.

In den USA war es der PATRIOT [Providing Appropriate Tools Required to Intercept and Obstruct Terrorism] Act, der es der Regierung gestattet, ohne konkreten Verdacht Daten über bestimmte Individuen zu sammeln und elektronische und andere Überwachung einzusetzen, einschließlich heimlicher Hausdurchsuchungen in Abwesenheit der verdächtigen Person (›sneak and peek‹; etwa: reinschleichen und ausspähen). Dabei geht es darum, Individuen mit einer wie auch immer gearteten Verbindung zum Terrorismus zu identifizieren sowie solche Individuen ausfindig zu machen, die als ›Schläfer‹ oder ›einsame Wölfe‹ ein scheinbar normales Leben führen und dann überraschend Terroranschläge verüben. Der Kreis der potenziellen Terrorverdächtigen beschränkt sich daher keineswegs nur auf radikalisierte Ausländer und Immigranten aus muslimischen Staaten, sondern auf weite Teile der einheimischen Bevölkerung. Dies wird damit gerechtfertigt, dass eine Terrorbedrohung auch von rechtsextremen Bürgern ausgehe, die die eigene Regierung als illegitim ansehen. Das FBI behauptet sogar, dass für 95 Prozent aller Fälle von Terrorismus zwischen 2001 und 2005 in den USA nichtislamische amerikanische Extremisten verantwortlich seien.[28] In den USA werden Mitglieder von Bürgermilizen, Anhänger weißer Vorherrschaft und sogar Bürgerrechtler, Antikriegs- und Antiglobalisierungsaktivisten als potenzielle Terroristen betrachtet.[29] So war der Bombenleger von Oklahoma City (1995), Timothy McVeigh, ein Mitglied der Bürgermiliz und von rechtsextremen Verschwörungstheorien beeinflusst.[30] Seit dem Terroranschlag im Juli 2011 in Norwegen, bei dem 78 Menschen getötet wurden, ist nun auch in Europa der ›einsame Wolf‹-Typ von Terrorist à la Anders Breivik zu einer konkreteren Gefahr geworden.

Darüber hinaus scheinen westliche Regierungen angesichts einer sich verschlechternden Wirtschaftslage mit größeren Unruhen, Ausschreitungen und Aufständen sowie einer schwindenden Mittelschicht, zunehmender Arbeitslosigkeit und der damit verbundenen sozialen Ausgrenzung und Verarmung ganzer Bevölkerungsgruppen zu rechnen. In den USA und Europa wird spätestens seit 2001 keineswegs grundlos der Einsatz der Streitkräfte im Inneren diskutiert, allerdings vorerst unter dem Deckmantel der Terrorismusbekämpfung. So wurde 2002 zum ersten Mal ein Regionalkommandozentrum für Nordamerika (U.S. Northern Command) eingerichtet, das dem Präsidenten in bestimmten Fällen den Einsatz von Truppen im Inneren ermöglicht, etwa bei Angriffen mit Massenvernichtungsmitteln oder bei bewaffneten Aufständen, wenn der Gouverneur des jeweiligen Staates um Bundestruppen bittet.[31] 2008 wurden 20.000 Soldaten für Inlandseinsätze bereitgestellt, und bis 2013 soll ihr Zahl auf 100.000 Soldaten erhöht werden.[32] Selbst in Deutschland haben sich mehrere deutsche Spitzenpolitiker für einen Einsatz der Bundeswehr im Inneren starkgemacht, zuletzt Innenminister Hans-Peter Friedrich, der eine entsprechende Verfassungsänderung vorgeschlagen hat.[33]

Seit Jahren gibt es bereits Anzeichen für Bürgerunruhen in westlichen Staaten. 1992 kam es sechs Tage lang zu schweren Ausschreitungen in Los Angeles, bei denen 53 Menschen starben und Tausende verletzt wurden, ausgelöst durch das brutale Vorgehen der Polizei gegen den Schwarzen Rodney King. Der Gouverneur von Kalifornien musste 4.000 Nationalgardisten nach Los Angeles beordern, um wieder Ordnung herzustellen. Im Dezember 2008 gab es schwere Unruhen in Griechenland, die über drei Wochen das öffentliche Leben fast zum Erliegen brachten. Im Sommer 2011 kam es zu Ausschreitungen und Plünderungen in London und anderen englischen Städten, bei denen mehrere Menschen getötet wurden. Die britische Regierung erwog sogar, das Heer einzusetzen.[34] Die in der Dritten Welt getestete Aufstandsbekämpfungsstrategie könnte somit sehr bald auch in Nordamerika und Europa zur Anwendung kommen.

Natürlich kommt im Inland eine gezielte Tötung von gefährlichen Individuen nur in Extremfällen in Frage, da es normalerweise die Möglichkeit gibt, diese durch die Polizei zu verhaften und vor Gericht anzuklagen. Der Krieg gegen den Terrorismus ist jedoch global und erstreckt sich somit auch auf westliche Staaten. Gezielte Tötungen im Zusammenhang mit wachsender staatlicher Angst vor Selbstmordanschlägen, Anschlägen mit Massenvernichtungswaffen sowie Volksaufständen sind durchaus vorstellbar, und es gibt bereits Fälle dieser Art. So erschoss eine Gruppe von Marineinfanteristen an der mexikanischen Grenze 1997 versehentlich einen 18-jährigen Schüler, weil sie ihn für einen Drogenschmuggler hielten.[35] In England erschoss die Londoner Polizei versehentlich den Brasilianer Jean Charles de Menezes, weil man ihn für einen islamistischen Selbstmordattentäter hielt.[36] Ein Einsatz von Streitkräften im Inland gegen Aufständische und Terroristen würde es westlichen Regierungen allerdings gestatten, erheblich mehr tödliche Gewalt zum Schutz der Zivilbevölkerung anzuwenden, als dies für normale Polizeikräfte möglich ist. Der amerikanische Kongress hat unlängst mit dem Nationalen Verteidigungs-Autorisierungsakt (NDAA 2012) bereits den Weg für die Internierung und gezielte Tötung von mutmaßlichen Terroristen durch das U.S.-Militär innerhalb der USA geebnet.[37] Der Generalstaatsanwalt Eric Holder deutete in einer Rede an der Northwestern University in Chicago an, dass gezielte Tötungen von Amerikanern auf amerikanischem Boden verfassungsmäßig seien, solange es ein ›ordentliches Verfahren‹ der Zielauswahl gibt.[38] Die amerikanischen Streitkräfte betrachten das Heimatland damit bereits als Teil eines umfassenden globalen Gefechtsfelds und Ort globaler Aufstandsbekämpfung, dort wo die Grenzen zwischen ausländischen und inländischen Bedrohungen sich zunehmend verwischen. Gezielte Tötungen könnten daher in Zukunft bald auch im Inland als eine attraktive Terrorismus- und Aufstandsbekämpfungsmaßnahme angesehen werden.

Globale Überwachung

Während des Kalten Krieges haben die Supermächte globale Spionage- und Frühwarnsysteme errichtet, um alle militärischen Aktivitäten der anderen Seite genauestens verfolgen zu können. Dies wurde vor allem durch die Militarisierung des erdnahen Weltraums mittels einer Vielzahl von Spionagesatelliten ermöglicht, die die Erdoberfläche beobachten, Funk-, Telefon- und Datenverbindungen abhören und Raketenstarts orten können.[39] Die USA umgaben die Sowjetunion erfolgreich mit Abhörstationen und konnten auch die Aktivitäten der sowjetischen Flotte durch elektronische Aufklärung in den Weltmeeren verfolgen. Der amerikanische Geheimdienstapparat befasste sich im Kalten Krieg in erster Linie mit der Aufklärung und Informationsbeschaffung in Hinblick auf das sowjetische Militär, da ein unprovozierter sowjetischer Überraschungsangriff als die bei weitem größte Gefahr für die USA und den Westen angesehen wurde. Die westlichen Spionage- und Überwachungssysteme waren darum für die Beobachtung sowjetischer

Militäreinheiten und Waffensysteme optimiert. Es ging hauptsächlich um die Ortung sowjetischer Bomber, Raketen und Atom-U-Boote, etwa durch das Abfangen und Orten von Funksignalen der betreffenden Einheiten oder durch Erkennung und Ortung charakteristischer Signaturen als Folge der bestimmten physikalischen Charakteristiken dieser Waffensysteme. Hochentwickelte Radar- und Sonarsysteme können schon lange Flugzeuge und U-Boote über Tausende von Kilometern erkennen und verfolgen.[40] Das bereits seit dem Zweiten Weltkrieg begonnene globale Frühwarn- und Überwachungssystem wurde nach Ende des Kalten Krieges weiter ausgebaut und zunehmend auf die Überwachung ziviler Kommunikationen ausgerichtet. Die technische Fernaufklärung der USA und einiger Mittelmächte wie Frankreich erstreckt sich schon seit einiger Zeit über die gesamte Erde, was durch Satellitentechnik und weltweit verteilte Abhörstationen ermöglicht wird. Die bekanntesten globalen Spionagenetzwerke sind das angloamerikanische ›Echelon‹-Netzwerk und das deutsch-französische ›Frenchelon‹. In kleinerer Form betreiben auch Russland, China und die Schweiz eigenständige globale elektronische Fernaufklärungssysteme. Diese Abhörnetze wurden vor allem mit dem Ziel der Aufklärung gegnerischer Staaten und der Wirtschaftsspionage entwickelt. Seit dem in den 1990er Jahren beginnenden Krieg gegen den Terror werden sie auch zur Identifizierung gefährlicher Individuen im In- und Ausland sowie zu deren ständiger Überwachung, Lokalisierung und Verfolgung eingesetzt.

Echelon

Der Aufbau des amerikanischen globalen Suchnetzes zur militärischen Aufklärung und Frühwarnung begann noch während des Zweiten Weltkrieges, als die USA und

Großbritannien eine enge Zusammenarbeit in der Funkaufklärung und im Codebrechen begannen. Dies war das sogenannte BRUSA (Britain-USA)-Abkommen von 1943, das den Austausch von nachrichtendienstlichen Informationen zwischen den beiden Staaten regelte.[41] Nach dem Krieg wurde daraus das UK-USA-Abkommen, das die Zusammenarbeit erheblich erweiterte und das später zur Grundlage des globalen *Echelon*-Aufklärungsnetzes wurde, an dem nun über ein Dutzend westlicher Staaten beteiligt sind. Das Aufklärungsnetz wird von den USA, Großbritannien, Kanada, Australien und Neuseeland betrieben in Zusammenarbeit mit weiteren Staaten wie Dänemark, Deutschland, Türkei und Norwegen, die als ›dritte Vertragsparteien‹ in geringerem Umfang ebenfalls Zugang zu den *Echelon*-Aufklärungsdaten haben.[42] *Echelon* existiert seit 1970 als ein globales computergestütztes Abhörnetz aus Abhörstationen und Spionagesatelliten, die in der Lage sind, einen Großteil der via Satelliten übertragenen Telekommunikation und des Datenverkehrs systematisch abzuhören und mit Hilfe von in den Kommunikationen enthaltenen Schlüsselworten automatisch zu analysieren.[43]

Der ursprüngliche Zweck von *Echelon* war nicht die Überwachung von Kommunikationen einzelner Privatpersonen, sondern eher die Suche nach Mustern, die Anzeichen für bestimmte Ereignisse oder Entwicklungen sein können. So kann Kommunikationsstille beispielsweise ein Anzeichen für einen bevorstehenden Überraschungsangriff sein. Im Jahr 2001 wurde die Existenz von *Echelon* erstmals durch eine Untersuchung des Europäischen Parlaments öffentlich gemacht.[44] Der veröffentlichte Bericht wies auf die theoretische Möglichkeit hin, dass die USA und Großbritannien *Echelon* auch zur Wirtschaftsspionage und gegen die Interessen der Staaten, auf deren Hoheitsgebiet *Echelon*-Abhörstationen stehen, verwenden könnten.[45]

Nach den Anschlägen vom 11. September wurde das *Echelon*-Netz auf die Suche nach Terroristen im Nahen Osten ausgerichtet. Die NSA hat dazu Kommunikationen über *Inmarsat* und den arabischen Satelliten *Thuraya* abgehört. Ziel war die Identifizierung und Lokalisierung bestimmter Gesprächsteilnehmer, um Terroristen entweder gefangenzunehmen oder gezielt zu töten. *Echelon* versetzte die NSA in die Lage, auch Mobiltelefongespräche der irakischen Führung abzuhören und deren Aufenthaltsort zu bestimmen.[46] Dadurch ergab sich eine enorme Herausforderung für die amerikanische NSA und andere auf elektronische Überwachung spezialisierte Geheimdienste, unter Millionen von Menschen Terroristen ausfindig zu machen, deren Kommunikationen zu überwachen und damit zukünftige Terroranschläge zu verhindern. Trotz beachtlicher technischer Überlegenheit und Datenverarbeitungskapazitäten war die NSA 2001 schlichtweg nicht auf die neue Aufgabe vorbereitet und musste neue Wege gehen. So kam es schließlich zu einer geheimen Zusammenarbeit der NSA mit den führenden Telekommunikationsfirmen (AT&T, Verizon und Bell South), die sich bereit erklärten, dem Geheimdienst einen Echtzeitzugang zu ihren Verbindungsdaten zu gewähren.[47] Dies führte nach der Aufdeckung durch die *New York Times* im Dezember 2005 zu dem ›Abhörskandal‹, da die NSA ohne gerichtliche Verfügung die Kommunikationen von Amerikanern im Inland belauschte, was illegal ist.[48] Zudem überwacht das FBI systematisch den Internetverkehr in den USA, was bedeutet, dass das FBI in der Lage ist, durch auf den Servern von Internetanbietern installierte *Carnivore*-Software (inzwischen offiziell als DCS1000 bezeichnet) systematisch zu beobachten, wer welche Webseiten besucht, wie lange jemand auf der Webseite bleibt und wie viele Daten geladen werden.[49]

Die Vernetzung staatlicher und privater Datenbanken

Neben dem Abhören von Telekommunikationen und der Überwachung des Datenverkehrs im Internet setzen die USA und ihre Verbündeten eine Vielzahl anderer Methoden zur globalen Überwachung von Individuen im In- und Ausland ein. Im Internetzeitalter hinterlassen fast alle Aktivitäten von Individuen eine digitale Spur, und fast alle Informationen über ein Individuum sind irgendwo hinterlegt und meist in elektronischer Form verfügbar. So erfassen Staaten systematisch eine Vielzahl von personenbezogenen Daten, wie Meldedaten (Geburtsdaten, Wohnort, Adresse, Familienstand), Gesundheitsdaten, Daten über Bildungsabschlüsse und Qualifikationen sowie mögliche Vorstrafen in einem Strafregister. Hinzu kommen von Privatfirmen erfasste Daten über die wirtschaftliche und finanzielle Situation (Konto- und Kreditkartendaten), über Konsumgewohnheiten, Reisen, Interessen, Freundeskreis, sexuelle Vorlieben etc. Fast alles ist irgendwo gespeichert, und es kommt nur darauf an, die verschiedenen Daten miteinander zu verbinden. Vor dem digitalen Zeitalter war die Beschaffung solch umfassender Informationen über Individuen in der Tat für Regierungen und Privatfirmen überaus schwierig und vor allem zeitaufwändig. Inzwischen ist es technisch sehr leicht, eine Vielzahl verschiedener gespeicherter Daten aus mehreren Datenbanken zu sammeln und daraus ein ziemlich aussagekräftiges Profil über eine Person anzufertigen und diese Methode systematisch auf eine ganze Bevölkerung anzuwenden.

Zu diesem Zweck begann 2002 das Forschungsinstitut DARPA des U.S.-Verteidigungsministeriums ein Projekt mit der Bezeichnung ›Totale Informationsgewärtigkeit‹ (*Total Information Awareness* oder TIA). Ziel von TIA war es, gleichzeitig eine größere Anzahl von staatlichen und privaten Datenbanken systematisch zu durchsuchen und eine Unzahl von relevanten Verbindungen herzustellen, die zur Entdeckung terroristischer Aktivitäten führen sollten. Die TIA-Software sollte zum Beispiel ausreichend leistungsfähig sein, mehrere *Petabytes* schnell zu analysieren, um Muster oder Signaturen zu finden, die Hinweise auf Terroristen oder geplante Terroranschläge geben.[50] Zum Beispiel sollte die TIA-Software alle Flugreservierungen nach Mustern oder Auffälligkeiten durchsuchen.[51] Das TIA-Projekt wurde bereits 2003 offiziell aufgegeben, allerdings werden Teile dieses Projekts unter größerer Geheimhaltung fortgesetzt.[52] Das Internet bietet schon lange keinen Schutz durch Anonymität mehr, und in der Tat hat es Staaten und Privatfirmen nie dagewesene Möglichkeiten einer umfassenden und relativ kostengünstigen Überwachung der Bevölkerung und der Sammlung von Daten zu Individuen eröffnet. Internetanbieter haben die Pflicht, alle Verbindungsdaten ihrer Kunden mindestens sechs Monate lang zu speichern. Computer und ihre Nutzer können leicht über eine IP-Adresse identifiziert werden und alles Handeln im Internet ist damit nachvollziehbar: angewählte Webseiten, Suchanfragen, Datenverkehr und Finanztransaktionen. Die bei weitem beliebteste Internet-Suchmaschine *Google* speichert Suchanfragen von Nutzern, die durch die IP-Adresse und womöglich durch die Suchanfragen selbst identifizierbar sind, für zwei Jahre.[53] Niemals zuvor waren Individuen in dem Maße bereit, Informationen über sich selbst in unzureichend gegen Missbrauch geschützten sozialen Netzwerken wie *Facebook* zur Verfügung zu stellen. Diese Informationen werden formal Eigentum von *Facebook,* und die Daten können damit legal an Dritte weitergegeben werden, möglicherweise auch an die amerikanische oder andere Regierungen.

Regierungen erfassen zudem biometrische Daten und das nicht nur für die eigene Bevölkerung, sondern auch von Reisenden und Bevölkerungen verfeindeter Staaten. Dies schließt die systematische Erfassung von Fingerabdrücken, der Iris und sogar des genetischen Fingerabdrucks ein. Das US-VISIT-System speichert zum Beispiel die Fingerabdrücke von allen USA-Reisenden. Allein das FBI hat inzwischen eine Fingerabdruckdatenbank, die 96 Millionen Datensätze umfasst.[54] Auch europäische Regierungen sammeln personenbezogene und biometrische Daten der eigenen Bevölkerung und von reisenden Ausländern bzw. von Immigranten. Großbritannien hat mit der Erfassung der DNS der Bevölkerung in einer DNS-Datenbank begonnen, die bereits über vier Millionen Datensätze enthält und die in Zukunft die Gesamtbevölkerung und alle Besucher Großbritanniens umfassen soll.[55] Die neuen Reisepässe und Ausweise in der EU enthalten sogar auf einem Chip gespeicherte biometrische Daten über ihren Besitzer. Biometrische Erkennung spielt interessanterweise auch zunehmend eine Rolle in der Aufstandsbekämpfung. So wird die Bevölkerung in Afghanistan von den U.S.-Truppen systematisch biometrisch erfasst, was es ihnen erleichtern soll, zwischen friedlichen Zivilisten und militanten Taliban zu unterscheiden.[56] Die biometrische Erfassung der Bevölkerung wird in Afghanistan auch eingesetzt, um legitime Ziele für gezielte Tötungen biometrisch zu identifizieren, sei es vor dem Einsatz oder auch nachträglich wie im Fall von Osama bin Laden.[57] Es ist denkbar, Individuen auf Entfernung durch ihre einzigartige Wärmesignatur zu erkennen, sofern eben diese Daten im Voraus erfasst und gespeichert wurden.[58] Eine entsprechend ausgestattete und auf einer Drohne platzierte Kamera könnte Wärmesignaturen von gespeicherten Individuen aus der Luft erkennen und automatisch alle Bewegungen dieser Individuen verfolgen. Die Aufklärungsdrohnen werden bald routinemäßig in Nordamerika und Europa im Einsatz zu sein, da viele Polizeikräfte bereits Drohnen haben, oder haben wollen. Die amerikanische Luftfahrtbehörde FAA rechnet damit, bis 2020 30.000 Drohnen für den amerikanischen Luftraum zu genehmigen, und auch die EU untersucht die Möglichkeiten einer europäischen Regelung zur Flugverkehrskontrolle von Militär- und Überwachungsdrohnen.

Lokalisierung von Individuen

Mobiltelefone haben sich seit den 1990er Jahren sehr schnell weltweit verbreitet. Fast jeder Mensch mit einem Telefonanschluss besitzt auch ein Mobiltelefon, über das jederzeit durch Funkortung und Triangulation der genaue Aufenthaltsort des Mobiltelefonnutzers festgestellt werden kann. Etliche Privatfirmen bieten im Internet die Lokalisierung von bestimmten Mobiltelefonen gegen eine Gebühr an; somit kann diese Art von Lokalisierung selbst von Privatpersonen genutzt werden. *Facebook* hat seit 2010 die Funktion ›Places‹, die den aktuellen Standort von *Facebook*-Nutzern für alle ›Freunde‹ anzeigt, was nicht unbedingt zum Vorteil der Anwender sein muss. Das britische Verteidigungsministerium hat daher das eigene Personal davor gewarnt, diese Funktion einzuschalten, da es Terroristen erlauben könnte, Soldaten und zivile Mitarbeiter gezielt anzugreifen.[59] Eine ungefähre Lokalisierung eines Telefonbenutzers ist auch möglich durch das Wartungssignal, mit dem sich das Telefon in Intervallen bei der nächstgelegenen Relaisstation anmeldet (auch wenn das Telefon nicht benutzt wird). Die Telefongesellschaft kann so Bewegungsmuster der Kunden erfassen und jederzeit feststellen, wo sie sich gerade befinden und sogar vorausberechnen, wo sich eine Person wahrscheinlich zu einem bestimmten späteren Zeitpunkt befinden wird. Neue Mobiltelefonmodelle sind inzwischen standardmäßig mit einem GPS-Empfänger ausgestattet. Damit ist es sogar möglich, den Standort des Benutzers auf etwa zehn Meter genau einzugrenzen. GPS-Ortungschips werden mittlerweile auch in viele Autos zur Diebstahlsicherung oder zur Erhebung von Maut eingebaut. Die Bewegungen von Autos und ihren Benutzern werden schon seit einiger Zeit mit Hilfe von automatischen Nummernlesegeräten überwacht, die an strategischen Stellen am Straßenrand angebracht sind.

Dass die Lokalisierungsmöglichkeit von Mobiltelefonen als Waffe im Kampf gegen den Terrorismus verwendet werden kann, zeigte sich bereits in den 1990er Jahren. Damals gelang es den russischen Streitkräften, den Präsidenten der Tschetschenenrepublik Dudajew im April 1996 zu töten, was zu einer Wende im ersten Tschetschenienkrieg führte. Präsident Boris Jelzin war nach der Tötung von 90 russischen Soldaten in Tschetschenien zum Einlenken bereit gewesen und hatte mit Dudajew über dessen Satellitentelefon Verhandlungen aufgenommen. Davor hatten die Russen mehrmals vergeblich versucht, mit Hilfe eines elektronischen Aufklärungsflugzeugs vom Typ Il-76 die exakte Position des Satellitentelefons Dudajews anzupeilen, um ihn gezielt zu töten. Es wird vermutet, dass amerikanische Abhörsatelliten der NSA schließlich in der Lage waren, die exakte Position von Dudajaws Satellitentelefon festzustellen, als er gerade mit einem russischen Parlamentsmitglied über einen möglichen Friedensvertrag telefonierte.[60] Die Positionsdaten wurden dann anscheinend von der NSA an das russische Militär übermittelt, das daraufhin einen gezielten Militärschlag ausführte. Ein russisches Kampfflugzeug des Typs Su-25 wurde in das Gebiet, in dem sich Dudajew aufhielt, entsandt und feuerte zwei lasergelenkte Raketen auf die genaue Position des Telefons ab. Der Tschetschenenführer wurde von einem Schrapnell getroffen und starb unmittelbar darauf in den Armen seines Leibwächters.

Die leichte Lokalisierbarkeit von Individuen durch Mobiltelefone und GPS-Funkchips erleichterte auch in anderen Fällen ihre gezielte Tötung. Osama bin Laden beispielsweise hat für einige Jahre ein Satellitentelefon benutzt, das es der CIA erlaubte, nicht nur seine Telefongespräche abzuhören, sondern auch seinen Aufenthaltsort zu bestimmen.[61] Die NSA war ebenfalls in der Lage, hochrangige Mitglieder der irakischen Regierung und des Militärs mit Hilfe der GPS-Funktion ihrer Mobiltelefone zu orten mit der Absicht, sie durch gezielte Luftangriffe zu töten. Allerdings war das GPS der von den Irakern benutzten arabischen *Thuraya*-Satelliten nur auf etwa hundert Meter genau. Wegen dieser Ungenauigkeit waren in diesem Fall die gezielten Angriffe gegen die irakische Führung erfolglos, da die Bomben oft die Zielpersonen verfehlten.[62] Das U.S.-Militär besitzt zudem Aufklärungsflugzeuge wie die *RC135 Rivet Joint* und *Guardrail*, die Mobiltelefone aus der Luft präzise orten können. Diese Flugzeuge wurden zum Beispiel Anfang der 1990er Jahre über Kolumbien eingesetzt, um Medellin-Kartellboss Pablo Escobar mittels seines Mobiltelefons zu lokalisieren.[63] Terroristen und Schwerverbrecher wissen jedenfalls schon lange, dass die Nutzung eines Mobiltelefons überaus riskant ist und sogar tödlich sein kann. Sie vermeiden darum die Verwendung von Mobiltelefonen, aber auch dies gewährt keine Sicherheit mehr. Die CIA hat inzwischen batteriegroße GPS-Funkchips entwickelt, die an den Fahrzeugen oder Häusern der Zielpersonen angebracht werden, zur Vorbereitung von Präzisionsangriffen mit Raketen. So haben CIA-Agenten GPS-Funkchips in Osama bin Ladens Zelt in Afghanistan gelegt, die 1998 Marschflugkörper zu dem Zelt lenkten.[64] Es gibt zudem eine Vielzahl von Berichten, nach denen diese Ortungschips von CIA-Agenten in Afghanistan und Pakistan an Häuser oder

Fahrzeuge von Terroristen angebracht werden, um die Präzision der Drohnenangriffe zu erhöhen.[65]

Die implantierte Menschheit

Die Implantierung von Funkchips zur Lokalisierung und Erkennung in Nutztiere und wildlebende Tiere und sogar in Menschen ist seit zwei Jahrzehnten technisch möglich und inzwischen bei Haus- und Nutztieren eine verbreitete Praxis. Wale können mit Hilfe von an ihren Flossen angebrachten RFID-Chips und mit Satelliten jederzeit in den Weltmeeren geortet und verfolgt werden. Die Technik zur Implantierung von Erkennungschips für Menschen existiert damit schon seit vielen Jahren. So hat der britische Cybernetik-Forscher Kevin Warwick seit 1998 in mehreren Selbstversuchen Chips in seinem Körper implantiert, die es ihm erlaubten, auf neue Weise mit seiner Umgebung zu interagieren. Die implantierten Chips gewährten Warwick automatischen Zugang zu Gebäuden und konnten über Funk Daten austauschen. Es gibt auch schon mehrere Firmen, die implantierbare RFID-Chips herstellen und vermarkten.[66] Der Implantationsvorgang ist nicht schwierig und geschieht mit einer Art Spritze, die das Implantat in Sekunden nur wenige Millimeter unter der Haut einsetzt. Eine Familie in Florida hat sich zum Beispiel medienwirksam Chips implantieren lassen, die ihre Gesundheitsdaten speichern und Funksignale zur Lokalisierung aussenden.[67]

Hersteller und auch Regierungen werben für die implantierbaren Chips mit einer Reihe von Argumenten. So ermöglichten die implantierten Chips die Auffindung von verschwundenen Personen, insbesondere von entführten Kindern oder desorientierten Senioren und Geisteskranken. Die Chips würden die Sicherheit im Hinblick auf Terrorismus und Identitätsdiebstahl erhöhen, da nur autorisierte und identifizierte Personen Zugang zu Sicherheitsbereichen oder Leistungen erhalten. Auch sei es bei alltäglichen Transaktionen sehr viel bequemer für Kunden und Bürger, einfach die im Chip gespeicherte eigene Identität zu benutzen anstelle von Ausweisen, Kreditkarten, Bargeld etc. Weltweit hat eine Reihe von Menschen bereits einen implantierten Erkennungschip. So gelang es einem Nachtclub in Barcelona, etliche Kunden zu einer Implantation von Chips zu überreden mit dem Argument, dass sie als VIP den Club betreten könnten, ohne sich anzustellen.[68] In Mexiko haben sich offenbar Tausende von Menschen Identifikationschips unter die Haut implantieren lassen, weil sie Angst vor Entführungen haben.[69]

Es ist aber allgemein äußerst schwierig, die Bevölkerung von der Nützlichkeit und der Gefahrlosigkeit von implantierten Erkennungschips zu überzeugen. Die Praxis erinnert doch zu sehr an die tätowierten Nummern von KZ-Häftlingen, die mit Hilfe von IBM-Holorit-Lochkarten ›verwaltet‹ und schließlich vernichtet wurden. Die Einführung von Chips wird daher wahrscheinlich schrittweise erfolgen. Man beginnt also mit jenen Menschen, die mehr oder weniger gezwungen werden können, und weitet die Gruppen der Implantierten immer weiter aus. Dies sind zunächst die Insassen von psychiatrischen Anstalten, Gefangene, Soldaten und schließlich Angestellte, die entweder die Wahl haben zwischen einem Implantat oder dem Verlust der Arbeit. DARPA hat zum Beispiel bereits angekündigt, implantierbare ›Nanochips‹ zu entwickeln, die die Gesundheit von Soldaten auf dem Gefechtsfeld überwachen sollen,[70] und U.S.-Soldaten könnten in wenigen Jahren gezwungen sein, sich diese Chips implantieren zu lassen. Kinder, Senioren und Patienten können ebenfalls bis zu einem gewissen Grad gezwungen werden, und es scheint sogar möglich, dass viele Menschen Implantate in bestimmten Zusammenhängen akzeptieren würden. Womöglich könnten Regierungen bestimmte Individuen auch ohne deren Wissen mit Implantaten versehen, um sie leichter zu überwachen. Verschwörungstheoretiker haben schon vor Jahrzehnten behauptet, dass eine Vielzahl von Menschen ohne deren Wissen mit Implantanten ausgestattet wurde. Inzwischen gibt es sogar einige Gerichtsverfahren, in denen die Opfer von illegalen Implantierungen Klage eingereicht haben. Besonders aufsehenerregend ist der Fall von James Walbert, der ein Opfer ›elektronischer Belästigung‹ (der ›Strahlenfolter‹) ist. Walbert fand ein technisch hochentwickeltes Implantat in seinem Rücken, das Funksignale aussendet und die Energie dafür über Walberts Körper gewinnt.[71] Walbert sagt, dass dieses Implantat benutzt wird, um ihn durch Elektroschocks zu foltern. Es wurden weitere Implantate gefunden, darunter eines in seinem Kopf. Seine Ärzte vermuten, dass diese Implantate dazu dienen, Walbert durch einen induzierten Tumor langsam zu töten.[72] Ein Gericht in Kansas hat erstmals in den USA ›elektronische Belästigung‹ als Körperverletzung anerkannt und zugunsten Walberts entschieden. Der Fall führte sogar zu einem neuen Gesetzesentwurf gegen ›elektronische Belästigung‹ und gegen unfreiwillige Implantierungen in Missouri.[73] Einige andere Staaten der USA haben darum bereits Gesetze verabschiedet, die es verbieten, Menschen zur Implantierung von Mikrochips zu zwingen, so etwa Wisconsin und Kalifornien.

Könnten Implantate überhaupt gezielte Tötungen erleichtern? Diese Frage ist im Hinblick auf die Lokalisierungsfähigkeiten der Implantate umstritten. Zum einen sind sie zu klein, um eigene Batterien oder eine ausreichende Sendeleistung zur Kommunikation mit Satelliten zu haben.[74] Eine Identifizierung wäre nur aus geringer Entfernung (wenige Meter) wahrscheinlich, und aus einer solchen Nähe sind andere Erkennungsmethoden biometrischer Art gleichermaßen geeignet. Dessen ungeachtet sind weltweit Regierungen offenbar an Waffen interessiert, die Personen aus der Ferne mit einem Identifikationschip markieren können.[75] Abgesehen davon sind Implantate, wie im Fall Walbert, durchaus als eine durch Funksignal aktivierbare tödliche Waffe denkbar.

Neue Waffen für ›Neue Kriege‹

Es war stets eine Aufgabe von Geheimdiensten, wenn nötig, im Namen des Staates zu töten. Zu diesem Zweck haben Geheimdienste eine große Bandbreite von speziell entwickelten Waffen im Repertoire, die für Attentate benutzt werden können.[76] Dazu gehören ein Arsenal von verschiedenen chemischen und biologischen Giften, Waffen, die leicht in der Kleidung oder in Alltagsgegenständen verborgen werden können, und natürlich Präzisionsgewehre für eine Tötung auf Distanz. Der von Senator Frank Church geleitete Geheimdienstuntersuchungsausschuss von 1975 brachte sogar eine von der CIA entwickelte exotische Attentatswaffe ans Tageslicht. Es war eine Pistole, die als Patronen winzige giftige Eiszapfen abschießen konnte. Das Gift führt zu einem Tod, der ohne Obduktion einem Herzinfarkt ähnlich sieht. Da die Patrone aus Eis besteht, schmilzt sie nach Eindringen in dem Körper und hinterlässt als Spur nur eine gerötete Stelle auf der Haut.[77] Es ist nicht bekannt, ob diese Waffe jemals zum Einsatz gekommen ist. Sicher ist allerdings, dass die CIA und andere Geheimdienste und Spezialeinheiten sehr viel fortgeschrittenere Waffen für die gezielte Tötung von Individuen entwickeln. Die technischen Möglichkeiten, die heute bereits existieren, sind in Kombination mit den Mitteln technischer Überwachung geradezu erschreckend. Manche neuartigen Waffensysteme, vor allem Mikroroboter und Energiewaffen, ermöglichen es, nicht nur aus sicherer Entfernung mit Präzision zu töten, sondern dies auch in einer Weise zu tun, die kaum Spuren hinterlässt.

Tarnkappendrohnen, Mikroraketen und Mikrodrohnen

Paradoxerweise ist die von staatlichen Sicherheitsapparaten vorangetriebene Überwachungstechnik selbst dafür verantwortlich, dass klassische Geheimdienstmorde aus nächster Nähe nicht mehr funktionieren, da die Attentäter notwendigerweise verräterische Spuren hinterlassen, wie etwa im Fall Mohammed Al-Mabhu, der 2010 vom Mossad ermordet wurde.[78] Die CIA befürchtet sogar, wegen biometrischer Ausweise und technisch hochgerüsteten Grenzkontrollen nur noch eingeschränkt im Ausland operieren zu können, da die Geheimdienstleute ihre Identität nicht mehr einfach mit Hilfe von gefälschten Ausweispapieren wechseln können.[79] Die *Predator*-Drohne stellt derzeit die beste Lösung für gezielte Tötungen dar, da sie zumindest das Entkommen der staatlichen Attentäter garantiert. Man kann daher mit Recht behaupten, dass die *Predator*-Drohne die Praxis der gezielten Tötung revolutioniert hat, da sie es ermöglicht, Individuen über Tausende von Kilometern mit hoher Präzision zu töten. Dennoch stellt der *Predator* trotz seiner beeindruckenden Leistungsmerkmale keineswegs eine optimale Lösung für gezielte Tötungen dar. Es ist zwar für den *Predator*-Piloten möglich, ein Individuum auf freiem Feld visuell zu identifizieren, aber es ist auch sehr leicht, dabei Fehler zu machen. Innerhalb von Städten ist die Auffindung, Identifikation und die Zielverfolgung von Individuen sehr viel schwieriger, und dies erfordert nach wie vor Agenten oder qualifizierte Beobachter am Boden, die die Zielperson identifizieren können und den Drohnenpiloten dieses Ziel über Funk zuweisen können. Die CIA verwendet daher in Afghanistan und Pakistan lokale Agenten und Söldner, um Ziele zu identifizieren und *Predator*-Angriffe zu planen.[80] Ein weiteres Problem der *Predator*-Drohne ist, dass sie sehr langsam fliegt und von einem modernen Luftverteidigungssystem sehr leicht entdeckt und abgeschossen werden kann. Aus diesem Grund setzt das amerikanische Militär eine Tarnkappendrohne ein, deren Existenz 2010 öffentlich enthüllt wurde. Die RQ-170-Drohne, die auch unter dem Spitznamen ›das Biest von Kandahar‹ bekannt ist, kann vom Radar unentdeckt Ziele orten und möglicherweise mit neuartigen Energiewaffen angreifen. Die für gezielte Tötungen mit der *Predator*-Drohne verwendeten *Hellfire*-Raketen haben zudem einen zu großen Sprengkopf, der eigentlich für die Zerstörung von Panzern entwickelt wurde. Die Kollateralschäden bei jedem Angriff sind enorm, daher wurden bereits Mikroraketen mit einem sehr viel kleineren Sprengkopf entwickelt. Das nur 17 kg schwere Raketensystem mit dem Namen *Scorpion* wurde speziell für die Ausschaltung ›weicher‹ Ziele wie Individuen entwickelt.[81] Für die gezielte Tötung von Terroristen in Gebäuden (oder eventuell abtrünnigen Diktatoren in Bunkern) ist jedoch ein anderer Ansatz nötig: Mikrodrohnen oder Kleinstroboter.

Strategiepapiere des amerikanischen Militärs haben herausgestellt, dass autonome Kleinstroboter sich sehr gut für gezielte Tötungsoperationen eignen.[82] Schon seit einiger Zeit arbeitet das U.S.-Militär an sogenannten ›Micro Aerial Vehicles‹ (MAVs) oder Mikroflugkörpern, die von Soldaten ferngesteuert werden können und schließlich irgendwann in der Lage sein sollen, weitgehend autonom und in Schwärmen zu operieren. Die technischen Grundlagen dafür wurden bereits in den 1990er Jahren gelegt. Es war den Sandia-Nationallaboren 1996 gelungen, einen Kleinstroboter mit Namen *MARV* von einer Größe eines Kubikzolls zu bauen, der ausreichend Rechenfähigkeit, Sensorleistung und Energie hatte, um die eigene Umgebung autonom zu erkunden. Inzwischen verwendet das amerikanische Militär über 5.000 Mikroflugkörper von einer Größe von einem Meter Länge oder kleiner zur Aufklärung. Der nächste Schritt ist, die Größe der Mikrodrohnen weiter zu verringern und sie schließlich zu bewaffnen. Die amerikanische Luftwaffe begann 2008 ein Projekt mit dem Namen *Anubis*, das das Ziel hat, eine bewaffnete Mikrodrohne für die Ausschaltung von ›Hochwertzielen‹ zu entwickeln. *Anubis* soll verbesserte Sensoren zur Zielverfolgung haben und in der Lage sein, Individuen in ›komplexen Umgebungen‹ mit hoher Präzision und geringen Kollateralschäden zu töten.[83] In Israel hat eine Expertengruppe die Entwicklung von ›bionischen Wespen‹ vorgeschlagen, um Terroristen zu finden und unschädlich zu machen, da es »unsinnig ist, ein 100 Millionen U.S.-Dollar teures Flugzeug einem Selbstmordattentäter hinterherzuschicken«.[84] Mikrodrohnen könnten eine Giftnadel oder eine kleinere Menge Sprengstoff als Waffenladung haben. Es ist wahrscheinlich, dass die Mikrodrohnen in der Zukunft imstande sein werden, eine bestimmte Zielperson zu verfolgen, mit Hilfe eines biometrischen Erkennungssystems die Zielperson eindeutig zu identifizieren und mit einem Gift zu töten, das die Todesursache als natürlich erscheinen lässt.

Abgesehen von der Entwicklung vollständig mechanischer Mikrodrohnen gibt es die Möglichkeit, Lebewesen auszurüsten und entsprechend zu programmieren oder fernzusteuern. DARPA, arbeitet seit einiger Zeit an einem Forschungsprojekt zur Entwicklung von ›cyborgisierten‹ Insekten, die mit Hilfe eines im Nervensystem implantierten Mikrochips ferngesteuert werden können.[85] Forscher an der Cornell Universität entwickelten sogar Sender für die Cyborg-Insekten, die ihre Energie durch radioaktive Isotope beziehen.[86] Insekten haben zwar nur eine geringe Lebensdauer, aber sie sind außerordentlich billig in der ›Herstellung‹ und besitzen außerdem eine Bewegungsfähigkeit, die in der klassischen Robotik auf lange Sicht unerreicht bleiben wird.[87] Diese robotisierten Insekten könnten verschiedene Nutzladungen tragen, wie zum Beispiel Mikrokameras oder mikroskopische Portionen von chemischen und biologischen Waffen. Mit anderen Worten, die Cyborg-Insekten könnten zu einer neuen Art von Biowaffen werden, die Personen gezielt oder auch ungezielt töten könnten.[88] Eine Studie der Luftwaffenuniversität in Montgomery in Alabama erörtert die Möglichkeit der Ausbringung genetischer Waffen durch Mikrodrohnen, was biologische Waffen, die als Massenvernichtungswaffen angesehen werden, zu diskriminierenden Präzisionswaffen machen könnte.[89]

	Max. Geschwindigkeit	*Max. Flugdauer*	*Spannweite*	*Bewaffnung*
MQ-1 Predator B	135 km/h	40 h	14,8 m	2 x Hellfire
MQ-9 Reaper	370 km/h	40 h	20,1 m	14 x Hellfire bzw. 4 x H. u. 2 x GBU-12 LGBs
MQ-8B Firescout	200 km/h	8 h	8,4 m (Rotor)	2 x Lenkraketen
Autonomous Rotorcraft Sniper System (ARSS)	216 km/h	9 h	(Rotor)	Präzisionsgewehr Kal. 0.338
Switchblade	?	20-40 min	< 0,5 m	Sprengsatz

Gerichtete Energiewaffen

Ebenfalls sehr weit fortgeschritten ist die Entwicklung von Energiewaffen, die im Zusammenhang mit neuartigen Methoden gezielter Tötung oder allgemein des gezielten Angriffs auf Individuen überaus vielversprechend sind. Energiewaffen klingen immer noch nach Science fiction. Sie sind aber bereits Realität und in begrenztem Umfang schon im Einsatz, besonders bei der Raketenverteidigung, der Minenräumung und der Aufstandsbekämpfung. Energiewaffen sind überaus vielseitig einsetzbar, und nach Meinung etlicher Militärstrategen und Experten könnten Energiewaffen die Kriegsführung im 21. Jahrhundert revolutionieren.[90] Sie haben eine Reihe von Vorteilen gegenüber konventionellen Projektilwaffen: Die Reichweite von Lasern beträgt Hunderte von Kilometern, sie können sehr viel präziser sein als Projektilwaffen, sie haben ›tiefe Magazine‹, die bei ständiger Energiezufuhr nicht erschöpft werden können, und sie produzieren einen unmittelbaren Effekt, da sie Ziele mit Lichtgeschwindigkeit angreifen und eine große Zahl von Zielen nahezu gleichzeitig angreifen können.[91] Darüber hinaus besitzen Energiewaffen wegen ihrer spezifischen Eigenschaften ein sehr großes Potenzial als bevorzugte Attentatswaffen. Sie ermöglichen einen Präzisionsangriff auf Individuen aus großer Entfernung und können gleichermaßen tödliche wie auch nichttödliche Wirkungen erzeugen und schnell oder langsam töten, je nach Waffentyp und verwendeter Energiemenge.

Der bekannteste und am weitesten verbreitete Typ von Energiewaffe ist natürlich der Laser. Der Hauptgrund für die immer noch geringe Verbreitung von Lasern als Waffensystemen ist deren hoher Energiebedarf, was bedeutet, dass derzeit mobile Systeme die Laserenergie durch eine starke chemische Reaktion erzeugen müssen. Sogenannte ›chemische Laser‹ haben bereits erfolgreich

Raketen im Flug zerstört und verschiedene Raketenabwehrsysteme, die auf chemischen Lasern basieren, stehen kurz vor ihrer Einführung in die Streitkräfte, wie etwa der *Airborne Laser* (ABL) oder der *Advanced Tactical Laser* (ATL). Obwohl diese Systeme sich immer noch in der Entwicklungsphase befinden, beweisen Tests, dass es technisch bereits möglich ist, mit einem leistungsstarken Laser von einem Flugzeug aus mit hoher Präzision bewegliche Punktziele am Boden zu treffen.[92] Eine veröffentlichte PowerPoint-Präsentation des Pentagons weist auf die Möglichkeit hin, Laser von Flugzeugen aus für gezielte Tötungen einzusetzen, und auch darauf, dass der Effekt auf die Zielperson einem Blitzschlag ähnlich sei und eine solche gezielte Tötung damit möglicherweise glaubwürdig abstreitbar ist.[93] Theoretisch könnte ein Flugzeug mehrere Kilometer entfernt über einer Stadt kreisen und mit einem Laser eine bestimmte Person in einer Menschenmenge töten, ohne irgendjemand anderen zu verletzen. Diese Anwendung von militärischen Lasern ist wegen der relativ geringen notwendigen Energiemenge momentan realistischer als der Einsatz von Lasern gegen ›harte‹ Ziele wie Panzer oder Bunker, der Energiemengen erfordert, die nur schwer von einer Waffenplattform selbst erzeugt bzw. bereitgestellt werden können.

Abgesehen von Lasern gibt es Mikrowellenwaffen, die gegen Personen eingesetzt werden können, zum Beispiel für die Aufstandsbekämpfung. Raytheon hat einen ›Schmerzstrahler‹ entwickelt (*Active Denial System*), der auf einem Geländewagen montiert werden kann und Mikrowellen aussendet, die beim Auftreffen auf die Haut große Schmerzen erzeugen und auf diese Weise sehr schnell Menschenmengen aus einem bestimmten Gebiet vertreiben können. Angeblich wurde das ADS bereits im Irak eingesetzt und befand sich kurzzeitig in Afghanistan im Einsatz.[94] Es gibt in westlichen Gesellschaften inzwischen eine Vielzahl von Menschen, die behaupten, Opfer von gezielter Mikrowellenbestrahlung zu sein, was darauf hinweisen könnte, dass Geheimdienste bereits seit Langem Mikrowellenwaffen verdeckt einsetzen, um die Waffen entweder zu testen oder bestimmte Individuen gezielt zu schädigen, wenn nicht gar zu töten. Der erste bekannte Fall dieser Art reicht in die frühen 1960er Jahre zurück. Die Mitarbeiter der amerikanischen Botschaft in Moskau wurden damals bis in die späten 1970er Jahre von den Sowjets mit Mikrowellen beschossen. Viele der U.S.-Diplomaten kehrten schwerkrank in die Heimat zurück.[95] Der Botschafter Stoessel starb an Leukämie und zwei seiner Vorgänger an Krebs. Nachdem die Amerikaner die Botschaftsfenster mit reflektierenden Aluminiumgittern ausgestattet hatten, stellten die Sowjets den Mikrowellenbeschuss ein. Dieses Beispiel zeigt zumindest, dass dauerhafter Mikrowellenbeschuss von Häusern die Bewohner nicht nur schädigen, sondern (wenn auch langsam) sogar töten kann. Anfang der 1990er Jahre reichte der ehemalige NSA-Mitarbeiter John St. Clair Akwei Klage gegen seinen früheren Arbeitgeber ein. Er beschuldigte die NSA, illegale verdeckte Operationen in den USA durchzuführen. Die Klage wurde abgewiesen, aber die Klageschrift wurde 1996 in der Zeitschrift *Nexus* veröffentlicht. Darin behauptet Akwei, die NSA habe die Fähigkeit, heimlich U.S.-Bürger mit Energiewaffen zu töten oder verdeckte psychologische Operationen auszuführen mit der Absicht, dass bei den Zielpersonen psychische Probleme diagnostiziert werden.[96] Das Internet ist inzwischen voll von Anleitungen, wie man Mikrowellenherde in Mikrowellenwaffen umbaut, und es ist nur eine Frage der Zeit, bis das Problem zu einem Massenphänomen wird.[97]

Eine andere und bislang eher hypothetische Klasse von Energiewaffen sind elektromagnetische Waffen, die zumindest als Konzept existieren. Elektromagnetische Waffen können als sogenannte Neurowaffen die Gehirnwellen von Menschen und ihre Gefühlszustände verändern und eignen sich daher zur Bewusstseinskontrolle (›mind control‹). Eine bestimmte Methode ist als ›transkranale magnetische Stimulation‹ (TMS) bekannt und erfordert bislang die Erzeugung eines elektromagnetischen Feldes direkt über dem Kopf des Opfers. In Zukunft könnte aber eine Verwendung über größere Entfernung hinweg möglich sein.[98] Mit solchen Waffen könnten feindliche Truppen zum Aufgeben bewogen werden, Gefangenen könnten damit Geheimnisse entlockt werden, oder man könnte Individuen damit in den Selbstmord treiben. Es gibt Spekulationen darüber, dass elektromagnetische Waffen Herzinfarkte und Schlaganfälle auslösen könnten, was sie zu geradezu idealen Attentatswaffen machen würde. Angeblich erforschen die Russen seit Jahrzehnten elektromagnetische Waffen, die zumindest theoretisch Herzinfarkte auslösen können, und auch das U.S.-Verteidigungsministerium ist an solchen Waffen sehr stark interessiert.[99]

Nanowaffen

Der Begriff ›Nanotechnologie‹ ist seit über zehn Jahren ein Schlagwort in den Naturwissenschaften. Nanotechnologie befasst sich, einfach ausgedrückt, mit der Manipulation von Materie im Maßstab von 1 bis 100 Nanometern, was einer Größenordnung von Molekülen (chemische Bindungen von mehreren Atomen) entspricht. Dies soll in der Zukunft den Bau sehr kleiner Maschinen oder Roboter von molekularer Größe ermöglichen. Seit Physiker Eric Drexler 1986 seine technologische Vision *Engines of Creation*[100] der Öffentlichkeit vorgestellt hat, sind Begriff und Idee der ›Nanotechnologie‹ allgemein bekannt, nicht zuletzt durch unzählige Hollywood-Science-Fiction-Filme wie *Terminator 2*, *I Robot* oder *G.I. Joe*, die diese futuristisch anmutende Technik einer breiten Öffentlichkeit vorgestellt haben. Es gibt eine Vielzahl von militärischen Anwendungen von Nanotechnologie: neuartige Computertechnik, künstliche Intelligenz, neuartige Materialien, neuartige Energiegeneratoren und Batterien usw.[101] Die Nanotechnologie kann die existierende Waffentechnologie verbessern und sehr viel leistungsfähiger machen. So könnten neuartige Materialien Waffensysteme unsichtbar machen oder sich selbstständig reparieren lassen oder mit einer undurchdringlichen und leichten Panzerung ausstatten.

Als ›Nanowaffen‹ werden Waffen bezeichnet, die entweder auf einer Anwendung von Nanotechnologie basieren oder mikroskopisch klein sind und in der Lage, biologische oder technische Systeme anzugreifen. Drexler hat in seinem Buch die Möglichkeit von selbstreplizierenden Automaten (sogenannten ›John-von-Neumann-Maschinen‹) in molekularer Größe erörtert. Die Replikatoren können Kopien ihrer selbst produzieren, indem sie durch ›Greifarme‹ Atome in die richtigen Plätze schieben. Dieses Funktionsprinzip ist dem von biologischen Maschinen wie Enzymen sehr ähnlich. Vorausgesetzt, genug Rohmaterial und Energie sind vorhanden, könnten Replikatoren durch das richtige Zusammenfügen der kleinsten Bausteine von Materie praktisch alles produzieren. Nanoreplikatoren könnten theoretisch zu einer neuen Art von Massenvernichtungswaffe werden, falls sie so programmiert wären, sich endlos selbst zu replizieren, und dabei die ganze Welt in eine einzige graue Masse (›gray goo‹) verwandeln.[102] Auch wenn sich dieses Szenario von den weltzerstörenden unkontrollierbaren Nano-Replikatoren als technisch unmöglich erweisen sollte, so ist die zukünftige Entwicklung von anderen Nanowaffen keineswegs nur hypothetisch. Im Bereich der Nanomedizin werden schon jetzt Nanoroboter für den zielgerichteten Transport von Medikamenten entwickelt, um Zellen zu reparieren. Es wäre im Prinzip sehr einfach, dieselbe Technologie für die Schädigung bzw. Tötung von Menschen zu benutzen.[103] In der Fachliteratur werden fliegende Nanoroboter diskutiert, die in Schwärmen Menschen oder Maschinen angreifen. Die Nanoschwärme könnten entweder ferngesteuert werden oder über ›Schwarmintelligenz‹ verfügen und selbstständig vorgegebene Missionen ausführen.

Fazit

Die Individualisierung des Krieges und die Ausdehnung des Kampfgebiets auf die ganze Welt einschließlich der eigenen Bevölkerung gehen Hand in Hand. Der Kampf gegen gefährliche Individuen findet überall dort statt, wo sich diese Individuen gerade befinden. In der neuen Geographie des Krieges sind dies vor allem die Städte in der südlichen Hemisphäre, aber auch die westlichen Gesellschaften. Während zu Zeiten des Kalten Krieges die technische Aufklärung vor allem gegen die Staaten und deren Streitkräfte im sowjetischen Block gerichtet waren, so erfordert die neue Betonung der Aufstands- und Terrorismusbekämpfung eine Ausrichtung der Aufklärung auf die Identifizierung und das Aufspüren von gefährlichen Individuen. Technik und Methoden des Kalten Krieges sind dafür ziemlich ungeeignet, und das globale Suchnetz musste dafür um einiges engmaschiger gemacht werden. Die Bevölkerungen der am meisten entwickelten Staaten wurden systematisch elektronisch erfasst, und die biometrischen Daten der Bürger werden zunehmend von Regierungen für Identifikationszwecke gespeichert. Die Implantierung von Mikrochips wird es Regierungen und Privatunternehmen in der Zukunft gestatten, jederzeit den Aufenthaltsort eines Individuums festzustellen. Damit ergibt sich langfristig die Möglichkeit, gefährliche Individuen im Namen der nationalen Sicherheit jederzeit aufzuspüren und auszuschalten. Zu diesem Zweck werden neuartige Waffen entwickelt, die es nicht nur ermöglichen, Individuen mit Präzision auf Distanz zu töten, sondern dies auch auf eine Weise tun, die kaum Spuren hinterlässt. Tarnkappendrohnen, Mikroroboter, Energiewaffen und schließlich Nanowaffen sind geradezu ideale Attentatswaffen. Diese Waffen werden nicht nur für Geheimdienste entwickelt, sondern sie könnten breite Anwendung beim Militär und bei den Strafverfolgungsbehörden finden, um Aufstände zu bekämpfen und Terroristen zu eliminieren. Gezielte Tötungen von gefährlichen Individuen könnten von einer Randerscheinung des Völkerrechts zu einer zentralen Strategie in den Kriegen des 21. Jahrhunderts werden. Allerdings sind die prinzipiellen ethischen und legalen Probleme der Praxis längst noch nicht vollständig geklärt und könnten theoretisch einer breiteren Praktizierung gezielter Tötungen als Kriegsform im Weg stehen.

4. DAS ETHISCHE DILEMMA DER ›GEZIELTEN TÖTUNG‹

Die Frage der Legalität steht im Zentrum der akademischen und politischen Debatte über gezielte Tötungen. Es gibt sehr unterschiedliche Auffassungen von Juristen und Völkerrechtlern darüber, ob die gezielte Tötung von Terroristen und anderen gefährlichen oder schuldigen Individuen legal ist. Das Hauptargument der Kritiker der gezielten Tötung ist, dass Terroristen Zivilisten und keine Kombattanten sind und dass außerhalb von klar definierten Kriegsgebieten die Menschenrechtskonvention gilt, was bedeutet, dass Terroristen nur dann gezielt getötet werden können, falls sie eine *unmittelbare* Gefahr für andere darstellen. Es muss daher ein Versuch der Verhaftung gemacht werden, und die Terroristen müssen Gerichten übergeben werden, die deren Schuld feststellen. Andernfalls handele es sich um eine »außergerichtliche Hinrichtung«.[1] Dies ist die Anwendung des Strafverfolgungsparadigmas auf die Praxis der gezielten Tötung. Die Befürworter der Praxis dagegen berufen sich in der Regel auf das Kriegsparadigma, das gezielte Tötungen als legitime Kriegsakte versteht. Sie verweisen darauf, dass Staaten nach Artikel 51 der UN-Charta ein Selbstverteidigungsrecht haben, das es ihnen gestattet, bewaffnete Angriffe auch von nichtstaatlichen Akteuren abzuwehren.[2] Terroristen seien Kombattanten in einem bewaffneten Konflikt, wenn auch illegale Kombattanten, und es sei daher nicht nur nicht erforderlich, sondern geradezu unangemessen, ihnen Privilegien einzuräumen, die legale Kombattanten nicht haben, nämlich sie verhaften zu müssen und damit deren Leben zu schonen.[3]

Die juristische Debatte über gezielte Tötungen ist überaus komplex, und dieses Kapitel wird nicht versuchen, eine juristische These zur allgemeinen Rechtmäßigkeit oder der Illegalität gezielter Tötungen aufzustellen.[4] Nach juristischen Gesichtspunkten können gezielte Tötungen sowohl legal als auch illegal sein, je nach den spezifischen Umständen, unter denen sie erfolgten. Letzten Endes ist die Frage der Legalität nur akademisch, da Staaten selbst die Frage der Legalität einer gezielten Tötung entscheiden, und es keine Möglichkeit gibt, sie dafür zur Rechenschaft zu ziehen. Israel und die USA werden ständig wegen der angeblichen Illegalität von gezielten Tötungen von mutmaßlichen Terroristen kritisiert, so etwa von dem *Besonderen Berichterstatter für außergerichtliche, willkürliche und summarische Tötungen* der Vereinten Nationen, Philip Alston. In der Praxis hat dies keine Konsequenz. Sehr viel wichtiger als die Frage der formalen Legalität einer gezielten Tötung ist die Frage der Moralität und wie die Bevölkerung und die Weltöffentlichkeit gezielte Tötungen moralisch bewerten. Es gibt sehr viele gute moralische Gründe, die Kriegsführung gegen wenige bestimmte Personen zu richten, statt eine vollständige Vernichtung des Feindes anzustreben. Der schwerste moralische Vorwurf gegen gezielte Tötungen ist jedoch der des staatlich sanktionierten Mordes, motiviert von einem der ältesten und niedrigsten emotionalen Bedürfnisse – dem Bedürfnis nach Rache.

›Gezielte Tötung‹ oder ›staatlich sanktionierter Mord‹?

Die Befürworter der gezielten Tötung weisen die Gleichsetzung von gezielter Tötung mit staatlich sanktioniertem Mord vehement zurück. Soldaten, die im Krieg töten, sind keine Mörder, da sie von Staaten autorisiert sind und nach dem Kriegsrecht mit bestimmten Einschränkungen ganz legal töten dürfen. Das Töten im Krieg ist nicht Mord, da es im Kontext eines Kampfes und nach gewissen Regeln erfolgt. Die im Krieg kämpfenden Kombattanten wissen, dass der Gegner sie jederzeit angreifen und töten darf. Kombattant sein impliziert eine zumindest indirekte Zustimmung zu dieser Tatsache. Der Begriff Mord hingegen impliziert das Element der Heimtücke und die Tötung aus niederen persönlichen Beweggründen wie Habgier oder Mordlust.[5] Gleichermaßen seien gezielte Tötungen als Kriegshandlungen anzusehen und eben nicht als Mord, da die damit betrauten Sicherheits- und Streitkräfte sich in einem bewaffneten Konflikt mit Terroristen oder Aufständischen befänden und nach Regeln töten und nicht zur Befriedigung niederer Instinkte. Die gezielte Tötung von gefährlichen Individuen diene der nationalen Selbstverteidigung und damit der Prävention zukünftiger Angriffe, die ansonsten zu erwarten wären.

Indes ist der ›Krieg gegen den Terrorismus‹ wie der ›Krieg gegen Drogen‹ ein rein metaphorischer Ausdruck, da es im Kampf gegen die Terroristen keine Schlachten zu schlagen oder gegnerische Streitkräfte zu besiegen gibt. Terroristen sind nicht im eigentlichen Sinn Kämpfer, auch wenn sie sich selbst so betrachten mögen. Der ›Kampf‹ der Terroristen besteht in erster Linie in der psychologischen Manipulation und politischen Beeinflussung einer Zielgruppe und nicht so sehr in ›militärischen‹ Aktionen gegen eine Regierung oder deren Repräsentanten. Letztere sind zwar auch ein wichtiges Element, aber im Endeffekt wegen der charakteristischen Schwäche von Terrorgruppen nicht entscheidend. Terroranschläge können darum zwar zu einem erheblichen Störfaktor in der Gesellschaft und für die Politik werden, aber sie vermögen in der Regel keine Regierung zu stürzen oder Staaten zu ›besiegen‹. Dies ist der Grund, warum Terrorismus lange Zeit berechtigterweise einfach nur als ein Strafverfolgungsproblem angesehen wurde und nicht als Krieg. Selbst nach den Anschlägen vom 11. September zerbröckelt die Behauptung vom weltweiten ›Krieg‹ gegen al Quaida langsam. Die Obama-Regierung spricht nun deshalb offiziell von ›Notfalloperationen in Übersee‹.[6]

Gezielte Tötungen von Terroristen sind politisch bequem, da sie es Regierungen ermöglichen, handfeste Erfolge vorzuweisen, was zu politischem Kapital wird. Defensive Terrorbekämpfungsmaßnahmen dauern länger, und das Ausbleiben von Terroranschlägen kann weniger in politisches Kapital umgesetzt werden als die Ausschaltung eines namhaften Terroristen. Es gibt daher den begründeten Verdacht, dass gezielte Tötungen hauptsächlich politisch und von Rache motiviert sind. Die militärische Notwendigkeit für die Ausschaltung von bestimmten Terroristen ist oft nicht gegeben, und es mehren sich erhebliche Zweifel an den formalen Verfahren, durch die Individuen zur Tötung ausgewählt werden. Dies liegt vor allem an der fehlenden Transparenz dieser Verfahren, was sowohl von Kritikern als auch von Befürwortern als Mangel angemahnt wird.[7] Das offensichtliche juristische Problem der gezielten Tötungen ist, dass Individuen in Abwesenheit aufgrund geheimer Beweise und in geheimen Verfahren zum Tode verurteilt werden, ohne dass ihnen Gelegenheit gegeben wird, Einspruch zu erheben, ohne dass ein Richter die Beweise prüft und ohne Möglichkeit einer Berufung. Die Kritik des staatlich sanktionierten Mordes kann nicht zurückgewiesen werden, solange Regierungen nicht in jedem Fall zweifelsfrei nachweisen, dass sie in der Tat nur gegnerische Kombattanten im Kontext eines bewaffneten Konfliktes gezielt töten und dabei die Gebote von militärischer Notwendigkeit und Verhältnismäßigkeit strikt einhalten.

Die Auswahl von Zielpersonen für Tötungskampagnen

Von besonderer Bedeutung für die Bewertung der Moralität gezielter Tötungen ist die Frage, wie Regierungen Zielpersonen auswählen und welche Verfahren existieren, um die Gefahr einer Tötung von Unschuldigen oder von Nichtkombattanten zu minimieren. Israel und die USA behaupten, dafür über ausreichende Verfahren zu verfügen, die im Folgenden beleuchtet werden sollen.

Israel: Israelische Regierungen setzen seit den frühen 1970er Jahren gezielte Tötungen von Terroristen offen als ein Mittel der Terrorismusbekämpfungsstrategie und der Außenpolitik ein. Israel ist einer der wenigen demokratischen Staaten, die gezielte Tötungen formal institutionalisiert haben, was bedeutet, dass es verbindliche Richtlinien gibt, nach denen Zielpersonen ausgewählt und entsprechende Operationen geplant werden. In den 1970er Jahren wurden die Zielpersonen vom Mossad ausgewählt, und die Namensliste wurde der Premierministerin zur Bestätigung vorgelegt. Später wurde ein Ausschuss (Komitee X) aus hochrangigen Regierungsmitgliedern gebildet, die eine Person anklagen und in einem ›Prozess‹ zum Tode verurteilen konnten. Vom Mossad vorgeschlagene Operationspläne für die Ausführung einer gezielten Tötung mussten von der Premierministerin für gut befunden werden.[8] Während der zweiten Intifada (2000-2006) nahm Israel gezielte Tötungen im großen Stil vor und setzte 243 mutmaßliche Terroristen auf eine Todesliste.[9] Wegen der hohen Anzahl der gezielten Tötungen wurde das Verfahren sogar noch vereinfacht: Der Premierminister und der Chef des Sicherheitsdienstes Shin Bet treffen die Entscheidung über die Tötung einer Person auf Basis inkriminierender Geheimdienstinformationen.[10] 2006 hat der israelische Oberste Gerichtshof als Reaktion auf eine Petition entschieden, dass diese weder eindeutig legal noch illegal seien. Die Gerichtsentscheidung enthält fünf maßgebliche Bedingungen, die alle gezielten Tötungen erfüllen müssten: 1) müsse es überzeugende und gutgestützte Informationen über die terroristischen Aktivitäten der Person geben; 2) darf ein Terrorist nicht angegriffen werden, sofern weniger schädigende Mittel verwendet werden können; 3) dürfen nur Terroristen, die eine direkte Gefahr darstellen, angegriffen werden – Terroristen dürfen nicht für vergangene Feindseligkeiten zur Zielperson gemacht werden; 4) soll eine sorgfältige Untersuchung nach dem Angriff durchgeführt werden, um die Präzision der Identifizierung der Zielperson und die genauen Umstände festzustellen; 5) muss jeder Versuch muss unternommen werden, um Schaden für unschuldige Zivilisten zu vermeiden, und wenn Schaden nicht vermieden werden kann, dann muss er verhältnismäßig sein.[11] Kritiker haben allerdings darauf hingewiesen, dass diese Gerichtsentscheidung keineswegs garantiert, dass die obigen Bedingungen in der Praxis auch eingehalten werden, da bei den gezielten Tötungen israelischer Sicherheitskräfte keinerlei Transparenz vorhanden ist. So wurde im März 2012 der Palästinenserführer Zuhair al-Quaissi, der als der Verantwortliche für die Entführung eines israelischen Soldaten galt, in Gaza gezielt durch einen Luftangriff getötet. Die israelischen Streitkräfte rechtfertigten dieses Vorgehen mit dem Verweis auf geheime Beweise, die al-Quaissi mit einem geplanten Terroranschlag in Verbindung gebracht hätten. Selbstverständlich wurden die Beweise nie einem öffentlichen Gericht vorgelegt, und es gab auch keine öffentliche Untersuchung des Falls.[12]

USA: Wegen des Verbots von Attentaten durch mehrere präsidiale Anordnungen als Konsequenz der Aufdeckung von durchgeführten und geplanten Attentaten durch die CIA seit den 1950er Jahren haben die amerikanischen Geheimdienste und Streitkräfte gezielte Tötungen von prominenten Individuen vermieden oder, wie im Fall des Angriffs auf Gaddafi 1986, Militärschläge formal gegen militärische Objekte und nicht gegen Personen gerichtet.[13] Die Trendwende kam nach dem 11. September 2001. Präsident George W. Bush autorisierte noch im Oktober des Jahres gezielte Tötungen von al Quaida-Terroristen weltweit. Die Bush-Regierung hat gezielte Tötungen von Terroristen wie auch die Verfahren zur Auswahl der Zielpersonen weitgehend geheimgehalten. Die gezielten Tötungen beschränkten sich zunächst im Wesentlichen auf sogenannte ›hochwertige Ziele‹ (›high-value targets‹), in erster Linie also die oberste Führungsriege von al Quaida. Während die amerikanischen gezielten Tötungen zwischen 2001 und 2008 wohl im niedrigen zweistelligen Bereich lagen, kam es zu einer merklichen Intensivierung der Praxis unter Präsident Barack Obama. Seit 2009 wurden verstärkt militante Islamisten und Guerillas der unteren Ränge von al Quaida und der Taliban zu Zielen. Der ehemalige Leiter der CIA-Rechtsabteilung John Rizzo hat unlängst in einem *Newsweek*-Interview einige Fakten zum immer noch geheimen Zielauswahlverfahren offengelegt.[14] Rizzo ist nun wegen seiner Enthüllungen Gegenstand einer Untersuchung des U.S.-Justizministeriums und könnte unter dem Spionagegesetz angeklagt werden, weshalb ihm 30 Jahre Haft drohen. Nach Rizzo erstellt die CIA auf Basis von Geheimdienstinformationen eine Zielliste. Es sei aber nicht der Präsident gewesen, sondern Rizzo selbst, der die Liste begutachtete und bestätigte. Es gäbe demnach ein wohletabliertes Protokoll, nach dem die Personen ausgewählt würden. Ein zwei- bis fünfseitiges Dossier mit Appendix für die betreffende Person ist erforderlich, das an die zehn Juristen im *Counterterrorism Center* (CTC) der CIA weitergeleitet wird, die das Dossier genau prüfen. Sollte das ›Beweismaterial‹ nicht ausreichend sein, würde es zurückgeschickt. Ansonsten wird der Antrag vom Leiter der Rechtsabteilung (dies war von 2001 bis 2009 John Rizzo) unterschrieben, und die Ausführung der gezielten Tötung ist damit autorisiert. Es stünden stets etwa 30 Individuen auf der CIA-Todesliste.[15] Allerdings ist diese Liste keineswegs die einzige Todesliste der U.S.-Regierung. Es gibt eine Liste des Nationalen Sicherheitsrates, eine Liste der CIA, eine Liste der U.S.-Streitkräfte und eine Liste des Vereinten Spezialkräftekommandos.[16] Das Problem besteht darin, dass die Listen und gezielten Tötungen nicht zentral koordiniert werden. Manche Zielpersonen können in bestimmten geographischen Gebieten ohne Autorisierung von ›oben‹ getötet werden. In anderen Fällen sei eine Autorisierung auf Kabinettsebene erforderlich und in bestimmten Fällen eine Autorisierung durch den Präsidenten.[17] Angeblich gibt es einen geheimen Regierungs-Ausschuss, der Namen auf ›kill or capture‹-Listen setzen kann, woraufhin die Liste an den Nationalen Sicherheitsrat geht und letztlich an den Präsidenten, der ein Veto-Recht hat.[18] Die amerikanische Regierung hat allerdings nie offiziell zu den Verfahren der Zielauswahl Stellung genommen und in der Regel vermieden, Verantwortung für bestimmte gezielte Tötungen zu übernehmen, was so weit geht, dass die CIA noch nicht einmal die Existenz des Drohnenprogramms bestätigen will. Jedenfalls wurde in der Presse berichtet, dass Obama die Entscheidungen für gezielte Tötungen an seinen Terrorismusberater John Brennan delegiert hat, woraufhin er von Kritikern als ›Attentats-Zar‹ betitelt wurde.[19] Die *New York Times* hat versucht, diese Entwicklungen so darzustellen, dass Brennan und Obama gemeinsam und mit großer Sorgfalt mit Hilfe von Dossiers und Baseball-Karten die Todeslisten zusammenstellen.[20]

Die Beispiele Israel und USA weisen gewisse Ähnlichkeiten auf. Es sind in erster Linie die mit den gezielten Tötungen beauftragten Geheimdienste und Streitkräfte, die Zielpersonen auswählen und selbst die Rechtmäßigkeit prüfen. In den USA können gezielte Tötungen angeordnet werden, ohne dass dies von dem Präsidenten oder auch nur höheren Regierungsmitgliedern im Einzelfall autorisiert werden muss. Innerhalb von Kriegsgebieten, in denen U.S.-Truppen operieren, wie etwa im Irak und Afghanistan, mag dies weniger problematisch sein. Dennoch bleiben erhebliche Zweifel an der Legalität der Verfahren, nach denen Todeslisten zusammengestellt und Tötungen autorisiert werden, besonders im Bezug auf Tötungen außerhalb von Kriegsgebieten durch die CIA und Spezialkräfte. Es ist leider unwahrscheinlich, dass Regierungen, die gezielte Tötungen autorisieren, in Zukunft mehr Transparenz zulassen werden, da die Geheimdienste, welche letztlich die Zielpersonen auswählen, niemals ihre Quellen und Methoden preisgeben möchten, weil andernfalls Quellen versiegen oder Methoden durch Gegenmaßnahmen des Gegners ineffektiv werden.

Wer darf gezielt getötet werden?

Die Methode der gezielten Tötung kommt keineswegs nur gegen Terroristen zum Einsatz, die als Kombattanten in einem internationalen bewaffneten Konflikt gelten, sondern auch gegen bestimmte andere Gruppen von Zielpersonen. Diese Zielpersonen gehören in der Regel nichtstaatlichen Gruppierungen an, die völkerrechtlich als illegitim gelten. Zuweilen werden aber auch die Repräsentanten oder Agenten von Staaten zu Zielpersonen gemacht, was in legaler und moralischer Hinsicht besonders problematisch ist. Selbst die Kategorie ›Terrorist‹ lässt sich in verschiedene Unterkategorien aufgliedern, und es scheint einleuchtend, dass nicht jede Person, die eine wie auch immer geartete Verbindung zu einer Terrororganisation hat, eine moralisch legitime Zielperson für eine gezielte Tötung ist. Terrororganisationen setzen sich im Wesentlichen aus Kombattanten, logistischen Unterstützern und ideologischen oder spirituellen Führern zusammen. Darüber hinaus gibt es die Terrorfinanzierer und auch Verbrechenssyndikate, die mit Terroristen zusammenarbeiten. Es stellt sich nun die Frage, ob alle Personen, die in Zusammenhang mit Terrorismus stehen, gleichermaßen zu Zielpersonen gemacht werden dürfen oder aber ob es aus moralischer Sicht Einschränkungen geben sollte.

Terroristen/Aufständische (Kombattanten): Alle verantwortlichen Anführer, Planer und Ausführenden von Anschlägen. Diese Personengruppe ist direkt an Feindseligkeiten beteiligt, nämlich der Planung und Ausführung von konkreten Anschlägen, und kann darum unter bestimmten Umständen legal zum Ziel gemacht werden: Es herrscht Konsens darüber, dass eine gezielte Tötung von solchen Personen moralisch gerechtfertigt ist, sofern dies konkrete zukünftige Anschläge vereitelt. Falls es keine Hinweise auf einen konkreten geplanten Anschlag gibt und von den Zielpersonen nur die allgemeine Gefahr ausgeht, dass sie *möglicherweise* in der Zukunft einen Anschlag ausführen, dann wird die moralische Rechtfertigung einer gezielten Tötung bereits sehr viel schwächer, da die militärische Notwendigkeit nicht gegeben ist. Gute Beweise für eine direkte Teilnahme an Terroranschlägen sind Besitz von Waffen oder Plänen etc. Zudem sollten abgehörte inkriminierende Kommunikationen zwischen Terrorverdächtigen, die auf eine operative Rolle hinweisen, vorliegen, bevor Individuen auf eine Todesliste gesetzt werden können.

Terroristen (ideologische/spirituelle Führer): Zuweilen verfügen Terrororganisationen oder Guerillagruppen über charismatische Führer, die nicht direkt an der Planung von Anschlägen oder Angriffen beteiligt sind, aber die Ideologie entwickeln und Propaganda betreiben, die zur Rekrutierung von Terroristen und zum Erhalt oder Ausbau der Unterstützungsbasis in der Bevölkerung notwendig sind. Solche Personen werden oft als legitime Zielpersonen angesehen, da sie indirekt erheblich zur Stärke dieser Gruppen beitragen. Deshalb machte die CIA während des Phoenix-Programms Mitglieder der politischen Infrastruktur des Vietcong zu Zielpersonen, und auch Israel hat religiöse Palästinenserführer sowie Mitglieder der politischen Hamas-Führung gezielt getötet. In völkerrechtlicher Hinsicht besteht allerdings das Problem, dass politische und spirituelle Führer ganz eindeutig keine Kombattanten sind. Dennoch kann es möglicherweise gerechtfertigt sein, sie zu Zielen zu machen, wenn sie zum Terrorismus aufrufen oder Terrorismus ideologisch rechtfertigen. Allerdings stellen sie keine unmittelbare Gefahr für Unschuldige dar, was ihre gezielte Tötung als übertrieben erscheinen lässt. Nur in Ausnahmefällen, in denen ein spiritueller Führer sehr einflussreich ist und es zugleich keine Möglichkeit einer Verhaftung gibt, scheint eine gezielte Tötung zu rechtfertigen zu sein. Die Tötung des al Quaida Mitglieds Anwar Al-Awlaki im Jemen im September 2011 zum Beispiel ist legal und moralisch überaus umstritten, da Al-Awlaki ein geistlicher Führer und kein Kombattant war. Die Tatsache, dass sich Al-Awlaki über zwei Jahre auf der CIA-Todesliste befand, lässt jedenfalls nicht darauf schließen, dass eine unmittelbare Gefahr von ihm ausgegangen wäre.[21]

Terroristen (logistische Unterstützer): Die Mehrzahl der Mitglieder von Terrororganisationen sind logistische Unterstützer, die selbst keine Gewalt anwenden, aber die ›kämpfenden‹ Terroristen in vielfältiger Weise unterstützen und damit Terroranschläge ermöglichen. Diese Unterstützer verteilen Propagandamaterial, sammeln Spenden, beschaffen Geld für Terrorgruppen durch kriminelle Aktivitäten wie Kreditkartenbetrug, fälschen Ausweise, mieten Wohnungen für Terroroperationen oder fungieren als Kuriere. Wenn es möglich ist, eine Verbindung zu einer Terrororganisation zweifelsfrei nachzuweisen, gibt es moralisch keinen Grund, prinzipiell logistische Unterstützer im Gegensatz zu Kämpfern zu schonen: Das Völkerrecht gestattet in Kriegszeiten einen Angriff auf Munitionsfabriken und damit auf die zivilen Arbeiter, die sich dort aufhalten. Dennoch muss bei logistischen Unterstützern von Terrorismus die Frage der Verhältnismäßigkeit betrachtet werden. Insofern keine unmittelbare Bedrohung von einem bestimmten Terrorunterstützer ausgeht und seine Tötung nicht einen bestimmten Anschlag vereiteln kann, ist solch eine extreme Maßnahme schwer moralisch zu rechtfertigen.[22]

Finanzierer von Terroristen: Alle Personen, die Kapital für Terrorgruppen aufbringen, sei es aus dem Privatvermögen, durch Spenden, durch legale Investitionen oder durch kriminelle Aktivitäten. Dies kann ohne Frage eine erhebliche Wirkung auf die Fähigkeiten und Schlagkraft einer Terrororganisation haben. Dennoch ist die Teilnahme dieser Personen an Feindseligkeiten bestenfalls indirekt gegeben, und sie sind auch selbst keine ›Mitglieder‹ von Terrorgruppen. Finanzierer können schwerlich als Kombattanten definiert werden, und es ist darum illegal, sie zu Zielpersonen zu machen.[23] Ist es aber moralisch vertretbar, Terror-Finanzierer zu töten? Dies hängt vom Einzelfall ab. Wo es nachweisbar ist, dass ein Individuum einer Terrororganisation größere Mengen Geld zur Verfügung stellt, mit dem Wissen, dass dieses Geld Terroranschläge finanzieren soll, dann kann eine gezielte Tötung unter Umständen gerechtfertigt sein. Einen solchen Nachweis zu erbringen dürfte allerdings in der Praxis überaus schwierig sein. Eine Ausweitung des Kreises legitimer Zielpersonen auf alle Finanzierer von Terror wäre absurd, wenn dies bedeutet, dass jeder harmlose Islamist, der eine kleine Spende für al Quaida gibt, zum legitimen Ziel erklärt werden könnte. Generell scheinen die Verhaftung und das Verhör von Terror-Finanzierern sinnvoller, da dadurch Finanzierungsstrategien von Terrorismus genauer untersucht werden können.

Drogenbosse und Mitglieder von Verbrechenssyndikaten: Im Irak und Afghanistan haben die amerikanischen Streitkräfte Mitglieder von Verbrechenssyndikaten gezielt getötet, da sie mit Terroristen und Aufständischen kooperieren und für diese große Profite erwirtschaften, die es diesen ermöglicht, den Kampf fortzusetzen.[24] Die Rolle dieser Großkriminellen ist somit im Wesentlichen die der Finanzierer von Terrorismus oder Guerillaoperationen. Was sie allerdings von politisch/ideologisch/religiös motivierten Finanzierern unterscheidet, ist die Ausrichtung auf Profit und die Verbindung zu gewöhnlicher Kriminalität. Solange Verbrechenssyndikate selbst keine Terrorakte begehen, sind deren Anführer und Mitglieder keine Kombattanten. Es erscheint darum als illegal und unangemessen, sie ohne Vorwarnung und Versuch einer Verhaftung zu töten. Die Anführer und Mitglieder lateinamerikanischer Drogenkartelle, die paramilitärische Kräfte unterhalten oder anheuern, qualifizieren sich dagegen schon eher als Kombattanten in einem bewaffneten Konflikt. Eine Verhaftung seitens der Polizei und Sicherheitskräfte des jeweiligen Landes ist oft zu schwierig, und ein korruptes Justizwesen kann leicht die Strafverfolgung und Verurteilung eines Schwerverbrechers vereiteln (wie im Fall von Medellin-Kartellboss Pablo Escobar). Daher kann es in bestimmten Fällen eine angemessene Reaktion eines Staates sein, besonders gefährliche Kriminelle einfach zu töten, wenn dies ohne Gefährdung Unschuldiger bewerkstelligt werden kann.

Entwickler und Weiterverbreiter von Massenvernichtungswaffen: Vor allem Israel ist dafür bekannt, Individuen zu töten, die Israels Feinden helfen, Waffen zu erwerben oder zu entwickeln, die zu einer akuten Bedrohung für Israel werden könnten. Diese Individuen sind Wissenschaftler, Ingenieure und Geschäftsleute, also ganz eindeutig keine Terroristen oder Kombattanten. Man kann argumentieren, dass diese Individuen eine Gefahr für die nationale Sicherheit eines besonders bedrohten Staates darstellen und ihre Tötung als Akt präventiver Selbstverteidigung anzusehen ist und womöglich einen Krieg zu verhindern hilft. Auch wenn die Beseitigung von Schlüsselfiguren der Waffenindustrie effektiv sein kann und die technische Fortentwicklung von Waffenprogrammen potenzieller Feinde verzögert, so sind gezielte Tötungen von an Waffenprogrammen beteiligten Personen in Friedenszeiten moralisch nicht zu rechtfertigen, auch dann nicht, wenn diese Waffenprogramme wie im Fall von Irans Atomwaffenprogramm das Völkerrecht verletzen.

Gegnerische politische und militärische Führer in Kriegszeiten: Politische Attentate auf völkerrechtlich geschützte Personen sind sowohl während Friedenszeiten als auch in Kriegszeiten explizit verboten.[25] Geschützte Personen sind Staatsoberhäupter, Regierungsmitglieder, Diplomaten und andere offizielle Repräsentanten des Staates sowie deren begleitende Familienmitglieder.[26] Die USA haben das Verbot von Attentaten so interpretiert, dass in Kriegszeiten Staatsoberhäupter gezielt angegriffen werden dürfen, wenn sie direkte Kontrolle über das Militär ausüben und somit zugleich Kombattanten sind.[27] So wären gezielte Militärschläge gegen Saddam und seine militärischen Führer während des Irakkrieges formal legal gewesen. Anders hingegen liegt der Fall bei Versuchen der NATO, Gaddafi zu töten,[28] da die NATO sich nicht mit Libyen im Kriegszustand befand und das Mandat der UN nur den Schutz libyscher Zivilisten legitimierte. In juristischer und moralischer Hinsicht sind Angriffe auf politische Führer, auch wenn sie zugleich Oberkommandierende der Streitkräfte sind, überaus fragwürdig. Es liegt zudem im gesunden Eigeninteresse westlicher Staatsoberhäupter, das Verbot von Attentaten auf andere Staatsoberhäupter und zivile Regierungsrepräsentanten nicht zu lockern, da sie sich damit selbst zu legitimen Zielen machen würden.

Kriegsverbrecher: Gezielte Tötungen von Kriegsverbrechern sind üblicherweise von Rache motiviert. In Kriegszeiten genießen Kombattanten, die zugleich Kriegsverbrecher sind, selbstverständlich keinen besonderen Schutz, und es ist nicht notwendig, einen Verhaftungsversuch zu unternehmen, bevor man sie zum Ziel von Angriffen macht. Nach dem Ende der Feindseligkeiten sind Kriegsverbrecher allerdings keine Kombattanten mehr, und es ist damit zumindest illegal, sie außerhalb eines bewaffneten Konflikts gezielt zu töten. Der israelische Mossad hat vor allem in den 1950er und 1960er Jahren weltweit Nazi-Kriegsverbrecher gejagt und in nur wenigen Fällen getötet. Es ist nicht bekannt, wie viele Nazis vom Mossad erfolgreich aufgespürt und ausgeschaltet wurden. Allerdings gibt es den bekannten Fall des latwischen Kriegsverbrechers Herberts Cukurs, der von Mossad-Agenten in Uruguay erschossen wurde.[29] Manche Kriegsverbrecher sind extremer Verbrechen wie des Völkermordes schuldig, und es mag darum als moralisch erscheinen, sie ohne Vorwarnung zu töten. Man kann zum Beispiel die Tötung Osama bin Ladens auf diese Weise moralisch verteidigen. Gezielte Tötungen aus Rache sind jedoch alles andere als Gerechtigkeit. Kriegsverbrecher müssen mit legalen Mitteln zur Strecke gebracht werden und nicht mit den Methoden der Mafia, da dies den gerechten Zweck und auch die Rechtsordnung untergräbt.

Die Anwendung des Instruments der gezielten Tötung auf bestimmte Kategorien von Zielpersonen ist sowohl in legaler als auch in moralischer Hinsicht überaus bedenklich. Moralisch zu verteidigen sind nur gezielte Angriffe auf Kombattanten, also Personen, die sich im Kontext eines bewaffneten Konflikts direkt an Feindseligkeiten beteiligen oder von denen eine konkrete und unmittelbare Gefahr ausgeht. Die USA definiert ›direkte Beteiligung an Feindseligkeiten‹ allerdings sehr breit, was effektiv bedeutet, dass Personen, die keine Anschläge planen oder ausführen, aber insgeheim mit einer Terrororganisation in Verbindung stehen, und sei es auch nur durch eine Spende an al Quaida oder die Verbreitung von islamistischer Propaganda, prinzipiell ohne Vorwarnung getötet werden könnten. Der Völkerrechtsprofessor Michael Schmitt hat das Fehlen einer präzisen Definition von ›direkter Beteiligung an Feindseligkeiten‹ im Völkerrecht als einen Vorteil angesehen, da es Individuen abschrecken könnte, *irgendeine* Verbindung zu einer Terrororganisation zu haben.[30] Dennoch bleibt ein Unbehagen, dass diese juristische Sichtweise es einem Staat erlauben könnte, jede beliebige Person zum ›Terroristen‹ zu erklären und sie auszuschalten, ohne dafür jemals Gerichten und der Öffentlichkeit Beweise vorlegen zu müssen.

Kollateralschäden

Das Kriegsrecht gestattet es legitimen Kriegführenden, Kollateralschäden zu verursachen, solange sich die Angriffe selbst nur auf militärische Ziele richten, alle möglichen Vorkehrungen getroffen wurden, um Kollateralschäden zu vermeiden, und die zu erwartenden Kollateralschäden in Relation zu dem zu erwartenden militärischen Vorteil stehen. In der Theorie des gerechten Krieges werden Kollateralschäden im Prinzip der ›doppelten Wirkung‹ behandelt. Demnach können militärische Aktionen einen beabsichtigten positiven und zugleich einen unbeabsichtigten negativen Effekt haben. Solange der zu erwartende legitime positive Effekt überwiegt, ist die militärische Aktion moralisch zu rechtfertigen.[31] Wenn ein gegnerischer Scharfschütze sich etwa auf dem Dach eines Haus befindet in dem sich ebenfalls eine größere Anzahl von Zivilisten aufhält, und er nur durch einen Bombenabwurf getötet werden kann, der zugleich auch die Zivilisten im Haus tötet, dann ist der Angriff auf den Scharfschützen sowohl unmoralisch als auch formal illegal, da unverhältnismäßig.

Der moralische Maßstab für akzeptable Kollateralschäden, die eine Folge von militärischen Angriffen gegen legitime Ziele sind, hat sich im Laufe des 20. Jahrhunderts sehr stark verändert. Während es im Zweiten Weltkrieg als moralisch legitim galt, ganze Städte zu bombardieren, um die dort angesiedelten Fabriken zu zerstören, gibt es nun die Erwartung in den westlichen Staaten, dass militärische Angriffe kaum oder gar keine Kollateralschäden verursachen. Die westlichen Streitkräfte haben durch eine übertriebene Darstellung ihrer Fähigkeit zu Präzisionsangriffen selbst zu dieser unrealistischen Erwartungshaltung beigetragen.[32] Obwohl gezielte Tötungen ganz offenbar keine unterschiedslosen Angriffe sind und im Allgemeinen weniger Kollateralschäden verursachen als eine konventionelle Kriegsführung, ist es überraschenderweise ein Hauptargument der Kritiker von gezielten Tötungen, dass diese wegen der durch sie verursachten Kollateralschäden unmoralisch sind. Es ist allerdings unklar wie viel an Kollateralschäden bei gezielten Tötungen noch moralisch akzeptabel ist und ab wann ein gezielter Angriff aufgrund ›exzessiver‹ Kollateralschäden zu einem Kriegsverbrechen wird. Diese Frage hat auch praktische Relevanz, da Regierungen von den Hinterbliebenen unschuldiger Opfer von Drohnenangriffen, besonders außerhalb von Kriegsgebieten, verklagt werden und zur Zahlung von Schadensersatz verurteilt werden könnten.[33]

Kollateralschäden und die gezielten Tötungen von Terroristen in Israel

Seit der zweiten Intifada (2000-2006) hat Israel verstärkt auf gezielte Tötungen als Terrorismusbekämpfungsstrategie gesetzt, was zu einem Teil daran lag, dass Selbstmordbombenattentate zur bevorzugten Strategie der palästinensischen Terrorgruppen wurden. Die Palästinenser töteten vor allem israelische Zivilisten durch Bomben auf öffentlichen Plätzen in Israel. Zwischen 2000 und 2004 gab es in Israel nicht weniger als 157 Selbstmordanschläge, bei denen 507 Israelis getötet wurden.[34] Eine Strategie der gezielten Tötung zur Verhinderung von Terroranschlägen und zur Abschreckung von Terroristen erscheint darum moralisch gerechtfertigt. Politikprofessor Steven R. David hat zwar behauptet, dass »Professionalität, Bemühungen Kollateralschäden zu vermeiden, und die Verwendung von hochentwickelten Waffen« Israels gezielte Tötungen von Terroristen charakterisiere.[35] Jedoch wird Israel regelmäßig von Menschenrechtsorganisationen wie *Hu-*

man Rights Watch kritisiert, gezielte Tötungen oft ohne Rücksicht auf zivile Verluste vorzunehmen.[36] Tatsache ist jedenfalls, dass Israel während der zweiten Intifada vor allem Luftangriffe mit Kampfhubschraubern und Kampfflugzeugen zur gezielten Tötung mutmaßlicher Terroristen durchgeführt hat und dass dieses Vorgehen oft erhebliche Kollateralschäden verursacht. Insgesamt wurden zwischen 2000 und 2007 134 bekannte gezielte Tötungsoperationen durchgeführt, bei denen mehr als 367 Palästinenser ums Leben kamen.[37] Die relativ niedrige Zahl der Todesopfer liegt darin begründet, dass das israelische Militär mutmaßliche Terroristen vor allem dann angreift, wenn sie in Fahrzeugen außerhalb von Siedlungsgebieten unterwegs sind. So wurde das hochrangige Hamas-Mitglied Adnan al-Ghoul zusammen mit dem Hamas-Mitglied Imad Abbas bei einem Angriff eines israelischen Kampfhubschraubers in seinem Fahrzeug in Gaza getötet.

Weniger erfolgreich verlief die gezielte Tötung von Salah Schehade, der der Anführer des militärischen Flügels der Hamas war. Im Juli 2002 gab es einen gezielten Angriff: Ein israelisches F-16 Kampfflugzeug warf eine lasergelenkte 2000-Pfund-Bombe auf ein Gebäude in Gaza ab. Die Bombe tötete Schehade, aber auch 13 oder 14 Zivilisten, darunter seine Frau, seine 15-jährige Tochter und sechs oder acht andere Kinder.[38] Die meisten Opfer gab es in benachbarten Gebäuden, die durch den Bombenabwurf erheblich beschädigt wurden. Die israelische Regierung wurde wegen der hohen Anzahl von unschuldigen Opfern international stark kritisiert. Premierminister Netanjahu setzte einen Untersuchungsausschuss ein, der 2011 einen Abschlussbericht vorlegte. Demnach war der Angriff legitim, da eine ernste Bedrohung für die israelische Bevölkerung ausgeschaltet wurde. Der Fehler lag angeblich in falschen Informationen des Nachrichtendienstes, der eine Präsenz von Zivilisten übersehen habe.[39]

Um die Präzision gezielter Militärschläge zu erhöhen und um bei der Entdeckung eines Terroristen schneller handeln zu können, haben die israelischen Streitkräfte besonders in den letzten Jahren verstärkt auf Drohnenangriffe gesetzt. Ein Vorteil der Drohnen ist, dass sie es ermöglichen, eine Zielperson über Stunden zu beobachten, um ihre Identität und Gefährlichkeit zu überprüfen und in dem Moment anzugreifen, in dem die zu erwartenden Kollateralschäden am geringsten sind. Nach Angaben von *Human Rights Watch* führte Israel zwischen Dezember 2008 und Oktober 2009 insgesamt 42 Drohnenangriffe in Gaza durch, bei denen 87 Zivilisten getötet wurden.[40] *Human Rights Watch* weist sowohl auf Fehler bei der Zielauswahl, als auch auf die Verwendung von Raketen mit zu hoher Sprengkraft hin. So habe eine israelische Drohne am 27. Dezember 2008 eine Gruppe von neun Studenten angegriffen und getötet, die auf einen Bus gewartet haben.[41] Die verwendeten israelischen *Hermes*-Drohnen sind nämlich mit *Spike*-Raketen mit Splitterwirkung bestückt, die eine effektive Sprengwirkung von 20 Metern haben, also die Mehrzahl der Menschen innerhalb dieses Radius töten. Wenigstens sechs der 42 Drohnenangriffe fanden in dichtbesiedeltem Gebiet statt.

Die gezielten Tötungen Israels zwischen 2000 und 2007 richteten sich vor allem gegen aktive Terroristen und die Planer von Terroranschlägen. Allerdings gibt es eine Reihe von umstrittenen Fällen, in denen Personen zu Zielpersonen gemacht wurden, die nur indirekt an Terroranschlägen beteiligt waren. Im März 2004 wurde der blinde und gelähmte Scheich Ahmed Yassin von einem Kampfhubschrauber angegriffen, während er auf der Straße auf sein Auto wartete. Der Angriff tötete den Scheich, seine beiden Leibwächter und sechs unschuldige Zivilisten.[42] Israel behauptete, dass Yassin persönlich für eine Vielzahl von Terroranschlägen verantwortlich war. Allerdings war Yassin nur ein geistlicher Führer der Hamas und kein Kombattant. Die Tötung Yassins wurde darum von der Menschenrechtskommission der Vereinten Nationen stark verurteilt.[43]

Es ist unbestritten, dass Israels gezielte Tötungen mutmaßlicher Terroristen auch eine größere Zahl von palästinensischen Zivilisten töten und verwunden sowie erhebliche andere Kollateralschäden verursachen, wenn auch die Gesamtzahl wohl geringer ist, als die Kritiker von Israels Terrorismusbekämpfungsstrategie allgemein behaupten. Zwischen 2000 und 2007 wurden nach Daten des *B'Tselem*-Zentrums für Menschenrechte 367 Palästinenser getötet, darunter 123 Zivilisten, was 33 Prozent aller Opfer entspricht.[44] Dies ist keine allzu schlechte Bilanz, entspricht aber keineswegs dem brillanten Verhältnis von einem getöteten Zivilisten zu 30 getöteten Kombattanten, auf die der Harvard-Jurist Alan Dershowitz hingewiesen hat.[45] Israels Anwendung militärischer Gewalt ist nicht gerade exemplarisch im Hinblick auf Diskriminierung und Verhältnismäßigkeit. Nach Statistiken von *B'Tselem* wurden insgesamt seit 2000 über 6415 Palästinenser getötet, von denen 3086 oder 48 Prozent nicht an feindseligen Aktionen beteiligt waren.[46] Im gleichen Zeitraum wurden 1093 Israelis von Palästinensern getötet, darunter 751 israelische Zivilisten.[47] Falls die Daten korrekt sind, dann töten Israels Streitkräfte mehr palästinensische Zivilisten als palästinensische Terroristen israelische Zivilisten. Damit kommt selbst bei gezielten Militärschlägen auf zwei getötete Kombattanten ein toter Zivilist.

Kollateralschäden im Drohnenkrieg in Pakistan

Die Ausweitung der Drohnenangriffe in den pakistanischen Stammesregionen seit 2009 hat zu einer verstärkten internationalen Kritik an den USA geführt. Die

Hauptkritikpunkte sind, dass die Drohnenangriffe die Souveränität Pakistans verletzen würden und dass sie unverhältnismäßig viele Unschuldige töten. Da Pakistan formal kein Kriegsgebiet ist, gelte nicht das Kriegsrecht, das Kollateralschäden gestattet, sondern die Menschenrechtskonvention, die die erlaubte Anwendung von Gewalt sehr einschränkt. Kriminelle oder Terroristen müssen demnach verhaftet werden, sofern dies die Umstände zulassen. Mit anderen Worten, die USA habe formal kein Recht, Unschuldige außerhalb des Kriegsgebiets in Afghanistan zu töten. Manche Kritiker, vor allem in Pakistan, behaupten sogar, dass die Drohnenangriffe hauptsächlich unschuldige Zivilisten töten würden und darum zutiefst unmoralisch seien.[48] Die Befürworter der Drohnenangriffe kontern: »Wenn wir die Chance hätten, Adolf Hitler mit einer Drohne zu töten, und Eva Braun Teil des Kollateralschadens wäre, dann würde es als akzeptabel betrachtet werden.«[49] Nach dieser Logik sind diejenigen Zivilisten, die sich in der Nähe von Terroristen aufhalten, selbst verantwortlich dafür, dass sie sich dem Risiko aussetzen, zum Kollateralschaden eines gezielten Drohnenangriffs zu werden. Befürworter der Drohnenangriffe weisen ebenfalls darauf hin, dass mit Raketen bewaffnete Drohnen die präzisesten Waffen im Arsenal sind und damit sehr viel genauer töten als konventionelle Luftangriffe mit Marschflugkörpern oder Kampfflugzeugen. Doch wie präzise sind die amerikanischen Drohnenangriffe tatsächlich, und wie ist das Verhältnis von getöteten Zivilisten zu getöteten Terroristen und militanten Islamisten? Die amerikanischen Drohnen vom Typ *Predator B* und *Reaper* verwenden hauptsächlich *Hellfire-II*-Raketen als Waffensystem, die eine Reichweite von bis zu acht Kilometern haben. Ursprünglich wurden die *Hellfire*-Raketen für die Panzerbekämpfung entwickelt. Inzwischen gibt es verschiedene neuere Versionen dieser Raketen (M, K und Spezial K), die verschiedene Typen von Sprengköpfen haben (panzerbrechend oder mit Anti-Personen-Wirkung) und damit gegen unterschiedliche Ziele effektiv eingesetzt werden können.[50] Der effektive Sprengradius der *Hellfire*-Raketen ist je nach Typ etwa 20 Meter, was bedeutet, dass eine Person innerhalb des effektiven Sprengradius mit 90-prozentiger Wahrscheinlichkeit getötet wird. Die *Reaper*-Drohne kann auch mit 500 Pfund schweren laser- und satellitengelenkten Bomben bestückt werden, die einen sehr viel größeren effektiven Sprengradius haben. Eine 500 Pfund schwere *Mk-82*-Bombe hat einen effektiven Sprengradius von etwa 60 Metern.[51] Dies erklärt, warum Drohnenangriffe prinzipiell Dutzende von Menschen töten können, und es gibt eine Reihe von Beispielen von Drohnenangriffen mit ungewöhnlich hoher Opferzahl. So tötete ein Drohnenangriff auf einen pakistanischen Talibanführer im Juni 2009 an die 70 Personen während einer Beerdigung in Südwasiristan.[52] Ein Drohnenangriff in Nordwasiristan im März 2011 forderte an die 40 Todesopfer.[53]

Wie hoch aber ist die Gesamtzahl der Todesopfer durch Drohnenangriffe in Pakistan, und wie viele der Getöteten sind unschuldige Zivilisten gegenüber getöteten al Quaida-Mitgliedern und Taliban? Die Zahlen und Ansichten darüber gehen weit auseinander. Die CIA behauptet, dass zwischen Mai 2010 und August 2011 über 600 Kombattanten durch Drohnenangriffe in Pakistan getötet wurden und kein einziger Zivilist, was selbst von Befürwortern des CIA-Drohnenprogramms angezweifelt wird.[54] Nach der Statistik des *Long War Journals*, das die Drohnenangriffe in Pakistan seit 2004 dokumentiert, gab es zwischen 2004 und September 2011 insgesamt 267 Drohnenangriffe. Diese Drohnenangriffe töteten nach Ansicht des *Long War Journals* 2093 militante Islamisten und nur 138 Zivilisten.[55] Dies würde bedeuten, dass nur etwa sechs Prozent der Todesopfer unschuldige Zivilisten waren. Das *Bureau for Investigative Journalism* schätzt dagegen, dass zwischen 2319 und 2906 Menschen in Pakistan getöteten wurden, von denen zwischen 388 und 786 Zivilisten waren.[56] Dies wären im Durchschnitt zwischen 13 und 33 Prozent getötete Zivilisten. Nach einer Schätzung der *New America Foundation* liegt das Verhältnis von getöteten militanten Islamisten und Zivilisten bei drei zu eins oder bei 25 Prozent toter Zivilisten als Kollateralschaden.[57] Die Webseite des pakistanischen Fulbright-Stipendiaten Zeeshan-ul-hassan Usmani *PakistanBodyCount.org* listet insgesamt 248 Drohnenangriffe und enthält darüber hinaus sehr detaillierte andere Daten zu jedem Drohnenangriff. Demnach wären bis zu 86 Prozent der Todesopfer in Pakistan Zivilisten.[58]

Die Frage der Verhältnismäßigkeit der Drohnenangriffe erfordert eine genauere Betrachtung der Zielpersonen. Angriffe gegen hochrangige al Quaida-Mitglieder und Talibanführer rechtfertigen höhere Kollateralschäden, da deren Eliminierung einen höheren militärischen Vorteil bedeutet als die Eliminierung von Militanten in den unteren Rängen. Nach der Statistik des *Long War Journals* wurden zwischen 2004 und 2011 nur 22 Hochwertziele (al Quaida /Talibanführer) ausgeschaltet, was bedeutet, dass 245 der insgesamt 267 Drohnenangriffe entweder keine Anführer als Zielpersonen hatten oder aber erfolglos bestimmte Anführer angriffen. Die Ausweitung der Drohnenangriffe durch U.S. Präsident Obama, die sogenannten ›Signaturschläge‹ gegen vermeintliche Kombattanten, bedeutet ebenfalls, dass vorrangig Fußsoldaten der Taliban zu Zielpersonen gemacht werden und nicht al Quaida-Terroristen. CNN hat berichtet, dass die CIA seit etwa Mai 2010 Drohnenangriffe gegen Personen in Pakistans Stammesgebieten anordnen darf, ohne den Namen dieser Personen zu nennen – die Beobachtung eines für militante Islamisten typischen

Verhaltens reiche aus, diese mit Drohnen anzugreifen.[59] In den Stammesregionen in Nordwest-Pakistan, ebenso wie im benachbarten Afghanistan, ist es allerdings üblich, dass normale Zivilisten Waffen tragen, da dies Ausdruck von Stolz und Teil ihrer Kultur ist. In der Praxis wird so leicht die gesamte männliche Bevölkerung im wehrfähigen Alter zu legitimen Zielen erklärt. Die falsche Identifizierung von harmlosen Stammesmitgliedern als Taliban-Terroristen ist daher ein sehr hohes Risiko. Dies lässt vermuten, dass deutlich mehr Zivilisten bei den Drohnenangriffen ums Leben kommen, als von der amerikanischen Regierung zugegeben wird. Die Tatsache, dass die allermeisten getöteten Zielpersonen nur Taliban-Fußsoldaten sind, lässt Zweifel hinsichtlich der gegebenen militärischen Notwendigkeit der Drohnenangriffe und damit auch der Verhältnismäßigkeit der Drohnenangriffe aufkommen.

Fazit

Die wesentliche moralische Rechtfertigung für die gezielte Tötung von gefährlichen Individuen ist die Annahme, dass dadurch die Leben von Unschuldigen gerettet werden, die ansonsten zu Opfern von Terroranschlägen durch die getöteten Terroristen würden. Dies bedeutet allerdings, dass Kollateralschäden in Form von versehentlich getöteten unschuldigen Zivilisten nur dann moralisch akzeptabel sind, wenn die Kollateralschäden nicht größer sind als die Zahl der Opfer durch Terroranschläge. Andernfalls bedeuten gezielte Tötungen ein größeres Übel als das, das sie vermeintlich verhindern. Die Verfahren der CIA und des Militärs zur Zielauswahl sind wenig transparent und insgesamt fragwürdig. Unschuldige können leicht versehentlich zu Zielpersonen werden, wenn die nachrichtendienstlichen Informationen der CIA falsch sind. Die grobe Nachlässigkeit, mit der die CIA in Peru zwischen 1995 und 2001 vermeintliche Drogenflugzeuge abschießen ließ, erweckt wenig Vertrauen in die Verfahren, mit der die CIA Personen für gezielte Tötungen auswählt.[60] Es trifft ganz sicher zu, dass die Zahl der Todesopfer infolge gezielter Tötungen im Vergleich zu konventioneller Kriegsführung relativ gering ist. Allerdings stellt sich die Frage der Verhältnismäßigkeit relativ zur Bedrohungslage durch den Terrorismus, die zumindest in westlichen Staaten nicht allzu hoch ist.[61] Außerdem könnte die Praxis der gezielten Tötung in Zukunft sehr stark ausgeweitet werden, falls diese denn international prinzipiell als legitim angesehen wird und mehr Staaten davon Gebrauch machen. Es ist daher unmoralisch, den Krieg gegen den Terrorismus mittels gezielter Tötungen zu führen, wenn dadurch ebenfalls eine höhere Zahl Unschuldiger zu Schaden kommt, wie dies in Israel und Pakistan der Fall zu sein scheint. Dies bedeutet, dass Staaten, die gezielte Tötungen praktizieren, ihre Methoden der Zielauswahl und Eliminierung optimieren oder besser ganz darauf verzichten sollten.

Eine gerechtere Kriegsführung?

Es gibt das Argument, dass eine Kriegsführung, die auf gezielter Tötung basiert, gerechter sei als die bisherige Praxis, alle militärischen Ziele gleichermaßen legitim angreifen zu dürfen. Bei dem gezielten Angriff auf verantwortliche Personen können unnötige Kollateralschäden vermieden werden. Es sei zudem gerechter, nur die Schuldigen anzugreifen und die Masse der gegnerischen Streitkräfte und die Bevölkerung zu verschonen. Selektive Tötung des Feindes wäre somit moralischer und sollte damit, wann immer möglich, anderen Ansätzen der

Kriegsführung vorgezogen werden. Dem steht entgegen, dass eine auf Attentate von schuldigen oder verantwortlichen Individuen basierende Kriegsführung nicht den Traditionen und Konventionen der Kriegsführung entspricht. Ist daher eine ›Revolution in der militärischen Ethik‹ erforderlich, um traditionelle Bedenken zu beseitigen, oder gibt es gute moralische Gründe für ein ausdrückliches Verbot von gezielten Angriffen auf Individuen bzw. der Durchführung von Attentaten als ein Mittel der Kriegsführung oder der Außenpolitik?

Die Konvention gegen Attentate auf Kombattanten

Es ist im Rahmen konventioneller Kriegsführung zwar nicht verboten, aber es gilt als unüblich, Kombattanten individuell aufgrund ihrer Identität zu Zielpersonen zu machen. Der Kodex des amerikanischen Juristen Francis Lieber von 1863, der später die Entwicklung des modernen Kriegsrechts stark beeinflusste, enthielt ein Verbot von Attentaten auf Mitglieder des Feindes. Dort heißt es: »Das Kriegsrecht erlaubt es ebenso wenig, entweder ein Individuum, das der feindlichen Armee angehört, oder ein Mitglied der feindlichen Regierung zum Gesetzlosen zu erklären, der ohne Prozess von jedem Fänger getötet werden darf, wie das Zivilrecht so eine Gesetzlosigkeit erlaubt; im Gegenteil, es verabscheut solche Auswüchse [...]. Zivilisierte Nationen sehen mit Schrecken auf Belohnungen für Attentate auf Feinde, die Rückfälle in die Barbarei sind.«[62] Die Haager Landkriegsordnung von 1907 verbietet ausdrücklich die heimtückische Tötung von Kombattanten, was bedeutet, dass die Tötung eines Kombattanten im Kampf legal ist, nicht aber der heimtückische Mord eines Kombattanten abseits des Gefechtsfeldes durch einen gedungenen Mörder. Ein britisches Militärhandbuch von 1958 interpretiert das Verbot von

Heimtücke in der Haager Landkriegsordnung folgendermaßen: »Attentate, das Töten oder Verwunden von ausgewählten Individuen hinter den feindlichen Linien durch feindliche Agenten oder Partisanen und das Töten oder Verwunden von Individuen, die der feindlichen Nation oder den feindlichen Streitkräften angehören, durch Verrat, sind keine gesetzmäßigen Kriegsakte [...]. Im Hinblick auf das Verbot von Attentaten ist es unzulässig, ein feindliches Individuum zu ächten oder als gesetzlos zu erklären oder einen Preis darauf auszusetzen, das Individuum ›tot oder lebendig‹ zu fangen.«[63]

Diese Regeln verbieten gezielte Tötungen von Kombattanten allerdings nur insofern, als sie mit ›Heimtücke‹ oder ›Verrat‹ einhergehen. Diese Begriffe sind im Kriegsrecht nicht genau definiert, beziehen sich aber auf Handlungen, die das Vertrauen und den guten Willen des Feindes verletzen, so zum Beispiel das Verbot, eine weiße Flagge oder eine Waffenstillstandsverhandlung für einen Angriff zu nutzen, eine Verletzung vorzutäuschen oder die Uniformen des Feindes zu tragen. Die Folge eines solchen Vorgehens wäre nämlich die Verweigerung von Gnade gegenüber sich ergebenden oder verwundeten Soldaten und womöglich die generelle Ablehnung von Friedens- oder Waffenstillstandsverhandlungen. Ein Aufruf zur Tötung eines bestimmten Feindes gilt aus demselben Grund als unmoralisch und illegal, ganz besonders wenn es sich um einen politischen Führer handelt.

Der Moralphilosoph Michael Gross hat in mehreren Aufsätzen dargelegt, dass die »namentliche Tötung« von Kombattanten unmoralisch sei, da dies den Grundsatz der Unschuldsvermutung von Kombattanten verletze.[64] Soldaten dürften töten, da sie nach den Regeln der Kriegsführung jederzeit selbst durch den Gegner getötet werden dürfen und durch das Töten von Gegnern ihr eigenes Leben verteidigen. Ein Soldat oder Kombattant stehe im Dienst eines politischen Kollektivs und sei damit für seine allgemeine Rolle in einem bewaffneten Konflikt zunächst nicht individuell schuldig. Es mag sein, dass die Regierung, denen sie dienen, moralisch schuldig ist, aber dies ändere nichts an dem Recht zur Selbstverteidigung der Kombattanten. Andernfalls würde jeder Soldat im Dienst eines Aggressors das Recht zur Selbstverteidigung verlieren und wäre, wenn er davon Gebrauch machte, automatisch individuell schuldig und damit als Kriegsverbrecher anzusehen. Ein Attentat auf einen bestimmten Kombattanten, oder dessen namentliche Tötung, ist nach Gross aber kein Akt der Selbstverteidigung, da dies nicht im Kontext eines Kampfes geschehe und damit keine militärische Notwendigkeit gegeben sei. Nur wenn ein Kombattant individuell moralisch schuldig ist oder die namentliche Tötung eines individuellen Kombattanten eine unmittelbare Gefahr für andere abwendet, könne sie moralisch gerechtfertigt werden.[65] Dieses Argument von Michael Gross ist allerdings umstritten, da Verteidiger der Praxis der gezielten Tötung gerade herausstellen, dass die Zielpersonen im objektiven Sinn schuldig sind und von einer generellen Unschuldsvermutung aller Kombattanten somit keine Rede mehr sein kann.[66] Krieg werde gerechter und moralischer, wenn er sich nur auf die Schuldigen oder Verantwortlichen konzentriert.[67] Nach dieser Logik macht es keinen Sinn, bestimmte Personengruppen wie Regierungsmitglieder gegnerischer Staaten nicht zu Zielpersonen für gezielte Tötungen machen zu dürfen, wenn sie individuell für Aggression verantwortlich sind.

Beschränkung des Krieges auf wenige Schuldige

Das Kriegsrecht erlaubt, alle Kombattanten jederzeit und an jedem Ort zu töten, sofern die Prinzipien der militärischen Notwendigkeit, der Verhältnismäßigkeit und der Humanität eingehalten werden. Nach dem führenden Theoretiker des gerechten Krieges, Michael Walzer sei es zulässig, selbst einen nackten feindlichen Soldaten beim Baden zu töten, da er zugelassen habe, sich zu einem gefährlichen Mann machen zu lassen.[68] Gleichzeitig dürfen sich militärische Angriffe nicht gegen Zivilisten richten, selbst wenn diese objektiv für Aggression verantwortlich sind. Dieses Argument führt aber zu der moralischen und rechtlichen Absurdität, dass es vollkommen legal ist, Tausende von feindlichen Soldaten zu töten, es aber zugleich illegal ist, die Mitglieder der schuldigen Regierung individuell anzugreifen, die diese Soldaten in verbrecherischer Absicht in den Kampf geschickt haben. Der Militärexperte Ralph Peters hat darauf hingewiesen, dass es im Golfkrieg »akzeptabel war, ganze Divisionen von glücklosen Wehrdienstleistenden zu bombardieren, [während] es undenkbar war, die Tötung Saddam Husseins anzukündigen und diese Drohung auszuführen, obwohl er die überwiegende Schuld für den gesamten Krieg und die Gräueltaten trug ...« Peters fragt zu Recht: »Worin besteht hier die ethische Logik?«[69] Es gehört zur Charakteristik der neuen Kriege, dass die Zahl der eigentlichen Kombattanten sehr gering ist und dass über 90 Prozent der Opfer unschuldige Zivilisten sind. Die Kombattanten sind oft Kriegsverbrecher oder andere Kriminelle, und die Annahme, dass der Gegner in der Regel ehrbar oder unschuldig ist, trifft damit nicht mehr zu. Terroristen sind sowohl Kombattanten als auch Kriminelle. Das gleiche Argument kann man in Bezug auf verbrecherische Regierungsmitglieder autoritärer Regime vorbringen, da sie nicht nur den internationalen Frieden und die Sicherheit gefährden, sondern oftmals Teile ihrer Bevölkerung aus Willkür zu Opfern machen und in der Regel politische Oppositionelle foltern und ermorden. Die Verbrechen dieser Regime sind nicht die Schuld der jeweiligen

Bevölkerung, und es wäre unmoralisch, einen ›Schurkenstaat‹ zu bombardieren, aber zugleich die eigentlichen ›Schurken‹ zu verschonen. Brutale Diktatoren wie Saddam Hussein oder Muammar al-Gaddafi verdienen nach diesem Argument keinen besonderen Schutz, nur weil sie Teil der Regierung eines souveränen Staates sind. Gleichermaßen sollten sich militärische Handlungen nur auf jene Kombattanten konzentrieren, die entscheidend zur Fähigkeit des Feindes zur Aggression beitragen, etwa besonders talentierte militärische Führer. Darum war die gezielte Tötung von Admiral Yamamoto 1943 nicht nur legal, sondern auch moralischer als andere Kriegsakte wie zum Beispiel die Bombardierung von Japans Großstädten.

Es ist überhaupt unplausibel, ein ganzes Land aufgrund der verbrecherischen Aktivitäten einer verschwindend kleinen Elite in diesem Land anzugreifen. So wissen über 90 Prozent der Afghanen überhaupt nichts von den Anschlägen vom 11. September 2001 und verstehen darum nicht, warum der Westen gegen sie Krieg geführt und das Land über zehn Jahre besetzt gehalten hat.[70] Die Präsenz von al Quaida und ihre Aktivitäten hatten nichts mit der normalen Bevölkerung von Afghanistan zu tun. Trotzdem mussten die Afghanen vom Herbst 2001 bis zum Frühjahr 2002 schwere Bombardierungen erdulden, bei denen über 4.000 unschuldige Zivilisten starben, was mehr unschuldige Opfer sind als die Opfer vom 11. September.[71] Eine gezielte Eliminierung der Übeltäter ohne konventionelle Bombardierung und Besetzung des Landes wäre in jedem Falle moralischer gewesen.

Sogar die gezielte Tötung eines Diktators oder seiner engsten Getreuen außerhalb von Kriegszeiten kann moralisch sein, falls dies größeres Unrecht zu verhindern hilft. Es wäre demnach moralisch gewesen, Hitler in den 1930er Jahren zu ermorden, sofern dies den Zweiten Weltkrieg verhindert hätte. Die internationale Norm des Verbots von Attentaten hat sich historisch erst in jüngerer Vergangenheit entwickelt, und in früheren Jahrhunderten waren Attentate ein gängiges Mittel der Außenpolitik.[72] Demnach ist es womöglich an der Zeit, diese Norm zu überdenken und gezielte Tötungen zu einem legitimen Instrument der Politik zu machen. Eine obskure Studie des U.S.-Militärs schlug darum bereits 1990 vor, selektive Attentate zum Instrument nationaler Politik zu machen, und sie erörtert auch die praktischen Gesichtspunkte für die effektive Planung und Ausführung solcher Attentate.[73]

Falls es aber zutrifft, dass es moralisch zu rechtfertigen ist, bestimmte Personen aufgrund individueller Schuld oder aufgrund der Gefahr, die sie für Unschuldige darstellen, gezielt zu töten, dann sollte es keine Rolle spielen, wie dies im Endeffekt bewerkstelligt wird. Ächtung, das Aussetzen von Kopfgeld, die Verwendung von Gift oder Sprengsätzen wären gleichermaßen moralisch akzeptabel wie die Verwendung von Bomben und Lenkraketen. Sollten Methoden, die zwar formal illegal sind, präziser sein und weniger oder keine Kollateralschäden verursachen, dann wäre es womöglich sogar moralischer, so vorzugehen und nicht Militärschläge oder ähnlich stumpfe Methoden zu verwenden. Allerdings führt ein solcher Ansatz unweigerlich in das Dilemma der Heimtücke.

Das Dilemma der Heimtücke und die Gefahr des Missbrauchs

Paradoxerweise ist ein Raketenangriff auf einen Terroristen, der zugleich mehrere Zivilisten tötet, formal legal, während es illegal ist, den Terroristen durch eine Giftnadel zu töten, die nur ihn tötet und niemanden sonst. Der Mossad hat z.B. mehrere Terroristen, wie den Terrorplaner Wadi Haddad 1976, erfolgreich vergiftet.[74] Bestimmte Gifte töten sehr viel humaner als Splitterbomben oder andere legale konventionelle Waffen. Warum ist die Verwendung von Gift durch das Völkerrecht verboten, und was bedeutet dies im Hinblick auf die Praxis der gezielten Tötung?

Nach Ansicht des Moralphilosophen Larry May ist die Verwendung von Gift nicht deshalb international verboten, weil Gift notwendigerweise unnötiges Leiden verursacht oder weil Gift notwendigerweise unterschiedslos tötet, sondern weil das Vergiften von Personen als heimtückisch und nicht als eine legitime Weise der Kriegsführung angesehen wird.[75] Das Verbot von Gift hat seine moralischen Wurzeln im Ehrenkodex der Ritterlichkeit, der das westliche Ideal militärischer Ehre wesentlich geprägt hat. Für einen Ritter galt es als unehrenhaft, einen Feind ohne eigenes Risiko anzugreifen.[76] Ein Grundprinzip westlicher militärischer Ehre ist somit die Idee, dass alle Kombattanten gleichermaßen das Risiko im Krieg teilen. Es ist ehrenhaft, den Feind im Kampf auf dem Schlachtfeld zu töten, aber es ist unehrenhaft, den Feind abseits des Schlachtfeldes und durch Täuschung zu vergiften. Es ist ebenso wenig heroisch, eine Person per Fernbedienung auszuschalten. Der Einsatz von Drohnen für gezielte Tötungen wird von den Arabern und Afghanen mehrheitlich als feige und unmoralisch angesehen, da die Drohnenpiloten aus sicherer Entfernung angreifen und den Zielpersonen keinerlei effektive Gegenwehr erlauben. Ein Drohnenpilot kann die Tötung einer Zielperson zudem durch eine längere und sorgfältige Beobachtung des Gefechtsfeldes und eine Vorausberechnung des Verhaltens des Zieles im Detail planen. Der Angriff kann erfolgen, wenn die Zielperson gerade schläft oder allein ist, um die Wahrscheinlichkeit des Erfolgs des

Angriffs zu erhöhen und Kollateralschäden gering zu halten. So ein geplantes und überlegtes Vorgehen, dass dem Opfer keinerlei Chance lässt, sich zu ergeben oder auch nur Gegenwehr zu leisten, hat alle Eigenschaften eines heimtückischen Mordes. Eine lange und sorgfältige Planung einer gezielten Tötung, welche in vielen Fällen oft über Monate im voraus geplant werden, macht einerseits auch das Argument der Ausschaltung einer *unmittelbaren* Bedrohung unplausibel. Andererseits würde es die Gefahr für Unschuldige erhöhen, falls Drohnenpiloten darauf warten müssten, dass mutmaßliche Terroristen zur Ausführung eines Anschlags schreiten. Warum also nicht heimtückisch töten, wenn dies ein moralischeres Ergebnis produziert?

Sobald gezielte Tötungen nicht mehr eindeutig zurechenbar sind oder Regierungen heimlich töten können, besteht eine erhebliche Gefahr des Missbrauchs. Zumindest sind die Drohnenangriffe gerade wegen der durch sie verursachten Kollateralschäden immer noch sichtbare Kampfhandlungen und damit klar zurechenbar. Wenn aber die Drohnen schließlich durch todbringende Mikroroboter oder gerichtete Energiewaffen ersetzt werden, dann werden die gezielten Tötungen sehr viel geräuschloser stattfinden, und es wird für Menschenrechtsorganisationen schwieriger, solche Vorgänge zu beobachten. Was die Rolle der CIA bei den gezielten Tötungen anbelangt, ist vor allem besorgniserregend, dass sie nicht nur Zielpersonen auswählen, sondern auch autorisiert sind, diese selbst anzugreifen. Geheimdienste wie die CIA und der Mossad können schon seit Langem in einer Weise töten, die es äußerst schwierig macht, die Tötung einem der Geheimdienste zuzuordnen, da sie wie ein natürlicher Tod aussieht oder kaum Spuren hinterlässt. Die Regierungen der USA und Israels haben die Bereitschaft gezeigt, zuweilen Terroristen heimlich gezielt zu töten. Offenbar autorisierte die Bush-Regierung sogar ein geheimes Programm zur verdeckten Tötung von al Quaida-Terroristen durch die CIA und Söldner.[77] Der 2009 öffentlich gewordene Plan sah vor, weltweit mutmaßliche Terroristen in einer Weise zu töten, die es schwer gemacht hätte, die Tötungen mit der amerikanischen Regierung in Verbindung zu bringen. Neue Waffen wie Mikroroboter, Energiewaffen oder Nanowaffen eröffnen geradezu erschreckende Möglichkeiten für die heimliche Beseitigung von allen Individuen, die Regierungen als unerwünschte Personen ansehen. In naher Zukunft könnten Terroristen geräuschlos mit ›bionischen Wespen‹ gejagt und ausgeschaltet werden. Solche Waffen, die innerhalb von wenigen Jahren allgemein verfügbar sein können, eignen sich auch hervorragend für politische Unterdrückung. Vor diesem Hintergrund ist die Schaffung demokratischer und juristischer Kontrollmechanismen dringend erforderlich, bevor neuartige Waffen in Kombination mit einem Mangel an öffentlicher Aufsicht zu unkontrollierbaren Auswüchsen führen.

Fazit

Die Frage, ob gezielte Tötungen legal sind, ist wegen der politischen Natur des Problems von sehr viel geringerer Bedeutung als die Frage, ob gezielte Tötungen moralisch sind. Gezielte Tötungen sind in der Regel ihrer Natur nach keine normalen Kampfhandlungen im Krieg, die militärischer Notwendigkeit entspringen, sondern eher Todesurteile der Exekutive gegen Individuen, die als Staatsfeinde und Bedrohung von Staaten betrachtet werden. Es geht hier um nichts anderes als die Frage, ob die hypothetische Gefahr, die von einem bestimmten Individuum ausgeht, es moralisch zulässig macht, dieses Individuum präventiv zu töten. Die Befürworter der Praxis betonen, dass es legal und moralisch ist, Kombattanten oder Personen, die direkt an Feindseligkeiten beteiligt sind, gezielt zu töten. Allerdings bleibt damit noch unklar, was genau »direkte Beteiligung an Feindseligkeiten« bedeutet und welche Gruppen von Personen in legaler und moralischer Hinsicht zu Zielpersonen gemacht werden können. Eine berechtigte Kritik gezielter Tötungen mit Drohnenangriffen ist, dass zugleich ein gewisser Prozentsatz von Unschuldigen zu Schaden kommt und damit die Mittel der Terrorismusbekämpfung sich in ihrer Wirkung wenig von Terrorismus unterscheiden. Kriegsführung könnte theoretisch gerechter werden, falls es möglich wäre, militärische Angriffe auf schuldige oder verantwortliche Personen zu beschränken. In der Praxis fehlen aber die Transparenz für die Verfahren und Kriterien, nach denen Zielpersonen ausgewählt werden sollten, welche Missbrauch des Instruments verhindern können. Solange Geheimdienste und geheim operierende Spezialkräfte Zielpersonen auswählen und gezielte Tötungen ausführen, wird es kaum mehr Transparenz geben. Methoden, die einem hinterhältigen Mord gleichkommen, sollten ganz vermieden werden, da gezielte Tötungen öffentlich und zuschreibbar sein müssen, um ein Minimum an öffentlicher und demokratischer Kontrolle zu erlauben. Darüber hinaus müssen gezielte Tötungen das Kriterium der militärischen Notwendigkeit erfüllen, um moralisch legitim zu sein. Sollten gezielte Tötungen militärisch ineffektiv sein, dann scheint es unter moralischen Gesichtspunkten nicht adäquat, Kriege als eine Serie von Attentaten zu betreiben, zumal, was im Krieg unvermeidlich ist, Unschuldige dadurch zu Schaden kommen. Das Problem der militärischen Effektivität gezielter Tötungen ist daher der Gegenstand des nächsten Kapitels.

5. DIE FRAGE DER MILITÄRISCHEN EFFEKTIVITÄT

Dieses Kapitel soll die Frage der Effektivität gezielter Tötungen beleuchten. Kritiker befürchten, dass gezielte Tötungen nicht nur illegal, unmoralisch und wirkungslos seien, sondern sich zudem als ausgesprochen kontraproduktiv erweisen könnten.[1] Befürworter der Praxis behaupten dagegen, dass gezielte Tötungen ein überaus effektives Mittel im Kampf gegen den Terrorismus seien. Der Politologe Daniel Byman argumentiert sogar, dass das »Töten von Terrorführern und deren Unterführern nicht nur unsere Feinde zur Rechenschaft zieht, sondern es kann auch die jeweilige Gruppierung zerstören«.[2] Obwohl Befürworter scheinbar überzeugende Argumente dafür haben, dass gezielte Tötungen ›funktionieren‹, gibt es dennoch berechtigte Zweifel. Es ist aus verschiedenen Gründen sehr schwierig, die genaue Auswirkung von gezielten Tötungen auf das Verhalten und die Leistungsfähigkeit von gegnerischen Organisationen festzustellen. Eine überschaubare Anzahl empirischer Fallstudien beschränkt sich auf bestimmte messbare Aspekte von gezielten Tötungen, ermöglicht aber kaum eine Gesamtbewertung. Letztlich versuchen diese Studien stets eine Kausalität zwischen gezielten Tötungen und anderen Ereignissen oder deren Ausbleiben herzustellen. Dabei wird oft übersehen, dass Kausalzusammenhänge sich oft nicht eindeutig herstellen lassen, da andere Ereignisse und Maßnahmen ebenfalls das Verhalten von gegnerischen Organisationen beeinflussen. Gezielte Tötungen haben zudem unterschiedliche Auswirkungen auf die drei Hauptebenen der Kriegsführung, nämlich die taktische, die operative und die strategische Ebene.[3] Die taktische

Ebene ist die Ebene der einzelnen Operation zur Tötung eines gefährlichen Individuums. Die operative Ebene ist die des Feldzugs in einem bestimmten Kriegsgebiet (oder nach Clausewitz: Kriegstheater). Es handelt sich hier also um die Bewertung der Auswirkungen einer ganzen Serie von gezielten Tötungen in einer bestimmten geographischen Region über einen längeren Zeitraum und nicht um die Bewertung einzelner Operationen. Schließlich gibt es die übergeordnete strategische Ebene, auf der ein gesamter Krieg bzw. bewaffneter Konflikt entschieden wird. Es geht also darum, ob Terror- oder Guerillaorganisationen durch längere Kampagnen gezielter Tötung endgültig besiegt und zur Aufgabe gezwungen werden können. Die meisten empirischen Studien konzentrieren sich auf die operative Ebene, nur wenige empirische Studien befassen sich mit der taktischen oder strategischen Dimension der gezielten Tötungen. Doch was auf der operativen Ebene ›funktioniert‹, kann auf der strategischen Ebene zu einem Nachteil werden. Letztlich kommt es im Krieg nicht darauf an, wer die meisten Schlachten gewinnt, sondern wer den Krieg zu den eigenen Bedingungen beenden kann. Nachdem gezielte Tötungen eine relativ neue Strategie der Kriegsführung sind, kann es noch zu früh sein, um ein endgültiges Urteil über ihre Effektivität zu fällen. Einige Überlegungen zu den Beschränkungen von gezielten Tötungen und zum Risiko von Fehlschlägen können dennoch erhellend sein.

Die taktische und die operative Dimension

Auf einer rein taktischen Ebene sollen gezielte Tötungen unmittelbare Gefahren für Dritte abwenden, indem gefährliche Individuen getötet werden, kurz bevor oder während sie dabei sind, einen Terroranschlag oder einen Angriff auszuführen.[4] Auf der operativen Ebene sollen gezielte Tötungen die Häufigkeit und Bedrohung terroristischer Aktivitäten verringern und den Gegner durch allmähliche Abnutzung und Abschreckung operativ schwächen.[5] Gezielte Tötungen sind effektiv auf der taktischen Ebene, wenn es gelingt, die richtigen Zielpersonen möglichst ohne Verluste und Kollateralschäden zu töten. Auf der operativen Ebene soll der Gegner durch eine Serie von gezielten Tötungsoperationen soweit blockiert und geschwächt werden, dass von ihm eine sehr viel geringere Bedrohung ausgeht. Welche Argumente gibt es also für die Effektivität der gezielten Tötung auf der taktischen und operativen Ebene?

Abwendung einer unmittelbaren Gefahr

Gezielte Tötungen sind dann moralisch und juristisch am meisten gerechtfertigt, wenn sie dazu dienen, eine unmittelbare Gefahr für Unschuldige abzuwenden. Das gezielte Töten von Terroristen, die sich gerade auf dem Weg zu einem Anschlag befinden, oder der ›finale Rettungsschuss‹ zur Befreiung von Geiseln sind, sofern sie mit Umsicht eingesetzt werden, legitime Mittel staatlicher bzw. polizeilicher Gewaltanwendung. Gleichzeitig sind gezielte Tötungen in solchen Situationen besonders riskant, da diese Operationen nicht lange im Voraus geplant werden können und Sicherheitskräfte unter dem Druck stehen, in unüberschaubaren Situationen zu handeln. Der Erfolg solcher Aktionen wird in der Regel danach bewertet, ob und wie viele Unschuldige dadurch zu Schaden kommen und ob andere und womöglich gewaltlose Mittel bessere Ergebnisse erzielt hätten. Obwohl die Umstände im Einzelfall sehr unterschiedlich sein können und es stets schwierig ist, im Nachhinein festzustellen, ob alternative Vorgehensweisen effektiver oder besser gewesen wären, so ist es doch von wesentlicher Bedeutung, welche allgemeinen staatlichen Richtlinien existieren, die es Streitkräften oder Polizeikräften erlauben, ohne Vorwarnung zu schießen um zu töten. Die Existenz oder Nichtexistenz einer Erstschussregelung für britische Sicherheitskräfte in Nordirland war zum Beispiel ein überaus strittiger Punkt bei mehreren Vorfällen, bei denen IRA-Terroristen sowie Unschuldige durch die Spezialkräfte getötet wurden.[6]

Geiselbefreiungen durch ›finalen Rettungsschuss‹ sind überaus riskant, da im Fall eines Misslingens Geiselnehmer zu Verzweiflungstaten getrieben werden könnten, bei denen die Geiseln und andere Beteiligte ums Leben kommen. Ein eindringliches Beispiel ist die fehlgeschlagene Geiselbefreiung während der Münchener Olympiade von 1972. Dies führte zur Gründung der GSG-9, welche ihren ersten Einsatz in Mogadischu hatte. Die Stürmung des Lufthansa-Flugzeuges *Landshut* durch die GSG-9 in Mogadischu 1977 gilt hingegen als eines der wenigen vorbehaltlos erfolgreichen Beispiele von Geiselbefreiungen. Gewaltsame Geiselbefreiungen oder Polizeitaktiken, die es Polizisten erlauben, zuerst zu schießen, resultieren oft in tragischen Fehlschlägen wie etwa beim Ruby-Ridge-Vorfall oder bei der Belagerung des Anwesens der Davidianer-Sekte in Waco, Texas.[7] Die Gefahr der versehentlichen Tötung von Unschuldigen durch die Sicherheitskräfte ist in der Regel zu hoch, als dass eine allgemeine Erstschussregelung für Sicherheitskräfte praktikabel wäre.

Ein besonders großes Dilemma stellen indes mutmaßliche Selbstmordattentäter dar. In Israel, Russland und Großbritannien gibt es darum für Polizeikräfte in solchen Fällen eine Erstschusserlaubnis, um Selbstmordattentäter ohne Vorwarnung zu erschießen, bevor sie ihren Sprengsatz zünden können.[7] Die Internationale Polizeichef-Vereinigung hat unlängst empfohlen, dass Polizeikräfte Selbstmordattentätern ohne Vorwarnung in den Kopf schießen sollten. Verdächtige Selbstmordattentäter würden vielfältige Anomalien aufweisen, die helfen, sie korrekt zu identifizieren, etwa das Tragen einer warmen Jacke im Sommer oder eines Koffers mit herausragenden Drähten, Anzeichen von starkem Stress, das Murmeln von Gebeten oder das Auf- und Abgehen auf einer Straße.[8] Es ist nicht überraschend, dass solche Empfehlungen zu Fehlern führen wie im Fall der Erschießung von Charles De Menezes, dem ohne Vorwarnung siebenmal aus nächster Nähe in den Kopf geschossen wurde, weil er sich angeblich verdächtig verhielt.[9]

Ein noch größeres Dilemma besteht im Hinblick auf entführte Flugzeuge. Nach den Anschlägen vom 11. September 2001 erwogen mehrere Regierungen, so auch die Bundesregierung und der Bundestag, die Frage, ob von Terroristen entführte Flugzeuge abgeschossen werden sollten.[10] In Deutschland hat sich das Verfassungsgericht gegen eine Abschussermächtigung ausgesprochen, aber die Debatte über eine entsprechende Gesetzesänderung für den Einsatz der Bundeswehr im Inneren ist noch nicht beendet.[11] Die Gefahr ist eher hypothetisch, und es ist sehr zweifelhaft, ob ein Abschuss von entführten Flugzeugen effektiv wäre. Abgeschossene Passagierflugzeuge fallen nicht einfach wie ein Stein zu Boden, sondern könnten auch nach ihrem Abschuss einem Flächenziel entgegengesteuert werden und erheblichen Schaden am Boden verursachen. Die Gefahr eines versehentlichen Abschusses eines Zivilflugzeuges ist ebenfalls unangemessen hoch, was ein solches Vorgehen nur in extremen Ausnahmefällen akzeptabel erscheinen lassen würde.

Reduzierung terroristischer Aktivitäten und ihrer Gefährlichkeit

Es wird oft behauptet, dass die Tötung von gefährlichen Terroristen und besonders von Anführern Organisationen stört und deren Operationen beeinträchtigt. Gezielte Tötungen mögen zwar die Motivation der Organisation für Vergeltungsaktionen erhöhen, aber zugleich seien Terror- oder Guerillaorganisationen nach erfolgreichen gezielten Tötungen von Führern oder besonders fähigen Mitgliedern sehr viel weniger in der Lage dazu. »[I]m Gegensatz zum populären Mythos ist die Anzahl erfahrener Terroristen ziemlich beschränkt. Bombenbauer, Terroristenausbilder, Fälscher, Anwerber und Terrorführer sind knapp; sie brauchen viele Monate, wenn nicht Jahre, um genug Kompetenz zu entwickeln, um effektiv zu sein. Wenn diese Individuen verhaftet oder getötet werden, dann stört dies ihre Organisation. Diese Gruppen mögen immer noch in der Lage sein, Rekruten anzuziehen, aber da ihnen Erfahrung fehlt, stellen sie nicht dieselbe Bedrohung dar.«[12] Die überlebenden Terroristen sind gezwungen, dem eigenen Schutz sehr viel mehr Aufmerksamkeit zu widmen, was Ressourcen bindet und die interne Kommunikation und Koordination erschwert.[13] Dies widerspreche der Auffassung von Kritikern, dass gezielte Tötungen zu Vergeltungsakten bzw. verstärkten Terroranschlägen führen und damit zur Gewalteskalation beitragen.

Verschiedene Studien zur Effektivität gezielter Tötungen haben versucht, die unmittelbaren Auswirkungen von gezielten Tötungsoperationen auf das Verhalten und die Gefährlichkeit von Terrororganisationen durch objektiv beobachtbare Effekte zu messen. Dazu gehören die Anzahl von Terroranschlägen unmittelbar nach einer gezielten Tötung, die Anzahl der dadurch verursachten Todesopfer, sowie die Art der Anschläge. Avery Plaw hat die Korrelation von israelischen gezielten Tötungen in der zweiten Intifada zu palästinensischen Terroranschlägen und israelischen Todesopfern untersucht. Er kam zu dem Ergebnis, dass es keine konsistente Korrelation zwischen gezielten Tötungsoperationen und einer

Erhöhung oder Verringerung von Terroranschlägen in den folgenden drei Monaten gibt.[14] Allerdings gebe es mehr versuchte Terroranschläge als Vergeltung für gezielte Tötungen, was aber nicht als eine ›eskalierende Gewaltspirale‹ fehlgedeutet werden sollte.[15] Diese Analyse ist kompatibel mit den Ergebnissen einer Studie zu gezielten Tötungen in Afghanistan von der ETH Zürich. Demnach gibt es Überschneidungen von Terrorismusbekämpfung und Aufstandsbekämpfung, da auch Guerillagruppen zuweilen Terroranschläge verüben. Vier Fallstudien zeigen, dass es unmittelbar nach einer gezielten Tötung zwar eine Zunahme von Gewalt gab, die Taliban aber gleichzeitig gezwungen waren, weniger effektive Mittel für Vergeltungsanschläge zu wählen.[16] Die effektivste Angriffsart für die Taliban seien Selbstmordattentate, und weniger effektiv seien improvisierte Bomben und schließlich Angriffe mit Handwaffen und Raketenwerfern. Unmittelbar nach einer gezielten Tötung gebe es eine Verringerung von Selbstmordattentaten und eine Erhöhung von Angriffen mit improvisierten Bomben und Handwaffen bzw. Raketenwerfern, die im Schnitt weniger Opfer fordern. Die Folge von gezielten Tötungen ist demnach, dass sie Terrororganisationen zwingen, Angriffsmethoden zu wählen, die ineffektiver und riskanter sind, und Ziele anzugreifen, die weniger schwierig zu erreichen sind. Dies bedeutet auch, dass eine größere Anzahl von Vergeltungsaktionen fehlschlägt und sich vor allem gegen ›weiche‹ Ziele richtet, die weniger Planung erfordern.

Diese und andere empirische Studien erwecken den Eindruck, dass gezielte Tötungen zumindest auf operativer Ebene effektiv sind. Doch ist Vorsicht geboten. Der Politologe Avi Kober hat darauf hingewiesen, dass es für die zweite Intifada keinen kausalen Zusammenhang zwischen gezielten Tötungen und einer Verringerung palästinensischer Gewalt gebe. Andere Maßnahmen wie der

Bau eines Sicherheitszaunes in der Westbank hätten womöglich eine sehr viel größere Rolle gespielt.[17] In Afghanistan hat die seit Mitte 2010 stark ausgeweitete Taktik der gezielten Tötung von Talibanmitgliedern anscheinend zu einer Gewalteskalation geführt, vor allem gegen afghanische Zivilisten. Die UN-Mission in Afghanistan hat ermittelt, dass die sechs Monate von Januar 2011 bis Juni 2011 die blutigsten seit Beginn des Krieges in 2001 waren. Die Anzahl getöteter Zivilisten sei gegenüber dem Vorjahr um 15 Prozent gestiegen, was vor allem an der Zunahme von Terroranschlägen der Taliban läge.[18] Das Magazin *Wired* berichtete, dass die Reaktion der Taliban auf die NATO-Kampagne der gezielten Tötungen ein Ausbau des eigenen Attentatsprogramms war. Dies führte zu einer Zunahme von Attentaten auf NATO-Personal um 588 Prozent in der Provinz Helmand seit 2009.[19] Diese Statistik weist zumindest nicht gerade auf einen durchschlagenden Erfolg der neuen NATO-Strategie der gezielten Tötungen in Afghanistan hin.

Israelische gezielte Tötungen in der Zweiten Intifada (2000-2006)

Jahr	Gezielte Tötungen	erfolgreiche Selbstmord-Bombenanschläge	getötete Palästinenser	getötete israelische Zivilisten	getötete israelische Sicherheitskräfte
2000	10	4	272	18	18
2001	43	36	450	65	22
2002	46	61	990	87	101
2003	46	26	573	25	39
2004	42	15	819	15	87
2005	25	7	190	17	8
2006	31	4	657	7	4

Vgl. Ami Pedhazur (2009), *The Israeli Secret Services & the Struggle Against Terrorism*, New York: Columbia University Press, S. 122; B'Tselem

Amerikanische Drohnenangriffe in Pakistan (2004-2011)

Jahr	Drohnen-angriffe	geschätzte Todesop-fer	getötete al Quaida/ Taliban	Selbst-mordan-schläge	Todesop-fer Selbst-mordan-schläge
2004	1* - 1+	0* - 5+	0*	8+	82+
2005	1* - 2+	0* - 7+	0*	4+	83+
2006	3* - 3+	142* - 203+	122*	9+	161+
2007	5* - 4+	73* - 46+	73*	57+	842+
2008	35* - 36+	317* - 368+	286*	61+	940+
2009	53* - 50+	506* - 633+	463*	90+	1090+
2010	117* - 109+	815* - 993+	801*	58+	1153+
2011	63* - 60+	430* - 471+	400*	39+	606+

The Long War Journal (November 2011)*; *PakistanBodyCount.org* (November 2011)+

Abschreckung und die allmähliche Abnutzung des Gegners

Angeblich sei es prinzipiell möglich, Terroristen durch gezielte Tötungen davon abzuschrecken, Terroranschläge zu planen und auszuführen.[20] Demnach hätten »die palästinensischen Terroristen [wegen der Operation ›Zorn Gottes‹] [begonnen,] sich auf das eigene Überleben zu konzentrieren, anstatt den nächsten spektakulären Anschlag zu planen«.[21] Die Abschreckung von Terroristen kann sowohl auf einer individuellen als auch auf einer kollektiven Ebene funktionieren. Individuell werden Terroristen womöglich davon abgeschreckt, sich an bestimmten Terroranschlägen zu beteiligen, und Sympathisanten könnten davon abgeschreckt werden, einer Terrorgruppe beizutreten, wenn sie beobachten, wie Mitglieder der Gruppe systematisch einer nach dem anderen getötet werden. Abschreckung kann sich auch auf die Qualität von Rekruten auswirken, da besonders kluge und fähige Personen es wahrscheinlich vermeiden würden, sich selbst zu einem potenziellen Ziel zu machen, indem sie sich einer durch eine gezielte Tötungskampagne bedrohten Organisation anschließen. In jedem Fall üben kontinuierliche gezielte Tötungen erheblichen psychologischen Druck auf einzelne Terroristen aus, was sich konkret auf deren Energie und Motivation auswirken kann. Der frühere israelische Shin-Bet-Chef kommentierte z.B., dass »Mitglieder der oberen Hamasführung es müde geworden sind, die Sonne nur auf Bildern sehen zu können.«[22] Selbst Selbstmordattentäter ließen sich durch eine Erhöhung von Sicherheitsmaßnahmen abschrecken, die Angriffe unwirksam und damit deren Tod vergeblich machen würden.[23]

Ein anderer Effekt auf der operativen Ebene ist die allmähliche Abnutzung des Gegners. Gezielte Tötungen sind im herkömmlichen Sinn keine Abnutzungsstrategie, da die Anzahl der insgesamt getöteten Feinde sehr viel geringer ist als bei einer mehr konventionellen Kriegsführung. Doch: »Falls gezielte Tötungen eine neue Art von Krieg, auf einer neuen Art von Gefechtsfeld, repräsentieren, stellt das sehr wohl eine Strategie der langfristigen Abnutzung dar.«[24] Somit kann es durchaus sinnvoll sein, nicht nur Anführer, sondern auch Mitglieder der gegnerischen Organisation in den unteren Rängen zu eliminieren. Da es stets nur eine begrenzte Anzahl potenzieller Rekruten gibt, die sowohl willig als auch fähig sind, kann eine Organisation systematisch geschwächt und womöglich besiegt werden, indem mehr Mitglieder ausgeschaltet werden (sei es durch Gefangennahme, Desertion oder Tötung), als die Organisation imstande ist zu ersetzen. Daher komme es sehr darauf an, durch ein hohes Tempo gezielter Tötungsoperationen den Druck auf die gegnerische Organisation aufrechtzuerhalten. Ein möglicher Grund für den Misserfolg israelischer gezielter Tötungen von Hisbollah-Mitgliedern während des Libanonkrieges von 1982 war die sehr langsame Abfolge der Tötungen, die der Hisbollah genügend Zeit gab, Ersatzleute auszubilden.[25]

Doch wie effektiv sind Abschreckungs- und Abnutzungswirkung gezielter Tötungen in der Praxis? Es hat nicht den Anschein, als ob Terroristen durch gezielte Tötungen davon abgeschreckt werden, Anschläge zu verüben. Selbst Verfechter der Abschreckungsthese räumen ein, dass nach einer gezielten Tötung Vergeltungsanschläge zunehmen, auch wenn sie weniger effektiv sind. Gezielte Tötungen beeinflussen zwar die Fähigkeit der Terrororganisation, Schaden zu verursachen, nicht aber deren Motivation zur Vergeltung. Es gibt nach dem Nahostexperten Don Radlauer drei plausible Argumente, warum die Abschreckungswirkung von gezielten Tötungen oft gering ist: 1. seien gezielte Tötungen in der Regel keine Reaktion auf einen bestimmten Anschlag, was die Abschreckungswirkung auf Individuen schwäche: »Das potenzielle Opfer einer gezielten Tötung kann nicht dem Tod entgehen, indem es vermeidet, sich an einem bestimmten Anschlag zu beteiligen; es muss dem Terror entweder ganz entsagen oder die Haltung der Organisation zum Terrorismus verändern. Beide dieser Handlungsmöglichkeiten haben ihre eigenen Risiken«; da 2. Terroristen allgemein bereit seien, hohe Risiken einzugehen, müsse das Risiko, zu einem Opfer einer gezielten Tötung zu werden, ganz erheblich sein, um einen Einfluss auf deren Verhalten zu haben; 3. würden gezielte Tötungen aus politischen Gründen eher sporadisch praktiziert, was der Idee entgegenstehe, dass Abschreckung am besten greift, wenn es eine schnelle, ernsthafte und sichere Bestrafung gibt.[26] Es gibt zahlreiche Studien, die zeigen, dass eine Abschreckung durch die Todesstrafe noch nicht einmal bei gewöhnlicher Kriminalität funktioniert,[27] und es erscheint unrealistisch, bei politisch oder religiös radikalisierten Individuen auf eine Abschreckungswirkung von gezielten Tötungen zu hoffen.

Auch als Abnutzungsstrategie in der Terrorbekämpfung und in Guerillakriegen ist die gezielte Tötung nicht überzeugend. Sowohl Israel als auch die USA sind wegen der Ausweitung gezielter Tötungen dazu übergegangen, Terroristen in den unteren Rängen zu töten, nach der Logik: »Wenn man nur Generäle angreift, wird man leicht von den Panzern überrollt.«[28] Tatsächlich bedeutet die Tötung von Fußsoldaten sehr wenig für die Störung einer Terrororganisation. Eine Abnutzungsstrategie hat schon bei den Guerillas während des Vietnamkrieges nicht funktioniert. Der damalige U.S.-Verteidigungsminister Robert McNamara führte seinerzeit den sogenannten ›body count‹ (die Leichenzählung) ein, die zum Maßstab für den Erfolg der amerikanischen Aufstandsbekämpfung wurde. Beim Phoenix-Programm der CIA gab es sogar monatliche Tötungsquoten. Eine Lektion des Vietnamkriegs war die Einsicht, dass sich Guerillas nicht einfach durch Abnutzung besiegen lassen. Trotzdem scheinen das amerikanische Militär und die NATO in Afghanistan angesichts des andauernden Bürgerkriegs wieder auf die Abnutzungsstrategie durch gezielte Tötungen von Aufständischen zu setzen, um einen schnellen Erfolg zu erzielen und damit westliche Truppen plangemäß abgezogen werden können.[29] NATO-Spezialkräfte, wie die berüchtigte ›Einsatzgruppe 373‹, führen nächtliche Überfälle aus, bei denen Talibanmitglieder gefangen oder getötet werden.[30] General Petraeus verkündete im März 2011, dass in acht Monaten 2448 Aufständische getötet wurden, was er als Zeichen des Erfolgs der Afghanistanstrategie fehldeutete.[31] Allerdings gibt es in Afghanistan genau dasselbe Problem wie in Vietnam: Es ist unklar, wie groß die Gesamtstärke der Opposition in Afghanistan ist. General Petraeus hat eingeräumt, dass an die 35.000 Talibankämpfer in Afghanistan verbleiben.[32]

Auf der operativen Ebene scheinen gezielte Tötungen durchaus den Gegner schwächen und das Verhalten des

Gegners beeinflussen zu können, aber es deutet wenig darauf hin, dass eine gezielte Tötungskampagne Terror und den Widerstand des Gegners unterdrücken kann oder irgendeine Abschreckungswirkung hätte. Gezielte Tötungen taugen auch wenig als Abnutzungsstrategie gegen Guerillas, es sei denn, sie würden ganz erheblich ausgeweitet. Um effektiv zu sein, müssten in Afghanistan mindestens zehnmal mehr Taliban pro Jahr getötet werden. Aber eine massive Ausweitung von gezielten Tötungen würde, wegen der größeren Häufigkeit der Angriffe und einer weniger selektiven Zielauswahl, unvermeidlich kumulativ in mehr Kollateralschäden und mehr Fällen, in denen versehentlich Unschuldige zu Zielpersonen werden, resultieren. Dies kann der Gegner dann leicht propagandistisch ausbeuten, was ihm wiederum bei der Rekrutierung hilft. Paradoxerweise kann also gerade die Ausweitung von gezielten Tötungs-Kampagnen auf eine größere Gruppe von Zielpersonen im Sinne einer Abnutzungsstrategie langfristig etwaige Vorteile von gezielten Tötungen auf der operativen Ebene untergraben.

Anzahl von getöteten ›Hochwertzielen‹

	Zweite Intifada (2000-2004)*	Drohnenangriffe in Pakistan (2004-2011)+
gezielte Tötungen insgesamt	159	277
gezielte Hochwertziele	40	38
getötete Fußsoldaten	120	2184

Avi Kober (2007), »Targeted Killing During the Second Intifada: Quest for Effectiveness«, *The Journal of Conflict Studies* (Sommer), S. 83*; New America Foundation (2011), *The Year of the Drone*+

Die strategische Dimension

Strategie befasst sich damit, wie ein Krieg durch den Einsatz vorhandener Ressourcen und Wahl effektiver Mittel gewonnen werden kann. Befürworter der gezielten Tötung versprechen sich nicht nur taktische und operative Erfolge, sondern hoffen auch auf eine strategische Auswirkung durch die Eliminierung von Schlüsselpersonen im gegnerischen Lager. Die gezielte Tötung von bestimmten Führern kann möglicherweise 1) den Zusammenbruch der gegnerischen Organisation und ihres Widerstands bewirken, 2) zu einer entscheidenden Veränderung der Politik/Strategie der gegnerischen Organisation führen, die womöglich weniger bedrohlich ist, und 3) die gegnerische Seite dazu bewegen, einzulenken und einen Friedensschluss anzustreben.

Militärischer Sieg durch ›Enthauptung‹

Die Enthauptungsstrategie kann einen Gegner entscheidend schwächen und unter Umständen zum Sieg in einem politischen oder militärischen Konflikt führen. Die Enthauptungsstrategie kann gleichermaßen in politischen, konventionell militärischen und unkonventionell militärischen Konflikten (Terrorismus- und Aufstandsbekämpfung) angewendet werden. Die zugrunde liegende Idee ist, dass wenige herausragende individuelle Führer die politische Richtung bestimmen, Ziele setzen und maßgeblich zum Erfolg der eigenen Seite oder Organisation beitragen. Beseitigt man die herausragenden Führer, kann dies zum Zusammenbruch der gegnerischen Organisation führen, ganz besonders wenn sich alle Entscheidungsgewalt in einer Person konzentriert. Die Tötung dieser Person könnte bei Weitem die kostensparendste Methode zur Erreichung von strategischen

Zielen sein. Das amerikanische Militär erwog darum die sogenannte »Acht-Cent-Lösung« zu Beginn des Golfkriegs von 1991,[33] in der Hoffnung, dass die Eliminierung eines Diktators den Widerstand des Gegners schnell zusammenbrechen lassen und der Krieg damit erheblich verkürzt würde.

Autoritär geführte Staaten und Organisationen sind insbesondere durch Angriffe auf die Führung verwundbar, da sich die Macht in den Händen relativ weniger Individuen bündelt. Die politische Nachfolge ist in autoritären Systemen und Organisationen oft absichtlich nicht klar geregelt, da autoritäre Führer stets die Machtkonkurrenz von erklärten Nachfolgern fürchten. Sobald der Führer stirbt oder beseitigt wird, bricht meist ein Machtkampf zwischen den Eliten aus, der sie zwingt, sich auf den internen Machtkampf zu konzentrieren und nicht auf die Bekämpfung eines externen Feindes. Interne Machtkämpfe über die Nachfolge von getöteten Führern können einen Gegner entscheidend schwächen und damit seine Niederlage schneller herbeiführen.

Sowohl bei Saddam Hussein als auch bei Muammar al-Gaddafi waren jedoch mehrfache Versuche einer gezielten Tötung erfolglos. Dies weist auf die prinzipielle Schwierigkeit der Enthauptungsstrategie hin: Die zum Ziel erklärten Führer sind in der Regel so gut geschützt, dass deren Eliminierung oft kaum zu bewerkstelligen ist. Die gezielte Tötung von Terrorführern und Warlords ist dagegen leichter, da Terror- und Guerillaorganisationen nicht über vergleichbare Ressourcen verfügen wie Staaten. Dennoch kann sich auch das als eine schwierige Aufgabe für Geheimdienste und moderne Streitkräfte erweisen. Es dauerte sechs Jahre, bis es dem Mossad gelang, den Planer des Anschlags auf die Münchener Olympiade, Ali Hassan Salameh, zu töten. Osama bin Laden stand bereits seit 1996 auf einer ›kill or capture‹-Liste und entkam zahlreichen Versuchen der CIA, ihn aufzuspüren und zu töten. Etliche andere Mitglieder der Führungsriege von al Quaida haben verschiedene Angriffe überlebt und sind weiterhin aktiv, wie zum Beispiel Osama bin Ladens ehemaliger Stellvertreter Aiman al Zawahiri. Die Eliminierung von Führern ist zudem wirkungslos, falls die betroffenen Regime oder Organisationen die Nachfolge von Führern sorgfältig im Voraus geplant haben. Manche Organisationen schützen sich gegen Angriffe auf Führer durch eine dezentralisierte Organisation mit flacher Hierarchie, die viel Eigeninitiative auf den unteren Ebenen der Organisation erlaubt, und auch dadurch, dass Führungsstrukturen nach außen hin undurchsichtig gemacht werden. Nachdem al Quaida nun bereits seit vielen Jahren gezielten Angriffen ausgesetzt ist, hat die Terrororganisation die gezielte Tötung oder Gefangennahme von mehreren Führern durch Dezentralisierung und institutionalisierte Nachfolgeplanung scheinbar in allen Aspekten ihrer Operationen gut überstanden.[34] Als Folge von Israels gezielten Tötungen ihrer Führungsfiguren ist die Hamas dazu übergegangen, die Namen der neuen Führer einfach nicht mehr bekanntzugeben.

Eine sehr gründliche Studie zur Effektivität der Enthauptungsstrategie als Terrorismusbekämpfungsstrategie kommt zu dem Ergebnis, dass Terrorgruppen ohne Enthauptungen schneller zerfallen.[35] In den untersuchten 298 Fällen von Angriffen auf die Führung von Terrororganisationen waren nur 17 Prozent der Angriffe effektiv in dem Sinn, dass sie zum Niedergang der betroffenen Gruppe führte. Die Studie findet ebenfalls eine Korrelation zwischen der Tötung von Führern und der Größe und dem Alter der angegriffenen Organisation: Je größer und älter die Organisation, desto geringer die Chance, sie durch Angriffe auf Führungsfiguren zu zerstören. Dies funktioniere überwiegend nur in sehr kleinen Gruppen mit weniger als 25 Mitgliedern. Die Tatsache, dass Terrororganisationen wie al Quaida oft aus dezentralen transnationalen Netzen bestehen, macht es nahezu aussichtslos, diese Organisationen durch Enthauptung zu zerstören.

Veränderung der Politik/Strategie des Gegners

Ein gezielter Angriff auf einen Führer oder eine Führungselite des Gegners kann dessen Verhalten beeinflussen. Ein erfolgreicher Angriff kann zum Beispiel zu einer Warnung für etwaige Nachfolger des getöteten Führers werden, und selbst ein fehlgeschlagener Angriff kann einen Führer davon abschrecken, die bisherige Politik/Strategie weiterzuverfolgen. So bewegte der gezielte Angriff auf Gaddafi 1986 ihn dazu, seine Unterstützung des Terrorismus erheblich zurückzuschrauben.[36] Jedoch können fehlgeschlagene Versuche einer gezielten Tötung von Führern überaus kontraproduktiv sein: Sie alarmieren die Zielpersonen, was weitere Attentatsversuche noch schwieriger macht; sie ermutigen die überlebenden Führer, noch aggressiver vorzugehen; schließlich können mehrere überlebte Attentate einem Führer eine Aura der Unbesiegbarkeit verleihen. Selbst erfolgreiche Attentate auf Führer bringen manchmal nicht die gewünschten Wirkungen hervor. Es ist oft unberechenbar, wer einen getöteten Führer ersetzen wird und wie sich das Verhalten der neuen Führung von der des Vorgängers unterscheidet. Die Gefahr bei erfolgreichen Angriffen auf Führer besteht darin, dass Nachfolger noch kompromissloser und gefährlicher sind als diejenigen, die sie ersetzen. So hat Israels Strategie der gezielten Tötung der Hamasführung nur eine neue Generation von Führern hervorgebracht, die noch radikaler ist und nur noch auf militärische Konfrontation mit Israel setzt.[37] Die getöteten Führer können auch leicht zu Märtyrern stilisiert werden, die deren Gefolgschaft über den Tod hinaus zum Widerstand motivieren. Das Märtyrertum eines populären Führers kann zu einem großen Propagandasieg für den Gegner werden, ganz besonders wenn es sich um einen religiösen Führer handelt, dessen erklärtes Ziel es ist, einen Märtyrertod zu sterben.[38] Gezielte Tötungen tendieren dazu, die Wut, Motivation und Entschlossenheit der betroffenen Gruppierung und ihrer Sympathisanten zu erhöhen. Für Terror- und Widerstandsorganisationen ist die Motivation der eigenen Gefolgsleute in strategischer Hinsicht von größerer Bedeutung als die Fähigkeit zu Angriffen und Gewalttaten: Nach Henry Kissinger siegt der Guerilla, indem er nicht verliert.

Es gibt aber auch das Argument, dass gezielte Tötungen von Führern den Gegner ganz erheblich unter Druck setzen und dadurch die Führung des Gegners veranlassen können, eine friedliche Lösung zu suchen. Vielleicht erscheint es als unnütz und sinnlos, mit Terrororganisationen, Kriminellen oder wahnsinnigen Diktatoren über Frieden zu verhandeln. In der Tat wurden aber viele bewaffnete Konflikte mit sogenannten Terroristen durch Verhandlung gelöst, etwa der Apartheidkonflikt in Südafrika oder der Nordirlandkonflikt. Eine aggressive militärische Strategie in Form von gezielten Tötungen kann theoretisch mit gleichzeitiger Verhandlung einhergehen und den Erfolg von Verhandlungen wahrscheinlicher machen. Die Tötung eines entschlossenen Führers, der die treibende Kraft des Widerstands ist, kann zu einem Friedensschluss führen. So konnte die Tötung des angolischen UNITA-Führers Jonas Savimbis einen langjährigen Konflikt beenden. Nur sechs Wochen nach Savimbis Tod und dem Tod seines Nachfolgers war UNITA bereit, Frieden zu schließen.[39] Jedoch kann eine Strategie gezielter Tötungen auch ausgesprochen kontraproduktiv sein, wenn es darum geht, einen Frieden zu erzwingen, und sie kann »Friedensverhandlungen über den zugrunde liegenden Konflikt verkomplizieren.«[40] Dies umschreibt das fundamentale Problem eher ungenau: Die gezielte Tötung von Führern beseitigt in der Regel gerade jene Personen, die in der Lage wären, über Frieden zu verhandeln oder Frieden zu schließen. Angriffe auf Führungspersonen werden oft nur deren Entschlossenheit stärken weiter zu kämpfen, da offensichtlich keine Gnade vom Gegner zu erwarten ist. Die Verfolgung einer militärischen Lösung in Form von gezielten Tötungen erweckt den Eindruck, dass Friedensverhandlungen unwichtig oder zweitrangig sind, was oft eine friedliche Lösung unnötig hinauszögert oder ganz verbaut. Israel und Hamas sind weniger denn je bereit, miteinander zu verhandeln, und nach einem Jahr intensivierter gezielter Tötungen haben sich auch die Hoffnungen der Karzai-Regierung auf eine Verhandlungslösung mit den Taliban mehr oder weniger zerschlagen.[41] »[D]ie Geschichte [hat] gezeigt [...], dass der Abgang eines Führers nicht notwendigerweise den Wechsel in der Politik und im Verhalten des Feindes herbeiführt, den der Angreifer beabsichtigt. Was noch schlimmer ist, ein schlecht ausgedachter Angriff auf Führer kann unbeabsichtigte Konsequenzen haben, die den Interessen des Angreifers zuwiderlaufen.«[42]

Auswirkungen auf verbündete Staaten

Die Durchführung einer Kampagne gezielter Tötungen in einem verbündeten Staat kann erhebliche Auswirkungen auf diesen Staat haben. Dies zeigt sich sehr gut an dem Beispiel der Beziehungen zwischen den USA und Pakistan. Ein erklärtes Ziel der Obama-Regierung und davor der Bush-Regierung ist die Unterstützung Pakistans im Kampf gegen den Terrorismus. Die Drohnenangriffe in Pakistan dienen somit nicht nur der Unterstützung der NATO-Truppen in Afghanistan, sondern auch der Stabilisierung des Verbündeten Pakistan. Dieser islamische Staat hat eine säkulare Regierung und zugleich einen größeren Bevölkerungsanteil, der islamistisch radikalisiert ist. Die USA unterstützt die pakistanische Regierung, um eine gewaltsame Machtübernahme durch Fundamentalisten zu verhindern. Anlass zu besonderer Sorge ist die Gefahr, dass die pakistanischen Atomwaffen in die Hände von religiösen Fanatikern fallen könnten. Es gibt darum eine relativ enge Zusammenarbeit zwischen der amerikanischen und der pakistanischen Regierung bei der Bekämpfung des islamistischen Terrors, der eine konstante Bedrohung für Pakistans Regierung und die Bevölkerung darstellt. In Pakistan wurden mehrere hochrangige al Quaida-Mitglieder aufgefunden und gefangengenommen. Abgesehen von al Quaida operieren in Pakistan zwei weitere große Terrorgruppen; Lashkar-e-Taiba (LeT) und Tehrik-e-Taliban Pakistan (TTP), sowie eine Vielzahl kleinerer Terrorgruppen. Fundamentalistischer Terrorismus stellt daher ein ernsthaftes Problem für Pakistan dar. Nach Daten der Webseite *PakistanBodyCount* liegt die Zahl der Todesopfer durch Selbstmordanschläge in Pakistan seit 2000 bei zwischen 3.500 und 5.000.[43] Das *South Asia Terrorism Portal* beziffert die Todesopfer durch Terroranschläge in Pakistan von 2003 bis 2011 mit 15.660.[44]

Die entscheidende Frage ist, ob die amerikanischen Drohnenangriffe die Stabilität des Verbündeten Pakistans verbessert oder eher verschlechtert haben. Es gibt überzeugende Hinweise darauf, dass die amerikanischen Drohnenangriffe Pakistan weiter destabilisiert, die pakistanisch-amerikanischen Beziehungen geschädigt und zur weiteren Radikalisierung der pakistanischen Bevölkerung und deren Ablehnung der USA beigetragen haben. Terrorismusstatistiken für Pakistan zeigen einen deutlichen Anstieg von Terroranschlägen und von Todesopfern durch Terrorismus seit der Ausweitung der Drohnenangriffe 2009. In jenem Jahr stieg die Zahl der Terrorismusopfer auf den Rekordwert von 3315, und auch 2011 gab es mit 1354 Toten allein in Karachi einen neuen Höchstwert. Die Drohnenangriffe haben die Terrorbedrohung in Pakistan deutlich verschlimmert. Die Beziehungen zwischen den USA und Pakistan werden nicht zuletzt deswegen immer angespannter und haben mit der Operation gegen Osama bin Laden im Mai 2011 einen Tiefpunkt erreicht. Bereits nach der ›Raymond-Davis-Affäre‹, bei der ein privater CIA-Dienstleister im Januar 2011 zwei Pakistanis in Karachi auf offener Straße niederschoss, hat die pakistanische Regierung ein Ende der Drohnenangriffe verlangt.[45] Davis war möglicherweise der CIA-Koordinator für die Drohnenangriffe in Pakistan. Seine Verhaftung führte jedenfalls zu einer mehrwöchigen Aussetzung der Angriffe. Danach verwies Pakistan 335 Amerikaner des Landes. Im Juni 2011 hat Pakistan die USA angewiesen, einen Luftwaffenstützpunkt in Baluchistan zu verlassen, der als Basis für das CIA-Drohnenprogramm diente.[46] Die pakistanische Regierung steht unter erheblichem Druck von Seiten der pro-islamischen Bevölkerung, die die Drohnenangriffe und andere Verletzungen pakistanischer Souveränität und des pakistanischen Nationalstolzes nicht länger hinnehmen will. Eine Meinungsumfrage des *Pew Research Centers* von 2011 zeigt, dass 75 Prozent der Pakistani die USA negativ sehen und 97 Prozent der Pakistani Drohnenangriffe ablehnen.[47] Eine andere Meinungsumfrage deutet darauf hin, dass 60 Prozent der Pakistanis die USA als Feind betrachten.[48] Die Drohnenangriffe tragen also ganz offenbar zur Radikalisierung in Pakistan bei und helfen so den Taliban und al Quaida, etwaige Verluste leicht zu ersetzen.[49]

Ein Zusammenbruch der freundlichen Beziehungen zwischen den USA und Pakistan wäre für die USA ein strategischer Rückschlag. Die Präsenz westlicher Truppen in Afghanistan ist nur möglich, solange Material und Vorräte auf dem Landweg durch Pakistan nach Afghanistan transportiert werden können. Pakistan ist – ebenso wie Afghanistan – aufgrund seiner geographischen Lage, von großer geostrategischer Bedeutung für Südasien und Zentralasien, weil es Grenzen zu Iran, China und Indien hat. Würde Pakistan sein Bündnis mit den USA durch ein Bündnis mit China ersetzen, dann würde die USA entscheidend an Einfluss auf eine wichtige Weltregion verlieren. Ein Einsatz der Drohnen in anderen Staaten wie Jemen, Somalia und Mexiko könnte sich als ähnlich problematisch erweisen und die USA sehr viel Kooperationsbereitschaft und globalen Einfluss kosten. Damit kann man den Einsatz von Drohnen in strategischer Hinsicht also als sogenannten ›blowback‹ ansehen, d.h. eine unerwünschte Nebenwirkung einer verdeckten Operation.

›Gezielte Tötung‹ als kosteneffektive Kriegsführung?

Auch wenn taktische, operative und strategische Vorteile zweifelhaft sind, so gelten gezielte Tötungen zumindest als relativ kostengünstige Art der Kriegsführung, da sie hauptsächlich nachrichtendienstliche Kapazitäten erfordern und nur wenige konventionelle militärische Ressourcen. Auch wenn der Gesamterfolg dieses Mittels nicht immer greifbar oder messbar sei, so seien gezielte Tötungen von gefährlichen Individuen wenigstens billig. Es müssten keine oder nur wenige Truppen in das entsprechende Operationsgebiet gebracht werden, das militärische Risiko sei bei der Verwendung von

Drohnen und Marschflugkörpern denkbar gering, und zugleich könne der Gegner durch gezielte Tötungen erheblich unter Druck gesetzt werden. Mit anderen Worten, Drohnen bieten mehr »bang for the buck«, indem sie einen militärischen Gegner schwächen, ohne dass dafür Truppen oder erhebliche finanzielle Mittel mobilisiert werden müssten. Die finanziellen Kosten und ökonomischen Auswirkungen werden daher als relativ gering angesehen, besonders im Vergleich zur konventionellen Kriegsführung, und zu den Kosten von erhöhten Sicherheitsmaßnahmen gegen Terroranschläge. Eine Studie der Brown University errechnete die Gesamtkosten amerikanischer Militäroperationen seit September 2001 auf vier Billionen U.S.-Dollar.[50] Das Magazin *The Economist* hat geschätzt, dass der Heimatschutz in den USA von 2002 bis 2011 über eine Billion U.S.-Dollar gekostet hat oder über 100 Milliarden U.S.-Dollar jährlich kostet.[51] Für kleine Staaten mit einem Terrorismusproblem sind aufwändige Sicherheitsmaßnahmen ganz einfach unerschwinglich, was erklärt, warum Israel gezielte Tötungen zum zentralen Element der Terrorbekämpfungsstrategie gemacht hat. Terroristen gezielt zu töten ist billiger, als alle möglichen Terrorziele durch verstärkte Sicherheitsmaßnahmen zu schützen.

Auf der anderen Seite sind gezielte Tötungen im hochtechnisierten Stil der USA ebenfalls nicht gerade billig. 1998 feuerten die USA 66 *Tomahawk*-Marschflugköper zum Stückpreis von einer Million U.S.-Dollar gegen sechs Ziele in Afghanistan ab, hauptsächlich, um Osama bin Laden zu töten. Dies war mit den Worten von Richard Belfied »die deluxe-Version moderner Attentate«.[52] Die Verwendung von Drohnen für die Tötung von Terroristen ist weniger kostenintensiv, aber nicht viel, wenn man alle Kostenfaktoren einbezieht. Die Kosten pro *Hellfire-II*-Rakete liegen bei knapp 70.000 U.S.-Dollar. Dazu kommen die operativen Kosten für Luftwaffenstützpunkte in der Region, in der die Drohnen starten und landen, sowie das Bedienungspersonal und die Aufklärer am Boden, die Ziele aufspüren und die Drohnenangriffe vorbereiten. Außerdem haben Drohnen eine sehr viel höhere Verlustrate als bemannte Flugzeuge. Seit Beginn der amerikanischen Militäroperationen in Afghanistan 2001 sind sechs *Predator*-Drohnen zum Stückpreis von 4,5 Millionen U.S.-Dollar verlorengegangen.[53] Die *New America Foundation* schätzt daher, dass die etwa 118 Drohnenangriffe in Pakistan im Jahr 2010 jeweils etwa eine Million U.S.-Dollar gekostet haben.[54] Nach Daten des *Long War Journals* wurden insgesamt 801 Taliban/al Quaida-Mitglieder im selben Jahr getötet. Dies bedeutet Kosten von etwa 150.000 U.S.-Dollar pro getötetem Feind, wobei die Opfer zu 94 Prozent islamistische Fußsoldaten waren, nicht etwa Mitglieder der Taliban-/al Quaida-Führung. Das ergibt stolze 2,4 Millionen U.S.-Dollar pro Hochwertziel.

Erhebliche zusätzliche Kosten entstehen durch die Notwendigkeit, die pakistanische Regierung mit finanziellen Hilfeleistungen zu beschwichtigen. Im Jahr 2010 lag die Höhe der amerikanischen Hilfeleistung an Pakistan bei etwa 1,1 Milliarden U.S.-Dollar; vor der Ausweitung der Drohnenangriffe 2009 lag sie noch bei unter 500 Millionen U.S.-Dollar pro Jahr. Dies sind also 600 Millionen U.S.-Dollar an zusätzlicher Unterstützung, die vorrangig dazu diente, um die negativen Auswirkungen der Drohnenangriffe auf die pakistanische Regierung aufzufangen.[55] Damit liegen die tatsächlichen Kosten pro getötetem Taliban/al Quaida Mitglied in Pakistan bei mindestens 0,9 Millionen U.S.-Dollar bzw. 14 Millionen U.S.-Dollar pro Hochwertziel. Sollten Schadensersatzklagen der Familien von bei Drohnenangriffen in Pakistan getöteten Zivilisten gegen die U.S.-Regierung erfolgreich sein, dann würden unter Umständen weitere Kosten in Milliardenhöhe entstehen, da über die Jahre Hunderte von unschuldigen Zivilisten getötet wurden. Die Statistik wird noch schlechter, wenn man das gesamte Kostenverhältnis im Afghanistankrieg betrachtet. Die Besetzung Afghanistans kostete die USA 100 Milliarden U.S.-Dollar im Jahr 2010. Damit kostet ein getöteter Taliban das Pentagon im Schnitt 50 Millionen U.S.-Dollar, und die Tötung sämtlicher Taliban würde demnach 1,7 Billionen U.S.-Dollar kosten. Das wäre tausendmal mehr als die Kosten für einen getöteten Vietcong im Vietnamkrieg, die seinerzeit (in den 1960er Jahren) nach einer Rechnung der CIA bei 50.000 U.S.-Dollar lagen.[56]

Abgesehen von den direkten finanziellen Kosten für eine gezielte Tötungskampagne gibt es indirekte Kosten, die durch eine mögliche politische Isolation entstehen können. Sowohl die USA als auch Israel wurden international sehr stark für gezielte Tötungen kritisiert. Vor allem Israel hat die Ausweitung des gezielten Tötungsprogramms international sehr viel politischen Boden gekostet und zur Isolation des Staates beigetragen.[57] Die Tötung des Hamasführers Machmud Al Mabhou in Dubai im Januar 2010 hat zu weltweiter Entrüstung über Israel geführt. Großbritannien hat sogar angedroht, die Geheimdienstzusammenarbeit mit dem Mossad zu beenden, falls britische Ausweise bei der Mossad-Operation verwendet wurden.[58] Es ist schwer zu beurteilen, wie viel Israel wegen der Politik der gezielten Tötung an Handels- und anderen wirtschaftlichen Gelegenheiten verloren hat. Angesichts der fragwürdigen Effektivität dieses Instruments der Terrorismusbekämpfung ist der Verlust wahrscheinlich zu groß. Sind gezielte Tötungen als Kriegsstrategie also kosteneffektiv? Es sieht zumindest momentan nicht danach aus. Allerdings könnten die unmittelbaren Kosten durch die technische Weiterentwicklung von Drohnen und anderen Hightechwaffen für gezielte Tötungen mit der Zeit deutlich sinken.

Größere Reichweite und Ausdauer werden Stützpunkte im Operationsgebiet unnötig machen, und auch die Verlustrate von Drohnen wird sich mit der Zeit signifikant reduzieren. Dennoch ist wegen der vielfältigen negativen Wirkungen auf der strategischen Ebene Skepsis gegenüber der angeblichen Kosteneffektivität gezielter Tötungen geboten.

Fehlschläge

Gezielte Tötungen können erfolgreich sein, sie können aber auch zu Fehlschlägen werden, die die daran beteiligten Regierungen in ernste Verlegenheit bringen. Gezielte Tötungen können auf sehr unterschiedliche Weise fehlschlagen, sei es, dass operative Ziele nicht erreicht wurden oder dass sie überraschende und unbeabsichtigte Konsequenzen haben. Fehlschläge sind aufschlussreich, da sie öffentlich werden und damit in der Regel größere Einsicht gewähren, wie Regierungen in der Praxis gezielte Tötungen ausführen. Sie zeigen auch besonders deutlich den begrenzten Nutzen von gezielten Tötungen sowie die damit verbundenen hohen Risiken auf. Wenn es darum geht, die Effektivität von gezielten Tötungen zu verstehen, so gibt es kaum eine bessere Methode, als die größten oder zumindest bekanntesten Fehlschläge zu analysieren.

Der Vorfall in Lillehammer

Kaum ein Beispiel einer gezielten Tötungsoperation ist so eindeutig als Fehlschlag zu werten wie die sogenannte Lillehammer-Affäre. Die versehentliche Tötung des marokkanischen Obers Achmed Bouchiki im norwegischen Lillehammer gilt als einer der größten und bekanntesten Fälle von Versagen des sonst sehr auf Professionalität bedachten Mossad. Die Tötung fand im Kontext der Operation ›Zorn Gottes‹ statt, die die für den Anschlag auf die Münchener Olympiade verantwortlichen Mitglieder des *Schwarzen Septembers* zur Strecke bringen sollte. Nach der Münchener Olympiade töteten Mossad-Teams mutmaßliche palästinensische Terroristen in ganz Europa, bis der Vorfall in Lillehammer 1973 den Mossad zwang, fast fünf Jahre keine gezielten Tötungen mehr in Europa vorzunehmen. Die fehlgeschlagene Operation in Lillehammer zeigt sehr gut das Vorgehen des Mossad, die praktischen operativen Schwierigkeiten und auch die immensen politischen Risiken eines Fehlschlags.

Eine Priorität auf der Todesliste des Mossad war Ali Hassan Salameh, ein PLO-Fatahmitglied und Terrorplaner des *Schwarzen Septembers*, der auch bekannt war als Abu Hassan und ›der rote Prinz‹. Salameh gehörte zum inneren Kreis von PLO-Führer Jassir Arafat. Der Mossad unternahm mehrere Versuche, Salameh aufzuspüren und zu töten, aber scheiterte jedes Mal. Er organisierte seine Sicherheit sehr sorgfältig und umgab sich stets mit einer Vielzahl von Leibwächtern. Nach dem früheren Mossad-Offizier Victor Ostrovsky gelang es Salameh sogar, den Mossad mit Desinformation auf eine falsche Fährte zu locken.[59] Nach Mossad-Informationen sollte Salameh sich in einem skandinavischen Land mit Kamal Benaman, dem europäischen Verbindungsmann für *Schwarzer September*, treffen, um einen Terroranschlag in Skandinavien vorzubereiten.[60] Die Spur führte nach Lillehammer, dem Mossad-Team unter Operationsleiter Mike Harari fehlte es jedoch an detaillierten Informationen für die Vorbereitung der gezielten Tötung. Die Mossad-Überwachungsleute hielten also auf öffentlichen Plätzen, in Straßen, Kaffeehäusern und Hotellobbys nach Salameh und Benaman Ausschau.[61]

Innerhalb von einigen Tagen fanden sie einen Mann, der sich in einem Café mit zwei anderen Männern unterhielt und aufgrund seiner Ähnlichkeit mit dem Terrorboss als Salameh identifiziert wurde. Bei der weiteren Beobachtung stellte sich heraus, dass er französisch sprach, was den Verdacht verschärfte. Alles schien darauf zu deuten, dass der Mossad den Richtigen gefunden hatte. Deshalb wurde die Tötung autorisiert: Mossad-Agenten folgten der Zielperson zu einer Wohnung, und als die Zielperson abends gegen 20 Uhr zusammen mit einer schwangeren Frau die Wohnung in Richtung Kino verließ, beschlossen sie zuzuschlagen. Sie warteten, bis die beiden sich nach Ende des Films gegen 22:35 Uhr auf den Heimweg machten. Zwei Mossad-Offiziere sprangen aus einem Mazda-Leihwagen, und einer von beiden erschoss den mutmaßlichen Salameh mit einer Berettapistole.[62]

Die ganze Operation erwies sich als eine Serie von Pannen. Der Mossad hatte den Falschen getötet, und was noch schlimmer war: einige der Attentäter wurden von der norwegischen Polizei gefasst, bevor sie das Land verlassen konnten. Mossad-Teammitglieder benutzten denselben Fluchtwagen, um 24 Stunden später zum Flughafen zu fahren. Der Wagen (ein Peugeot) wurde von der Polizei auf einer aus Lillehammer herausführenden Straße beobachtet. Bei der Rückgabe des Leihwagens am Flughafen wurden zwei Mossad-Offiziere (Avraham Gemer und Sylvia Rafael) von der Polizei verhaftet. Die benutzten Deckidentitäten hielten der Polizeiuntersuchung nicht stand, und weitere vier Teammitglieder wurden verhaftet. Ein Teammitglied, Marianne Gladnikov, brach während des Polizeiverhörs zusammen und gab zu, für die israelische Regierung zu arbeiten. Sieben Monate später, im Februar 1974, wurden fünf der sechs Mossad-Offiziere zu Haftstrafen von zwei bis fünfeinhalb Jahren verurteilt. Der Teamführer Mike Harari und die beiden Attentäter konnten indes rechtzeitig entkommen. Für Israel war die fehlgeschlagene Operation eine Blamage und schädigte Israels Beziehungen zu Norwegen und anderen westlichen Staaten erheblich. Die israelische Regierung dementierte öffentlich, für den Vorfall verantwortlich gewesen zu sein. Allerdings zahlte die israelische Regierung der Familie des getöteten Obers Bouchiki 400.000 U.S.-Dollar Schadensersatz.[63] Die Lillehammer-Affäre führte dazu, dass Israel andere Methoden ausprobierte, um Terroristen unschädlich zu machen, darunter den Einsatz von Kampfflugzeugen.[64]

Der Litwinenko-Skandal

Die Tötung des russischen Dissidenten Litwinenko wird üblicherweise nicht mit anderen gezielten Tötungen von Staaten wie Israel oder den USA in Zusammenhang gebracht. Ein wesentlicher Grund dafür ist, dass Russland nie öffentlich zugegeben hat, für den Tod von Litwinenko verantwortlich zu sein, und gezielte Tötungen der USA und Israels verurteilt. Auch war Litwinenko weder Terrorist noch Kombattant, und alles deutet darauf hin, dass sein Tod ein politischer Mord im klassischen Sinn war. Dennoch ist dieser Fall hier relevant, da kurz vor dem Tod Litwinenkos das russische Parlament ein Gesetz verabschiedete, dass es dem russischen Präsidenten erlaubt, die Tötung von Terroristen oder ›Extremisten‹ außerhalb Russlands anzuordnen.[65] Nach diesem Gesetz ist nicht nur die gezielte Tötung von Personen erlaubt, die die russische Regierung stürzen wollen, sondern auch von denjenigen, die Massenunruhen verursachen oder für Rowdytum oder Akte von Vandalismus verantwortlich sind.[66] Es ist nicht schwer zu erkennen, warum die russische Regierung jemanden wie Litwinenko als einen ›Terroristen‹ oder ›Extremisten‹ betrachten würde. Aller Wahrscheinlichkeit nach wurde die Tötung von Litwinenko in London von Präsident Putin persönlich angeordnet.[67] Der Fall Litwinenko ist ebenfalls sehr interessant, weil er die immensen diplomatischen und politischen Kosten aufzeigt, die eine fehlgeschlagene oder verpfuschte gezielte Tötungsoperation mit sich bringt.

Litwinenko war ein ehemaliger Mitarbeiter des russischen FSB (der Nachfolgeorganisation des KGB), der 1998 entlassen wurde, weil er einen Mordplan gegen den abtrünnigen Oligarchen Boris Beresowski öffentlich aufdeckte. 2000 floh Litwinenko über die Türkei nach Großbritannien, wo er von dem nun in England lebenden Beresowski ein kleines Gehalt erhielt. In England schloss Litwinenko Freundschaft mit dem Tschetschenenführer Achmed Zakajew und veröffentlichte Zeitungsartikel auf der Webseite *Chechenpress.org*.[68] Er schrieb zusammen mit dem russischen Historiker Juri Felshtinski ein posthum veröffentlichtes und von Beresowski finanziertes Buch, in dem Litwinenko unter anderem den FSB und Putin beschuldigte, für eine Serie von Terroranschlägen in Moskau (die Bombenanschläge auf mehrere Wohngebäude im August 1999) verantwortlich zu sein.[69] Ohne Frage war Litwinenko für den Kreml, nicht zuletzt wegen seiner Verbindung zu Beresowski, ein beständiges Ärgernis. Am 1. November 2006 traf sich Litwinenko mit mehreren Geschäftsleuten aus der privaten Sicherheitsbranche in einer Londoner Bar. Wenige Stunden später zeigten sich Anzeichen einer Vergiftung, zwei Tage darauf wurde er in ein Krankenhaus gebracht, und innerhalb von 22 Tagen war Litwinenko tot. Im Krankenhaus beschuldigte Litwinenko die russische Regierung, ihn vergiftet zu haben. Tatsächlich wurden Spuren des radioaktiven Poloniums 210 in seinem Körper gefunden, von dem man annahm, dass es die Todesursache war. Die Entdeckung von Polonium war deshalb so erstaunlich, weil es als eines der seltensten Elemente in der Welt gilt, und es offenbar das erste Mal war, dass jemand in Großbritannien mit dieser radioaktiven Substanz vergiftet wurde.[70]

Da Litwinenko nur Wochen vor seiner Ermordung die britische Staatsbürgerschaft erhalten hatte und auf so ungewöhnliche Weise zu Tode kam, unternahm *Scotland Yard* eine sehr sorgfältige Untersuchung. Wäre das Polonium unentdeckt geblieben, wäre Litwinenkos Tod für immer ein Rätsel geblieben. Doch so wurde schnell offensichtlich, wie stümperhaft die gezielte Tötung des Dissidenten ausgeführt wurde. Die Spur des radioaktiven Poloniums konnte von *Scotland Yard* nach Moskau zurückverfolgt werden. Die britische Regierung verlangte die Auslieferung des russischen Ex-FSB-Mannes Andrei Lugovoi, der Litwinenko an dem Tag seiner Vergiftung in der Bar getroffen hatte. Doch da Russland kein Auslieferungsabkommen mit Großbritannien hat, wurde die Auslieferung verweigert. Seit der Litwinenko-Affäre sind die Beziehungen der beiden Länder erheblich gestört. Die britische Regierung hat vier russische Diplomaten ausgewiesen, und die russische Regierung verwies vier britische Diplomaten des Landes.[71] Der Kreml, falls er die Tötung Litwinenkos anordnete, hatte offenbar nicht damit gerechnet, dass Großbritannien deswegen die gemeinsamen Handels- und Wirtschaftsbeziehungen in Frage stellen würde. Der angerichtete diplomatische Schaden ist selbst nach fünf Jahren nicht behoben.

Der ›große Mann‹ und ähnliche Vorfälle

Sehr oft wird die *Predator*-Drohne in den Medien als unglaublich präzise dargestellt, und oft wird seitens der Presse angenommen, dass Drohnen Individuen aus großer Entfernung sicher identifizieren und ohne größere

Kollateralschäden töten können. Die Realität ist um einiges komplizierter. Seit die *Predator*-Drohne in der bewaffneten Version im Einsatz ist, also seit Oktober 2001, haben sich Vorfälle gehäuft, die zeigen wie fehlerhaft und unpräzise dieses Hightechwaffensystem in der Praxis sein kann. So entdeckten im Februar 2002 *Predator*-Piloten eine Gruppe von drei Männern in der afghanischen Paktia-Provinz. Einer dieser Männer war über 1,90 Meter groß und wurde darum als Osama bin Laden identifiziert, der für einen Araber ungewöhnlich hochgewachsen war. Die CIA-Piloten feuerten eine *Hellfire*-Rakete auf die Gruppe ab, die zwei Männer sofort tötete, der dritte starb auf dem Weg ins Krankenhaus. Das Pentagon verkündete zunächst, dass die getöteten Personen al Quaida-Mitglieder seien. Später stellte sich heraus, dass es sich um drei afghanische Bauern gehandelt hatte, die nach Altmetall von zerstörten Raketen gesucht hatten, das sie gegen Nahrung hatten tauschen wollen. Der frühere Verteidigungsminister Donald Rumsfeld kommentierte den tragischen Vorfall mit den Worten: »Die Leute, die für diese Entscheidung verantwortlich sind, haben sie im Glauben gefällt, dass sie tatsächlich alle al Quaida waren und dass sie ein zulässiges Ziel darstellten.«[72]

Es gibt eine lange Liste von Drohnenangriffen in Afghanistan und Pakistan, die versehentlich statt Kombattanten Zivilisten töteten. Weithin bekannt ist der Fall eines amerikanischen Luftschlags auf eine Hochzeitsfeier in der südafghanischen Provinz Shah Wali Kot im November 2008. Es ist unklar, wie viele Menschen ums Leben kamen. Schätzungen reichen von 30 bis 90 toten Afghanen, wovon die meisten Frauen und Kinder gewesen seien.[73] Der arabische Sender *Al Jazeera* behauptet sogar, dass »[i]n Afghanistan und Pakistan [...] Drohnenangriffe unzählige Kinder getötet und so viele Hochzeitsfeiern ausgelöscht [haben], dass dies zu einem makabren Scherz geworden ist.«[74]

2011 wurden zwei amerikanische Soldaten Opfer von ›friendly fire‹ durch eine *Predator*-Drohne in der afghanischen Helmand-Provinz. Eine Gruppe von Marinesoldaten wurde nachts von den Taliban beschossen. Sie forderten die Unterstützung einer *Predator*-Drohne an, um den Gegner zu lokalisieren. Leider identifizierten die Drohnenpiloten zwei U.S.-Soldaten, die als Verstärkung zu ihnen geschickt wurden, fälschlich als Taliban-Kämpfer. Der daraufhin erfolgende Raketenangriff tötete die beiden.[75] Eine Untersuchung des Pentagon ergab, dass die Ursache für den Fehler in einer Kommunikationslücke zwischen Drohnenpiloten, Bildauswertern und den Truppen am Boden bestand. Demnach war den Drohnenpiloten nicht bewusst, dass die Bildauswerter starke Zweifel an der Identität der Ziele hatten.[76]

2010 kam es zu einer peinlichen Anklage gegen die CIA durch den Chef einer in Massachusetts ansässigen Softwarefirma mit dem Namen *Intelligent Integration Systems Inc.* (IISI), die Software für geographische Lokalisierung entwickelt. Darin wird die CIA nicht nur beschuldigt, eine Raubkopie der Software für das CIA-Drohnenprogramm zu benutzen, sondern auch noch eine für den Zweck ungeeignete Software, da es ihr an Präzision mangelte. So konnte der Lokalisierungsfehler der angepeilten Ziele über 13 Meter betragen, was eine Ursache für hohe Kollateralschäden in Pakistan und eine hohe Anzahl getöteter Zivilisten sein könnte.[77] Besonders unangenehm für die CIA war der Hinweis des Leiters der technischen Abteilung von IISI, dass die CIA zur Eile gedrängt hatte und Software akzeptierte, die nicht funktionierte.

Die *Predator*-Drohnenpiloten haben oft zu wenige Informationen, um eine zutreffende Entscheidung darüber zu fällen, ob eine Person oder eine Personengruppe in die Kategorie der Kombattanten oder Zivilisten fällt. Inzwischen gibt es eine Vielzahl von Videoclips im Internet, die Bildmaterial von Drohnen während eines Angriffs zeigen. Die Videobilder sind oft zu verschwommen, um bestimmte Personen oder Gegenstände wie Waffen zuverlässig erkennen zu können. Es ist offensichtlich, dass den Drohnenpiloten beständig Fehler bei der Zielauswahl unterlaufen können. Diese taktischen Fehlschläge werden zu einem strategischen Fehlschlag, wenn der Gegner dies propagandistisch nutzt und eine Radikalisierung der betroffenen Bevölkerung die Folge ist, wie dies in Afghanistan und Pakistan der Fall zu sein scheint.

Fazit

Die militärische Effektivität gezielter Tötungen ist mehr als fragwürdig. Gezielte Tötungen können auf der taktischen und operativen Ebene funktionieren und einige kurzfristige Erfolge bringen, aber auf der strategischen Ebene ist dieser Ansatz überaus ineffektiv, wenn nicht sogar kontraproduktiv. Eine nähere Betrachtung von gezielten Tötungskampagnen in Israel, Afghanistan und Pakistan zeigt, dass es in einem Fall (Israel) keine klare Korrelation zwischen gezielten Tötungen und Terroranschlägen gibt und in zwei Fällen (Afghanistan und Pakistan) gezielte Tötungen zu einer Eskalation von Gewalt führten. Die Anzahl von Fällen, in denen durch die Eliminierung von bestimmten Führungsfiguren der Zusammenbruch von gegnerischen Organisationen oder eine gewünschte Änderung von deren Verhalten bewirkt wurde, ist sehr gering. Im Gegenteil können gezielte Tötungen verbündete Staaten weiter destabilisieren und zur internationalen Isolation des Staates führen, der eine Strategie gezielter Tötung verfolgt. Schließlich trifft es auch nicht zu, dass gezielte Tötungen notwendigerweise eine sehr viel kostensparendere Form der Kriegsführung seien. Im Fall der Drohnenangriffe in Pakistan sind die Kosten geradezu exorbitant und stehen in keinem Verhältnis zum militärischen und politischen Nutzen. Fehlschläge wie die Mossad-Operation in Lillehammer, der Litwinenko-Skandal und die zahlreichen Fälle von falsch identifizierten Individuen bei Drohnenangriffen in Afghanistan und Pakistan zeigen, wie schwierig es in der Praxis ist, a) das richtige Ziel auszuschalten, b) einen internationalen Skandal zu vermeiden und c) die Weltöffentlichkeit davon zu überzeugen, dass Fehlschläge tragische Einzelfälle sind und nicht oft vorkommen.

6. GEFAHREN UND ZUKUNFT

Wie sieht die Zukunft des Krieges aus, und welche Rolle werden gezielte Tötungen in den Kriegen der Zukunft spielen? Kriege und Konflikte von Staaten sowohl gegen nichtstaatliche Akteure als auch gegen andere Staaten werden zunehmend verdeckt ausgetragen, und gezielte Tötungen könnten hierfür ein überaus geeignetes Mittel sein. Obwohl gezielte Tötungen als Terrorismus- und Aufstandsbekämpfungsstrategie ineffektiv und teuer sind, könnten Regierungen der Versuchung erliegen, politische und militärische Ziele mit Hilfe von selektiven Tötungen zu verfolgen, allein schon weil die technischen und organisatorischen Mittel dazu bereits vorhanden sind. Zudem sind die Chancen, Attentate so durchführen zu können, dass die Verantwortung im Nachhinein abgestritten werden kann, dank verbesserter Technik sehr viel höher als noch vor zehn Jahren. Vieles deutet darauf hin, dass das traditionelle Verbot von Attentaten aufgeweicht wird. Regierungen werden daher weniger Beschränkungen auferlegt sein, Individuen, die sie als gefährlich oder einfach nur als unerwünscht ansehen, zu ›neutralisieren‹. Die technischen Möglichkeiten für effiziente und erfolgreiche gezielte Tötungen werden Regierungen und nichtstaatliche Akteure zunehmend mit Optionen ausstatten, auf Entfernung risikolos und sogar heimlich zu töten. Die unkontrollierbare Eskalation von ›Konflikten niedriger Intensität‹, die versehentliche Auslösung von Atomkriegen oder die Gefahr, dass der globale Krieg gegen den Terror zur endlosen begrenzten weltweiten Intervention wird, sind mögliche Folgen. Die Evolution des Krieges im Nanotechnologie-

Zeitalter bedeutet, dass die Waffen der Zukunft nicht unbedingt Großwaffensysteme mit enormer Zerstörungsfähigkeit sind, sondern sehr viel wahrscheinlicher Kleinstwaffensysteme, deren Zweck der Angriff auf Individuen ist. In Nanokriegen werden Menschen und nicht militärische/wirtschaftliche Objekte zum Hauptziel. Dies kann im Extremfall Strategien der selektiven Massenvernichtung ermöglichen, also der hochgradig selektiven Tötung einer sehr großen Anzahl von Menschen zum Zweck der politischen Kontrolle von Bevölkerungen und deren Umgestaltung nach ideologischen und sozialtechnischen Gesichtspunkten.

Die Verbreitung der Praxis

Es gibt derzeit wenige Staaten, die gezielte Tötungen von Terroristen offen praktizieren. Diese Staaten, vor allem Israel und die USA, wurden und werden für diese Praxis sehr stark von der internationalen Staatengemeinschaft kritisiert. Spürbar ist aber auch eine schleichende Akzeptanz, was darauf hinweisen könnte, dass viele Regierungen insgeheim gezielte Tötungen als legitim und effektiv betrachten. Die deutsche Bundesregierung hat sich etwa mit Kommentaren zur Legalität gezielter Tötungen sehr zurückgehalten. Nach dem Bekanntwerden der Existenz der ›Einsatzgruppe 373‹ durch *Wikileaks* im Juli 2010, die in Afghanistan gezielte Tötungen durchführt, hat Außenminister Guido Westerwelle allerdings erklärt, dass gezielte Tötungen in Afghanistan völkerrechtlich legal seien.[1] Es besteht die Gefahr, dass internationale Normen im Hinblick auf Attentate und außergerichtliche Hinrichtungen aufgeweicht werden könnten und gezielte Tötungen zu einem ganz normalen Bestandteil der Außen- und Sicherheitspolitik werden. So hat die gezielte Tötung von Osama bin Laden in Abottabad, Pakistan, im Mai 2011 interessanterweise nicht zu einer Kritik der USA seitens anderer Regierungen geführt,[2] obwohl die Operation außerhalb eines Kriegsgebiets und ohne ausdrückliche Erlaubnis von Pakistan stattfand, was allein schon erhebliche Zweifel an der Legalität der Operation aufwirft.[3] Das *National Security Journal* der Universität Harvard behauptet einfach, dass die Frage der Legalität nur »akademisch« sei, da »es unangemessen ist, in Sekundenbruchteilen in der Hitze des Gefechts getroffene Entscheidungen der Navy SEALs in Zweifel zu ziehen«, und dass »die Frage … von geringem Interesse [ist] für die Millionen in der Welt, die entweder den Tod des Mannes bejubelten oder bedauerten.«[4] Ähnliche Ansichten finden sich quer durch die internationale Presse, was bedenklich ist, da die Rechtfertigung der Tötung Osama bin Ladens dazu benutzt werden könnte, um weltweit unzählige andere ›Osamas‹ zu töten. Ein Informationspapier zur Legalität der Operation der Rechercheabteilung der Bibliothek des britischen Unterhauses kommt zu dem Ergebnis, dass die Frage nicht endgültig entschieden werden kann, da wichtige Details der Operation nicht öffentlich bekannt sind. Das Informationspapier enthält die Vermutung, die Tötung bin Ladens habe »signifikante Auswirkungen für die zukünftige Politik in Bezug auf al Quaida, auf Libyen und andere Staaten … Einige der Argumente, die vorgebracht wurden, um bin Ladens Tötung als gesetzeskonform darzustellen, könnten auch angewendet werden, sollten [NATO-] Koalitionskräfte Oberst Gaddafi töten.«[5] Die Tötung Osama bin Ladens könnte eine Trendwende darstellen und eine zunehmende Zahl von Staaten ermutigen, eigene Tötungsprogramme zu entwickeln, um Staatsfeinde im In- und Ausland auszuschalten und sie auf diese Weise »der Gerechtigkeit zu überantworten«.

Außergerichtliche Hinrichtungen von Regimegegnern

Außergerichtliche Hinrichtungen von Regimegegnern und Oppositionellen im In- und Ausland durch autoritäre Regierungen sind in der Geschichte des modernen Staates keine Seltenheit. Es gibt einige berühmte Beispiele wie die Ermordung von Leo Trotzki durch Stalins NKWD in Mexiko City 1940 oder die Ermordung des bulgarischen Dissidenten Georgi Markow durch den bulgarischen Geheimdienst 1978 in London. Sechs südamerikanische Staaten betrieben in den 1970er und 1980er Jahren sogar ein weltweites Tötungsprogramm. Die Gefahr besteht darin, dass Regierungen Regimegegner und regierungskritische Journalisten als ›Terroristen‹ brandmarken könnten, um sie dann ohne Gerichtsverhandlung und ohne weitere öffentliche Untersuchung einfach zu ermorden. Gerade im Hinblick auf das amerikanische Tötungsprogramm für mutmaßliche al Quaida-Terroristen gibt es ein wachsendes Unbehagen bei den Bürgerrechtsgruppen wie der *American Civil Liberties Union* (ACLU) darüber, dass »der amerikanische Präsident [...] die unkontrollierte Autorität [beansprucht,] die Namen von Bürgern und anderen – auf der Grundlage einer geheimen Feststellung, die wiederum auf geheimen Beweisen dafür basiert, dass die Person einer geheimen Definition von Feind entspricht – auf ›Todeslisten‹ zu setzen.«[6] Der strittige Punkt ist hier die Möglichkeit einer schleichenden Ausweitung von gezielten Tötungen auf eigene Staatsbürger im In- und Ausland unter dem Vorwand der Terrorismusbekämpfung. Es wird zudem befürchtet, dass die Kategorie ›Terrorist‹ zunehmend ausgedehnt wird und damit irgendwann auch legitimen gewaltlosen Protest umfassen könnte. So bezeichnete ein Handbuch des U.S.-Verteidigungsministeriums von 2009 politischen Protest als »Terrorismus niedriger Stufe«.[7] Die Gruppe der eventuell zu tötenden Terroristen beschränkt sich im Westen auch längst nicht mehr auf islamistische Selbstmordattentäter, sondern erstreckt sich auf Personen, die Regierungen kritisieren und Staatsgeheimnisse veröffentlichen. Eine Mediendebatte darüber scheint bereits begonnen zu haben. So riefen *Fox News* und einige andere konservative Medien zur gezielten Tötung von *Wikileaks*-Gründer Julian Assange auf.[8] Der Fox-Kommentator Bob Beckel erklärte, dass Assange jedes Gesetz der Vereinigten Staaten gebrochen habe und ein Verräter sei, den man am besten illegal erschießt, ungeachtet der Tatsache, dass Assange Australier ist und seinen ›Verrat‹ außerhalb der USA beging. Der frühere republikanische Fraktionschef im Repräsentantenhaus und Präsidentschaftskandidat Newt Gingrich ging sogar soweit, Assange als »feindlichen Kombattanten« zu bezeichnen, den man jagen und exekutieren sollte.[9] Somit besteht zumindest die Gefahr, dass auch prominente Journalisten, Aktivisten und Regierungskritiker seitens westlicher Regierungen als legitime Ziele für gezielte Tötungen angesehen werden könnten, sofern sie Informationen enthüllen, die eine wie auch immer geartete Bedrohung der nationalen Sicherheit darstellen bzw. die Legitimität der existierenden politischen Ordnung in Frage stellen.

Auch wenn die USA das Instrument der gezielten Tötung nur »klug und gegen angemessene militärische Ziele« einsetzt, wie der Harvard-Jurist Alan Dershowitz hofft, so ist dennoch zu befürchten, dass eine Vielzahl anderer Staaten unter dem Deckmantel der Terrorismusbekämpfung ebenfalls von dem Recht Gebrauch machen möchten, Staatsfeinde im Ausland auszuschalten oder zu diesem Zweck im Inland Todesschwadronen zu benutzen. Mit welchem Recht könnten die USA und deren Verbündete andere Staaten kritisieren, die ebenfalls ›Terroristen‹ gezielt töten? Eine wachsende Zahl von

Staaten macht bereits von solchen Methoden Gebrauch, um neben echten Terroristen zugleich auch unbequeme Oppositionelle auszuschalten. So gibt es zahlreiche Berichte von Todeschwadronen im Irak, die bei nächtlichen Überfällen vermutete Aufständische und politische Gegner in deren Häusern töten.[10] Die russische Regierung hat nicht nur tschetschenische Terroristen in Tschetschenien gezielt getötet, sondern auch mehrere Terroristen im Ausland, wie den tschetschenischen Warlord Selimkhan Jandarbiew, dessen Auto 2004 in Katar explodierte.[11] Besorgniserregender ist allerdings die Ermordung zahlreicher regierungskritischer Journalisten in Putins Russland. Die Ermordung der auch im Westen bekannten Journalistin und Buchautorin Anna Politkowskaja im Oktober 2006 erfolgte nur Wochen nach der Polonium-Vergiftung Litwinenkos. Die Umstände ihres Todes und die Reaktion des Kremls lassen auf eine staatlich angeordnete Tötung oder zumindest eine Verbindung zum FSB schließen.[12] So wird ein Instrument der Terrorismusbekäpfung sehr leicht zu einem Instrument des staatlichen Terrors und politischer Unterdrückung.

Die Proliferation von Attentatswaffentechnik

Es gibt derzeit nur wenige Staaten, die über die notwendigen militärischen Mittel (speziell ausgebildete und ausgerüstete Spezialkräfte und intelligente Waffensysteme für Präzisionsangriffe) für die weltweite Durchführung gezielter Tötungen verfügen, doch dies könnte sich durch die Weiterverbreitung und Weiterentwicklung von existierender Attentatswaffentechnik sehr bald ändern. Über 50 Staaten verfügen bereits über die Technologie, um Aufklärungsdrohnen zu bauen und möglicherweise zu bewaffnen. Führende Entwickler von Drohnen sind neben den USA Israel, Großbritannien, Russland und China. Selbst Iran hat im Sommer 2010 eine bewaffnete Drohne, die von Präsident Ahmadinedschad als ›Botschafter des Todes‹ bezeichnet wurde, vorgestellt. Angeblich verfügt die offiziell als *Karrar* bezeichnete Drohne über eine Reichweite von 1.000 km und die Fähigkeit, 500 kg an Waffen (Bomben und Raketen) zu tragen.[13] Die iranische Drohne wird zwar vom Westen als »Botschafter geringen Schadens gegen unbeabsichtigte Ziele« verspottet,[14] aber andere potenzielle Gegner des Westens, insbesondere China und Russland, arbeiten bereits an hochentwickelten bewaffneten Drohnen mit ähnlichen Leistungsmerkmalen wie die der *Predator*-Drohne. Die 2011 offiziell vorgestellte chinesische *WJ-600*-Drohne hat ein Jet-Triebwerk und kann mehrere Lenkraketen tragen. Die Chinesen bauen hochentwickelte Drohnen für den Export in Länder, die wegen Exportbeschränkungen keine Drohnen von westlichen Herstellern erhalten könnten.[15] Russland hat dagegen noch keinen funktionierenden Prototypen einer bewaffneten Drohne, aber es dürfte nur eine Frage der Zeit sein, bis russische Drohnen zu einem Verkaufsschlager werden.

Die USA sind zum Teil selbst für die Weiterverbreitung der Technologie verantwortlich. Der Hersteller des *Predators*, General Atomics, hat bereits die bewaffneten *Predator*- und *Reaper*-Drohnen an einige verbündete Staaten geliefert: an Großbritannien, Italien und die Türkei. Eine Reihe anderer Staaten hat die *Predator*-Drohne bestellt, und zwar Pakistan, Saudi-Arabien, die Vereinigten Arabischen Emirate, Irak, Indien und Japan. »Einige Länder, einschließlich Israel, Russland, Türkei, China, Indien, Iran, Großbritannien und Frankreich, besitzen entweder Drohnen mit der Fähigkeit, lasergelenkte Raketen mit einem Gewicht von 35 bis 100 Pfund abzuschießen, oder streben es an.«[16] Selbstverständlich können *Predator*-Drohnen und ähnliche Modelle auch für die konventionelle Kriegsführung benutzt werden, wie zum Beispiel bei der NATO-Luftkampagne in Libyen. Betrachtet man aber die Liste der Staaten, die an dieser Waffentechnik interessiert sind, so wird klar, dass die meisten dieser Staaten ein Terrorismusproblem haben und diese Drohnen darum vor allem für gezielte Tötungen benutzen könnten.[17] Außerdem sind bewaffnete Drohnen wie *Predator* in der Regel zu langsam und zu schlecht bewaffnet, um in einem konventionellen Konflikt gegen einen Gegner, der ein Luftverteidigungssystem hat, von allzu großem Nutzen zu sein. Der Trend hin zu Mikrodrohnen und immer kleineren Raketen und anderen Waffensystemen für hochpräzise Punktangriffe weist eher darauf hin, dass viele moderne Streitkräfte sehr stark an der Fähigkeit, gezielte Tötungen über große Entfernungen auszuführen, interessiert sind.

Mikrodrohnen mit der Größe von Modellflugzeugen liegen schon seit Längerem in der technischen Reichweite von nichtstaatlichen Akteuren wie Terrorgruppen, und es ist überaus wahrscheinlich, dass innerhalb von wenigen Jahren die meisten der modernen Streitkräfte der Welt (im Besonderen deren Spezialkräfte) bewaffnete Mikrodrohnen für gezielte Angriffe gegen Individuen in ihren Arsenalen haben werden. So konnten sogar die libyschen Rebellen eine Mikrodrohne im Wert von 120.000 U.S.-Dollar von einer kanadischen Firma kaufen, um sie zur Aufklärung gegen Gaddafis Truppen einzusetzen.[18] Solche Mikrodrohnen unterliegen als ›dual-use‹-Produkte nur wenigen Exportbeschränkungen und können sehr leicht zu Waffen umgebaut werden, indem sie entweder mit Sprengstoff oder mit Raketen/Schusswaffen ausgestattet werden. Es ist somit nur eine Frage der Zeit, bis Privatfirmen und Terroristen die Technologie nutzen, um gezielte Tötungen bzw. Attentate auszuführen.[19]

Private Sicherheitsfirmen als Dienstleister für gezielte Tötungen

Private Sicherheitsfirmen und Rüstungskonzerne spielen bereits heute eine kritische Rolle im Tötungsprogramm der USA. Nach den Anschlägen vom 11. September hat die Regierung Bush gezielte Tötungen von Terroristen weltweit autorisiert und sogar erwogen, gezielte Tötungen ganz an Privatfirmen auszulagern. Die CIA entwickelte daher 2004 den Plan, das Programm der gezielten Tötungen an die Firma *Blackwater* zu übergeben, der im Juli 2009 von dem derzeitigen CIA-Direktor Leon Panetta öffentlich bekanntgegeben wurde. Allerdings betonte Panetta, dass diese Pläne nicht umgesetzt wurden.[20] Ebenfalls bekannt ist, dass *Blackwater* von der CIA beauftragt wurde, CIA-Personal für gezielte Tötungen auszubilden und Operationen dieser Art zu planen, da es der CIA an geeignetem Personal mangelte.[21] Der Journalist und *Blackwater*-Experte Jeremy Scahill hat darauf hingewiesen, dass *Xe/Blackwater* sehr stark in Pakistan vertreten war und dort für die CIA und das amerikanische Vereinte Spezialkräftekommando (U.S. *Joint Special Operations Command* oder JSOC) verdeckte Operationen durchführte, ganz besonders in Verbindung mit dem CIA/JSOC-Drohnenprogramm in Pakistan. So soll *Xe* nicht nur die *Predator*-Drohnen auf dem geheimen Luftwaffenstützpunkt Shamsi in Baluchistan mit Raketen bestückt, sondern auch die Drohneneinsätze geplant und koordiniert haben. Darüber hinaus arbeitete *Xe* nach Scahill auch für eine pakistanische Sicherheitsfirma und soll in dieser Eigenschaft an Antiterroreinsätzen teilgenommen haben. Neben *Xe* ist auch noch eine Vielzahl anderer Sicherheits- und Rüstungsfirmen an den Drohnenangriffen beteiligt, so etwa der weltgrößte Rüstungskonzern *Lockheed Martin*, der nach den Worten des Enthüllungsjournalisten Tim Shorrock »Leute lokalisiert und *Predator*-Angriffe durchführt.«[22]

Regierungen sind anscheinend vor allem deshalb bereit, gezielte Tötungen an Privatfirmen auszulagern, da dies die Verbindung zur verantwortlichen Regierung verschleiert und die Operationen leichter abgeleugnet werden können. Falls ein privater Sicherheitsdienstleister im Zusammenhang mit einer gezielten Tötung verhaftet wird, kann die auftraggebende Regierung jegliches Wissen und jede Verantwortung abstreiten. Darum sollten nach Plänen der Bush-Regierung ausländische *Xe*-Agenten für gezielte Tötungseinsätze eingesetzt werden, um diese im Fall eines peinlichen Fehlschlags glaubwürdig abstreiten zu können.[23] Viele Wissenschaftler sind sich einig, dass Privatfirmen nicht mit gezielten Tötungen beauftragt werden oder auch nur eine wesentliche Rolle bei solchen Operationen spielen sollten. Die demokratische Kontrolle und Aufsicht von privatisierten Attentaten können kaum gewährleistet werden, und die Gefahr eines Missbrauchs erhöht sich in diesem Fall ganz erheblich. Der frühere CIA-Agentenführer und Buchautor Ishmael Jones hat darauf hingewiesen, dass es für »CIA-Vertragspersonal keine Aufsicht und keine Rechenschaftspflicht gibt.«[24] Scahill hat in einem Fernsehinterview sogar die Vermutung geäußert, dass führende Mitglieder der Obama-Regierung wegen der großen Geheimhaltung auf Seiten von JSOC und *Xe* nicht in wesentliche Aspekte des Drohnenprogramms eingeweiht sein könnten.[25] Dies könnte bedeuten, dass Privatfirmen wie *Xe* weltweit Attentate auf Personen verüben können, die nicht von den höchsten Regierungsstellen autorisiert sind und die keinerlei oder nur geringerer Kontrollen und Aufsicht unterliegen. Es besteht eine sehr konkrete Gefahr, dass demokratische Regierungen das Instrument der gezielten Tötung missbrauchen könnten, wenn es wegen des

Engagements von Privatfirmen keine klare Zurechenbarkeit und somit keine wirksame demokratische Kontrolle darüber gibt.

Unkontrollierbare Eskalation

Gezielte Tötungen werden vor allem in sogenannten ›Konflikten geringerer Intensität‹ mit nichtstaatlichen Gegnern wie Terroristen, Guerillas und Verbrechenssyndikaten vorgenommen. Bei genauerer Betrachtung und im Hinblick auf die Anzahl von Todesopfern erscheint der Begriff ›Konflikt geringerer Intensität‹ als eine verharmlosende Charakterisierung dieser bewaffneten Konflikte. Gezielte Tötungen können leicht zu einer unkontrollierbaren Eskalation von Konflikten führen durch sich ausweitende geheime Kriege, die Eskalation zum offenen Staatenkrieg und die Gefahr eines endlosen ›Krieges gegen den Terror‹.

Geheime Kriege

Es gibt im eigentlichen Sinn keine Kriege mehr im Staatensystem, nur noch Interventionen, die offiziell als Polizeiaktionen gelten. Militärische Interventionen in anderen Staaten sind aber überaus teuer und oft moralisch schwer zu rechtfertigen. Seit Jahrzehnten ist daher die Tendenz erkennbar, Kriege im Geheimen und auf abstreitbare Weise durchzuführen. Die CIA hat während des Kalten Krieges Dutzende von geheimen (und nicht so geheimen) Kriegen ausgetragen, indem sie Guerillakräfte in Stellvertreterkriegen aufgestellt, bewaffnet und oft auch operativ geführt hat, etwa in Südostasien, Angola, Afghanistan und Nicaragua.[26] Seit Ende des Kalten Krieges sind es vor allem Spezialkräfte des Vereinten

Spezialkräftekommandos (JSOC) der USA, die weltweit Militärinterventionen durchführen, die nicht zurückverfolgt werden können und verbündete Streitkräfte in der Aufstandsbekämpfung unterrichten, also in puncto Kommandoüberfällen, Verhörmethoden bzw. Folter und Attentatstechniken.[27] In dieser Hinsicht berüchtigt wurde die *School of the Americas* in Fort Benning, Georgia, in der Elitesoldaten der lateinamerikanischen Spezialkräfte ausgebildet wurden. Diese wurden später oft zu Mitgliedern von Todesschwadronen in ihren jeweiligen Heimatländern.[28] Mitglieder von verdeckt operierenden U.S.-Spezialkräften haben besonders im Kontext des Drogenkriegs in Lateinamerika zahlreiche gezielte Tötungen durchgeführt oder waren maßgeblich an solchen Operationen in den jeweiligen Staaten beteiligt.

Der Einsatz von Spezialkräften bei verdeckten Operationen und beim Führen geheimer Kriege unterliegt nicht denselben verfassungsrechtlichen Beschränkungen und vergleichbaren demokratischen Kontrollen wie verdeckte Operationen der CIA, was sie besonders attraktiv machte für das Führen eines weltweiten, weitgehend geheimen Krieges gegen den Terror.[29] Präsident Obama hat die Schattenkrieger noch sehr viel mehr für gezielte Tötungen eingesetzt als sein Vorgänger, um al Quaida und Taliban-Mitglieder im Irak, in Afghanistan, Pakistan und im Jemen zu töten.[30] Mit dem seit 2006 eskalierenden Drogenkrieg in Mexiko drängt das Vereinte Spezialkräftekommando (JSOC) darauf, ›bewährte‹ Methoden wie nächtliche Überfälle und Drohnenoperationen gegen die mexikanischen Drogenkartelle zum Einsatz zu bringen.[31] In der Tat fliegen (derzeit noch unbewaffnete) *Predator*-Drohnen bereits seit 2009 über Mexiko,[32] und es befindet sich eine unbekannte Anzahl von U.S.-Spezialkräften in Mexiko, um mexikanische Eliteeinheiten in gezielten Tötungen auszubilden.[33] Es ist offenbar nicht das erste Mal, dass die USA versucht, den Drogenkrieg in Mexiko auf diese Weise zu entscheiden. Die CIA und U.S.-Spezialkräfte bildeten Mitglieder der mexikanischen Spezialkräfte in Antidrogenoperationen und Aufstandsbekämpfung aus. Einige der von Amerikanern ausgebildeten mexikanischen Elitesoldaten formierten sich 1999 zu einer Söldnergruppe im Dienst der Kartelle mit Namen *Los Zetas*. Die *Zetas* sind inzwischen selbst zu einem der größten und gefürchtetsten Drogenkartelle in Mexiko geworden. Sie sind für einige der brutalsten Terrorakte im mexikanischen Drogenkrieg verantwortlich, zum Beispiel für den Anschlag auf ein Kasino in Monterey im August 2011, bei dem 52 Menschen getötet wurden. Inzwischen sind die *Zetas* aber selbst bedroht durch eine Gruppe, die sich *Mata Zetas* oder *Zetas-Killer* nennt, die systematisch die *Zetas*-Mitglieder ermordet.[34] Die mexikanische Regierung bestreitet jegliche Verbindung zu *Mata Zetas*, aber es scheint zumindest, dass diese militärisch oder polizeilich ausgebildet wurden.[35]

Das JSOC führt derzeit verdeckte Operationen in über 75 Staaten der Welt durch und plant, bis Ende 2011 in 120 Staaten der Welt aktiv zu sein.[36] Dies bedeutet eine ganz erhebliche Ausweitung der amerikanischen geheimen Kriegsführung seit Ende des Kalten Krieges und zeigt, dass zukünftige Kriege vor allem verdeckt und gegen nichtstaatliche Akteure geführt werden. Gezielte Tötungen sind abgesehen von Entführungen, Folter und Terrorakten unter falscher Flagge ein wesentliches Element geheimer Kriegsführung.

Eskalation zum Staatenkrieg

Was als eine begrenzte militärische Operation gegen nichtstaatliche Akteure beginnt, kann unter Umständen sehr leicht zu einem Staatenkrieg eskalieren. Das Risiko einer unkontrollierbaren Eskalation ist der Grund, warum es Staaten normalerweise vermeiden, begrenzte Militäraktionen in anderen Staaten durchzuführen. Drohnen und Marschflugkörper geben Politikern allerdings neue verführerische begrenzte militärische Mittel in die Hand. So können damit bestimmte Staatsfeinde im Ausland beseitigt oder andere begrenzte militärische bzw. politische Ziele verfolgt werden. Diese Mittel können in strategischer Hinsicht aber auch kontraproduktiv sein und im schlimmsten Fall vormalige Verbündete zu Feinden machen. So reagierte Pakistan nach dem Überfall auf das Haus von bin Laden in Abbottabad überaus verärgert und drohte sogar mit Vergeltung bei Wiederholung eines solchen ungenehmigten amerikanischen Militäreinsatzes auf pakistanischem Hoheitsgebiet.[37] Pakistan scheint besonders besorgt zu sein, dass amerikanische Spezialkräfte, unter dem Vorwand von Antiterroreinsätzen, versuchen könnten, pakistanische Atomwaffen zu stehlen oder zu neutralisieren.[38]

Es besteht zudem die Gefahr eines ›versehentlichen Krieges‹, sollten begrenzte Militäraktionen in anderen Staaten als Auftakt zu einem massiven Angriff fehlinterpretiert werden. So stellten die westlichen Aufklärungsflüge nahe dem sowjetischen Luftraum während des Kalten Krieges ein beständiges Risiko dar, da die Sowjets diese als Kriegsakte interpretieren oder die Aufklärungsflugzeuge, die in den 1940er und 1950er Jahren nichts anderes als umgebaute Bomber waren, als Vorhut eines massiven westlichen Überraschungsangriffs hätten missdeuten können. Ähnlich könnte es sich mit dem Einsatz von Drohnen, Marschflugkörpern, konventionellen Interkontinentalraketen und unbemannten Hyperschallflugzeugen für High-tech-Attentate verhalten. Die USA entwickeln derzeit in diesem Kontext das sogenannte *Prompt-Global-Strike*-Konzept, das es dem amerikanischen Militär ermöglichen soll, weltweit jedes beliebige Ziel innerhalb von einer Stunde mit konventionellen Waffen anzugreifen.[39] Dahinter steckt die Idee, dass es dem amerikanischen Präsidenten möglich sein sollte, auf zeitkritische Informationen über den genauen Aufenthaltsort eines Terroristen wie bin Laden oder über eine Massenvernichtungswaffe auf dem Weg in die USA für einen Terroranschlag, schnell mit einem gezielten Raketenangriff reagieren zu können. Als problematisch gilt, dass *Prompt Global Strike* derzeit nur als mit konventionellen Gefechtsköpfen umgebaute Interkontinentalrakete bereitsteht. Obwohl Staaten wie Russland oder China leistungsfähige Frühwarnsysteme haben, die den Start bzw. Anflug einer Interkontinentalrakete feststellen können, haben sie dennoch keine Möglichkeit, herauszufinden, ob eine amerikanische Interkontinentalrakete nun mit einem atomaren oder einem konventionellen Sprengkopf bestückt ist oder die Rakete das eigene Territorium angreift oder nur überfliegt.[40] Kritiker fürchten, dass *Prompt Global Strike* die Gefahr eines versehentlichen (Atom-)Kriegs erheblich erhöht. Selbst wenn in einigen Jahren die Technologie vorhanden ist, eine globale Angriffswaffe als unbemanntes Hyperschallflugzeug zu entwickeln, so bleibt das Grundproblem bestehen: Es gibt in der Anflugphase keine Möglichkeit, Natur und Zweck des Angriffs festzustellen, was sehr leicht einen Vergeltungsschlag eines potenziellen Gegners provoziert. Russland fürchtet zudem, dass konventionelle Interkontinentalraketen oder andere hochentwickelte konventionelle Waffen benutzt werden könnten, um russische Raketensilos anzugreifen und die russische nukleare Abschreckung zu untergraben.[41] Mit anderen Worten, die Fähigkeit, global Terroristen angreifen zu können, wie sie derzeit von den Amerikanern weiter ausgebaut wird, wird von einigen Staaten als überaus bedrohlich und provokativ angesehen. So würde sich darum am Ende die Gefahr einer unkontrollierbaren Eskalation zum Staatenkrieg bzw.

zum Atomkrieg als Folge von fehlgedeuteten begrenzten militärischen Operationen gegen nichtstaatliche Akteure erhöhen.

Krieg ohne Ende?

Kritiker des Drohnenkriegs haben häufig darauf hingewiesen, dass Drohnen es technisch hochentwickelten Staaten sehr leicht machen, weltweit Militärschläge gegen staatliche und nichtstaatliche Akteure durchzuführen. Dies könnte eine Zunahme von Kriegen oder zumindest Zunahme kriegsähnlicher Handlungen bedeuten. Auch wenn diese Militärschläge sehr begrenzt sind und nur geringen Schaden verursachen, so könnte eine Technologie wie die der bewaffneten Drohnen es bestimmten Staaten ermöglichen, sehr viel häufiger begrenzte Militärschläge durchzuführen, was insgesamt mehr Schaden verursachen könnte als seltenere konventionelle Angriffe bzw. Interventionen. Dies wäre ebenfalls als eine Eskalation militärischer Gewalt anzusehen. Es ist jedoch schwer zu entscheiden, ob zahlreichere begrenzte bzw. verdeckte Operationen dabei helfen, größere Probleme zu vermeiden oder ob sie nicht eher schaden.[42] Es komme allein darauf an, ob Interventionen moralisch »gerecht« seien, und nicht darauf, ob sie »zu leicht« durchzuführen seien. Über die Gerechtigkeit einer Intervention müsse daher von Fall zu Fall entschieden werden – das generelle Argument, Drohnen würden Gewaltanwendung zu sehr erleichtern, sei darum falsch.[43] Die argumentative Strategie, einer Diskussion über allgemeine Auswirkungen der neuen Waffentechnik durch eine moralische Betrachtung des Einzelfalls auszuweichen, ist aber nur eine Variation des alten Arguments, dass Waffen nur Mittel zum Zweck sind und es letztlich nur auf die Gerechtigkeit des Zwecks an sich ankommt (»Waffen töten keine Menschen, sondern Menschen töten Menschen«). Es ist aber eine empirische Tatsache, dass die USA, die bislang einer der wenigen Staaten mit bewaffneten Drohnen sind, seit 2002 weltweit Hunderte von begrenzten Militäraktionen durchgeführt haben, wobei bei den meisten dieser Aktionen Drohnen zum Einsatz kamen.[44] Der Militärexperte Peter W. Singer von der Brookings Institution wies darauf hin, dass die Drohnenangriffe der USA in Pakistan nach traditionellen Definitionen als Krieg bezeichnet werden können und dass bereits mehr Luftangriffe mit Drohnen in Pakistan durchgeführt wurden als 1999 Luftangriffe während des Kosovo-Kriegs.[45] Traditionelle Mittel militärischer Gewaltanwendung dagegen, insbesondere Besatzungstruppen, sind dank der revolutionären Drohnentechnik von geringerer Bedeutung. Drohnen und hochpräzise Marschflugkörper ermöglichen eine konstante und nachhaltige Intervention in Drittweltstaaten, um begrenzte militärische Ziele wie die gezielte Tötung von Terroristen, Guerillas und anderen gefährlichen Individuen aus sicherer Entfernung zu erreichen, ohne die Notwendigkeit, eine größere Zahl von Bodentruppen im Ausland zu stationieren. So hat Präsident Obama im Oktober 2011 den fast vollständigen Rückzug amerikanischer Truppen aus dem Irak bis 2012 angekündigt, was der Welt signalisierte, dass der Irakkrieg nun zu Ende ginge. Allerdings ist zu vermuten, dass amerikanische Drohnen weiterhin Terroristen im Irak jagen werden und es so vielleicht nie zu einem definitiven Ende des Irakkrieges kommt.[46] Die Weltöffentlichkeit wird aber niemals mit Sicherheit wissen, ob weiterhin amerikanische Drohnenangriffe im Irak stattfinden.[47] Es ist somit zu befürchten, dass der ›Krieg gegen den Terror‹ sich endlos fortsetzt, da er hauptsächlich im Geheimen geführt wird. Möglicherweise steuern wir auf eine alptraumhafte Zukunft eines ›Terminator-Planets‹ zu, in der bewaffnete Drohnen rund um die Uhr weltweit auf Terroristenjagd sind, um jederzeit und überall zuschlagen zu können.[48]

Krieg als ein Attentatsduell

Die Mafia ist dafür bekannt, ›Kriege‹ gegen rivalisierende Banden in Form von Attentatsserien zu führen. Das angegriffene Verbrechenssyndikat vergilt schließlich Attentate auf eigene Mitglieder mit Attentaten auf die Mitglieder der gegnerischen Gruppe. Der klassische Mafiakrieg ist nichts anderes als ein Attentatsduell, bei dem sich zwei Organisationen bekriegen, indem sie aus Vergeltung bestimmte Mitglieder des Gegners ermorden, um damit den Zusammenbruch oder das Einlenken der anderen Organisation zu erzwingen. Moderne Kriege könnten in der Zukunft zu einer Art Mafiakrieg ausarten, in dem beide Seiten gezielte Tötungen bzw. Attentate als das wesentliche Mittel im Kampf gegeneinander verwenden. Es gibt mehrere Gründe, warum dies eine wahrscheinliche Zukunft des Krieges ist. Ein neuer Weltkrieg ist wegen der unglaublichen Zerstörungskraft atomarer sowie hochentwickelter konventioneller Waffen inzwischen kaum mehr vorstellbar. Zudem ist der Prozess der Kriminalisierung des Krieges so weit fortgeschritten, dass es selbst für die Supermacht USA schwierig ist, offen in anderen Staaten zu intervenieren. Das Ende des offenen Staatenkrieges ist aber nicht gleichbedeutend mit dem Ende kriegsähnlicher zwischenstaatlicher Konflikte. Was bleibt, sind verdeckte Interventionen, mit denen begrenzte politische Ziele verfolgt werden. Gezielte Tötungen eignen sich besser als andere Methoden – wie Terrorismus, Cyberkrieg oder wirtschaftliche Sabotage – für die verdeckte Kriegsführung, da zumindest theoretisch mit relativ geringeren Mitteln strategische Wirkungen erzielt werden können. Im Nanotechnologie-Zeitalter wird es immer einfacher werden, gefährliche Individuen im gegnerischen Lager abstreitbar auszuschalten, womöglich ohne Spuren zu hinterlassen, die auf eine Tötung hinweisen. Darüber hinaus zeichnet sich immer mehr ab, dass Regierungen vorrangig die eigene Bevölkerung als Bedrohung ansehen und militärische Operationen sich zunehmend gegen bestimmte Mitglieder der eigenen Zivilbevölkerung richten werden. Die Möglichkeit, in Zukunft weltweit und im Inland heimlich und abstreitbar vorgehen zu können, macht gezielte Tötungen als militärische und politische Strategie sehr viel brauchbarer als in der gegenwärtigen Praxis von Drohnenangriffen und Spezialkräfteoperationen in besetzten und auch neutralen Staaten.

Der ›Feuerameisenkrieg‹

Die gezielte Tötung als Strategie und Form der Kriegsführung ist nicht nur für irreguläre Konflikte gegen nichtstaatliche Gegner relevant, sondern könnte auch in Zukunft in konventionellen Konflikten gegen reguläre staatliche Streitkräfte angewendet werden. Die Möglichkeit dazu eröffnet sich durch die Weiterentwicklung von Nanotechnologie und ›Nanowaffen‹. Einige Strategen und Nanotechnologieexperten haben bereits Szenarien möglicher zukünftiger Nanotechnikkriege erdacht. Der amerikanische Militärexperte und Stratege Martin Libicki entwickelte 1994 eine überaus weitsichtige und originelle Vision von der Zukunft des Krieges, die er als ›Feuerameisenkrieg‹ bezeichnete.[49] Die Hauptidee in Libickis Studie ist, dass moderne Gefechtsfeldsensoren in Kombination mit Computernetzen und Präzisionswaffen es den Streitkräften äußerst schwierig machen, auf dem Gefechtsfeld unentdeckt zu bleiben bzw. zu überleben, da in zunehmender Weise alles, was gefunden werden kann, auch zerstört werden kann. Selbst die Tarnkappentechnologie werde es modernen Großwaffensystemen nicht ermöglichen, auf den Schlachtfeldern der Zukunft zu bestehen, da die Tarnkappentechnologie mit Hilfe neuer Sensoren besiegt werden könnte. »Systeme, die sich aus Millionen von Sensoren, Sendern, Mikrorobotern und Miniprojektilen zusammensetzen, werden im Zusammenspiel in der Lage sein, jedes militärische Objekt, das groß genug ist, einen Menschen zu tragen, zu entdecken, zu verfolgen, zum Ziel zu machen und eine Waffe ins Ziel zu bringen.«[50] Panzer, bemannte Kampfflugzeuge, Überwasserschiffe, insbesondere Flugzeugträger, seien nicht mehr überlebensfähig und darum von geringem Nutzen. Daher werde es zunehmend notwendig, sehr viel kleinere Waffensysteme einzusetzen. Aufgrund ihrer geringen Größe sind sie relativ billig und werden folglich in sehr großer Anzahl eingesetzt werden können. Im ›Feuerameisenkrieg‹ der Zukunft werden Millionen von Kleinstsensoren und Kleinstwaffensystemen, die aus der Luft über dem Gebiet des Feindes verteilt werden, ein Computernetz bilden, das selbstständig Ziele aufspürt und angreift. Es werde damit für den Gegner zu schwierig und zu teuer sein, die Millionen von Netzelementen einzeln anzugreifen. Die Verteidigung des Gegners könne zudem leicht überlastet werden, wenn zahlreiche billige intelligente Kleinstwaffen ein Ziel gleichzeitig angreifen.

Die beste Verteidigung gegen eine ›Feuerameisenstrategie‹ des Gegners ist der Einsatz von Kleinstwaffensystemen gegen die Kleinstwaffensysteme des Gegners. Libicki befürchtet, dass das Netz der Kleinstwaffen Kriege keineswegs humaner macht, indem Menschen vom Schlachtfeld entfernt werden, sondern, was wahrscheinlicher ist, zu Strategien führt, die entweder darauf basieren, militärische Systeme als zivile zu tarnen, um sie in die Nähe des Gegners zu bringen, oder darauf, den Gegner zu belagern bzw. wirtschaftlich zu blockieren. In beiden Fällen zerbröckele die Unterscheidung von militärisch und zivil mit negativen Auswirkungen auf die Zivilbevölkerung.[51] Libickis Vision der Zukunft des Krieges erklärt gut die Logik, derzufolge die modernsten Streitkräfte die Entwicklung von Kleinstwaffensystemen wie Mikrodrohnen und Mikroraketen vorantreiben. Was Libicki allerdings nicht in Erwägung zieht, ist die Möglichkeit, dass ›Feuerameisen‹ sich vor allem für den Angriff auf Menschen eignen und daher auch gezielt gegen bestimmte Individuen eingesetzt werden könnten.

Nano-Kriege

Die Welt steht am Beginn des Nanotechnologie-Zeitalters, das nicht nur an Hexerei erinnernde Maschinen und Technologien ermöglichen, sondern auch die Praxis des Krieges fundamental verändern wird. Nanotechnologie befasst sich mit der Manipulation von Materie auf der molekularen Ebene, wofür es eine Vielzahl von Anwendungen in den Bereichen der Entwicklung von neuartigen Materialien, Mikroprozessoren, Mikrosensoren, Mikrogeneratoren usw. gibt. Am aufregendsten und spekulativsten ist die in K. Eric Drexlers Buch *Engines of Creation* beschriebene Vision der molekularen Nanotechnologie (MNT).[52] MNT ist die bislang hypothetische Entwicklung von Robotern bzw. Maschinen in molekularer Größe, die in der Lage sind, sich selbst zu größeren Objekten oder Maschinen zusammenzufügen bzw. Kopien ihrer selbst anzufertigen. Winzige ›Nanofabriken‹ könnten jedes beliebige Produkt herstellen. Waffensysteme werden ebenfalls mikroskopisch klein und können im Fall ihrer Zerstörung leicht ersetzt werden, indem sie Nanomaschinen in Windeseile aus einem Pool von Rohmaterialien zusammenfügen.[53] In einem weitsichtigen Aufsatz spekuliert der Autor Tom McCarthy über die Auswirkungen molekularer Nanotechnologie (MNT) auf die Kriegsführung. McCarthy resümiert: »Die oben beschriebenen Waffensysteme werden die Kriegsführung sehr viel gefährlicher machen, als sie jemals gewesen ist. Doch die Waffen selbst, obwohl furchteinflößend, sollten nicht unsere Hauptsorge sein. Unsere Hauptsorge sollte den Zielen dieser neuen Waffen gelten, da fortgeschrittene Herstellungstechniken, die auf Nanotechnologie basieren, die traditionellen Hauptziele militärischer Handlungen beseitigen werden, nämlich Fabriken und Waffen, und damit nur ein einziges Ziel haben: Menschen.«[54] Erschreckend an der Vision vom Krieg im Nanotechnologie-Zeitalter ist somit die große Wahrscheinlichkeit, dass Waffensysteme wie Mikro- und Nanoroboter in erster Linie für die mehr oder weniger gezielte Tötung von Individuen entwickelt werden. Die Waffen der Zukunft werden so klein sein, dass sie praktisch unsichtbar sind. Zugleich werden sie für ihre Ziele (Menschen und andere Lebewesen) extrem gefährlich sein. Mikro- oder Nanodrohnen könnten eine Waffenladung von einem Mikrogramm Polonium oder Botulin tragen, was ausreicht, um einen Menschen zu töten.[55] Zwar ist die Verwendung von chemischen und biologischen Waffen völkerrechtlich verboten, aber da Mikro- bzw. Nanodrohnen sehr klein sind, sind sie auch sehr leicht zu verbergen. Da eine Mikrodrohne mit Giftnadel keine Massenvernichtungswaffe ist, weil sie selektiv eingesetzt werden kann, könnten sich internationale Gift-Verbote aufweichen lassen. Es gibt auch Gesetzeslücken, die es Staaten erlauben könnten, Mikro- und Nanodrohnen zu bewaffnen oder als Waffe zu verwenden.[56] Als praktische Anwendung von Nanowaffen im Krieg ist vorstellbar, einen Schwarm von bewaffneten Nanodrohnen oder Cyborg-Insekten auf einen gegnerischen Militärstützpunkt oder Bunker loszulassen, der dann alle gegnerischen Soldaten tötet und es den Angreifern erlaubt, den Stützpunkt praktisch ohne Widerstand einzunehmen. Positiv betrachtet könnten es Nanowaffen unmöglich machen, politische Führer oder andere bedeutende Persönlichkeiten ausreichend zu schützen, was die Idee eines offenen Krieges zunehmend unpopulär machen würde.[57]

Von der gezielten Tötung zur selektiven Massenvernichtung

Nanowaffen können letztlich auch zu einer neuen Art von Massenvernichtungswaffe werden.[58] Nanomaschinen könnten programmiert werden, Menschen unterschiedslos zu töten, oder sie könnten sich absichtlich oder versehentlich unkontrolliert vermehren und dabei die ganze Welt zerstören und in eine ›graue Masse‹ (›gray goo‹) verwandeln. Es ist aber ebenfalls denkbar, dass Nanowaffen darauf programmiert werden könnten, nur bestimmte Personengruppen anzugreifen. Regierungen haben in der Vergangenheit immer wieder die eigene Bevölkerung angegriffen und versucht, bestimmte Teile der Bevölkerung selektiv zu eliminieren. Auch heute gibt es radikale politische Ideologien und Utopien wie zum Beispiel den Transhumanismus und Öko-Faschismus, die eine massive Reduzierung der Weltbevölkerung befürworten. Solche Ideologien sind in Teilen der politischen, wirtschaftlichen und wissenschaftlichen Eliten der Welt durchaus en vogue. So argumentierte Präsident Obamas Wissenschaftsberater John Holdren in einer 1977 veröffentlichten pseudowissenschaftlichen Abhandlung für massive Bevölkerungskontrolle und Eugenik.[59]

Nanotechnologie in Kombination mit Überwachungstechnik (Datenbanken und Sensoren), biometrischer Identifikation und Robotik macht den selektiven Völkermord sehr viel einfacher als jemals zuvor in der Menschheitsgeschichte. Autonome Waffensysteme, die sich derzeit in Entwicklung befinden, werden in der Lage sein, ihre Ziele nach bestimmten Parametern selbst auszuwählen und anzugreifen, ohne dass ein menschliches Eingreifen nötig ist. Autonome Waffensysteme könnten programmiert werden, Personen, die durch Namen, biometrische Kennzeichen, oder implantierte Identifikationschips von einem autonomen Waffensystem identifiziert werden und auf einer Todesliste stehen, systematisch zu töten. Autonome Waffensysteme sind zu einem bestimmten Grad bereits Realität – so können Raketen- und Luftverteidigungssysteme vollautomatisch Ziele identifizieren und angreifen. Es gibt auch bereits Marschflugkörper und andere intelligente Waffen, die, nachdem sie abgefeuert wurden, in einem Zielgebiet selbstständig Ziele finden, identifizieren und angreifen können. Natürlich sind selbstlernende Terminatoren mit menschenähnlicher Intelligenz wahrscheinlich nur in ferner Zukunft realisierbar. Aber dumme autonome Waffensysteme, die lediglich auf positiv identifizierte Ziele Feuer eröffnen, können definitiv von vielen modernen Streitkräften mittelfristig entwickelt werden. Dann fehlt nur noch eine Regierung, die verantwortungslos genug ist, solche Waffen einzusetzen.[60]

Genetische Biowaffen sind eine andere Art von Waffen, die sich für eine selektive Massentötung eignen. Biologische Waffen, besonders solche, die auf ansteckenden Krankheiten basieren, gelten als schwer oder unkontrollierbare Waffen, da sie Angreifer und Verteidiger gleichermaßen beeinträchtigen können. Durch Entzifferung des menschlichen Genoms und Techniken der genetischen Manipulation von Mikroorganismen könnte es möglich sein, Biowaffen gezielt gegen bestimmte Bevölkerungen oder Bevölkerungsgruppen zu richten. Es ist bekannt, dass das Apartheidsregime in Südafrika außer an biologischen Attentatswaffen auch an rassenspezifischen Biowaffen gearbeitet hat, die die Unfruchtbarkeit von allen Schwarzafrikanern bewirken sollten.[61] Obwohl die Südafrikaner daran scheiterten, könnten wissenschaftliche Fortschritte in der Biotechnologie mittelfristig zur erfolgreichen Entwicklung ethnischer Biowaffen führen. Ein Hindernis auf dem Weg dahin ist die Tatsache, dass alle Menschen ein zu 99,9 Prozent identisches Genom haben und die genetischen Unterschiede innerhalb einer Ethnie größer sein könnten als zwischen verschiedenen Ethnien. Dennoch wäre es möglich, ein bestimmtes Gen zu identifizieren, das kaum in einer Bevölkerungsgruppe, aber häufig in einer bestimmten anderen Bevölkerungsgruppe vorkommt. Ein Bericht des *Sunshine Projects* schätzt, dass ein Gen, das in einer Bevölkerungsgruppe fast nicht und zu mehr als 20 Prozent in einer anderen vorkommt, zu einer militärisch effektiven genetischen Biowaffe führen könnte und dass für Biowaffenentwickler etwa 15.000 zur genetischen Zielauswahl geeignete genetische Sequenzen existieren, die in der beabsichtigten Zielgruppe Unfruchtbarkeit, Krankheit oder Tod auslösen könnten.[62] Diese Gefahr wird von Regierungen durchaus ernst genommen. Im Mai 2007 verbot die russische Regierung den Export von menschlichem Gewebematerial mit der Begründung, dass das genetische Material benutzt werden könnte, um die russische Bevölkerung mit ethnischen Biowaffen anzugreifen, sei es, um sie unfruchtbar zu machen, oder sie zu töten.[63]

Fazit

Kriege werden zunehmend von Staaten gegen Individuen geführt und immer weniger gegen andere Staaten oder ganze Völker. Die hauptsächlichen Gegner sind nichtstaatliche Akteure wie Terrororganisationen oder Verbrechenssyndikate. Eine so bedenkliche wie offensichtliche Strategie ist hier die gezielte Tötung von Individuen. Diese Strategie könnte in der Zukunft dank modernster Waffensysteme wie bewaffneter Drohnen risikolos und relativ effizient verfolgt werden. Was gezielte Tötungen politisch ebenfalls attraktiv macht, ist die Möglichkeit, auf diese Weise in anderen Staaten geheime Kriege zu führen, um eigene außen- und sicherheitspolitische Zielsetzungen zu erreichen. Sich ausweitende geheime amerikanische Interventionen mit Drohnen und Spezialkräften in Lateinamerika, Afrika und Asien weisen deutlich auf einen besorgniserregenden Trend hin: Regierungen können ohne juristische Aufsicht und ohne Notwendigkeit der Vorlage von Beweisen weltweit ›Terroristen‹ töten. Sehr viel besorgniserregender ist die Tatsache, dass es bereits technisch möglich ist, dies heimlich zu tun. Damit bedarf es nur einer Änderung eines politischen Richtungswechsels, um ein existierendes Tötungsprogramm wie das der CIA erheblich auszuweiten und heimlich all jene zu töten, die mit ihrer Kritik die Legitimität einer Regierung in Frage stellen. So könnte es auch in den westlichen Demokratien verstärkt zu bequemen Selbstmorden und Herzinfarkten von Regierungskritikern kommen. Bald muss man angesichts der neuen technischen Möglichkeiten kein wahnwitziger Verschwörungstheoretiker sein, um die berechtigte Frage aufzuwerfen, ob bei einem vermeintlich natürlichen Tod eines prominenten Regierungskritikers nachgeholfen wurde.[64] Im schlimmsten Fall könnten auch westliche Regierungen die eigene Bevölkerung zum Feind erklären und durch heimliche selektive Tötungen ausdünnen, um damit ideologische und sozialtechnische Ziele zu verfolgen. Diese Gefahr ist keineswegs nur hypothetisch, sondern wird durch den kontinuierlichen Ausbau des Polizeistaates in Nordamerika und Europa und die wachsende Macht nationaler Sicherheitsapparate immer konkreter. Die Namen von Millionen Menschen stehen in den USA und in Europa ohne deren Wissen auf ›Terrorismusbeobachtungslisten‹.[65] Nicht nur müssen die betroffenen Personen befürchten, dass ihnen dadurch massive Nachteile erwachsen, sie könnten in der Zukunft schnell und lautlos in geheimen Gefängnissen verschwinden oder auf Todeslisten gesetzt werden – ein Recht, das die Obama-Regierung bereits zu besitzen behauptet.[66] Im Hinblick auf die sich immer weiter entwickelnden technischen Möglichkeiten der Überwachung und heimlichen Tötung sowie die politischen Versuche, in vielen Bereichen allgemeine Prinzipien der Rechtsstaatlichkeit und des Völkerrechts außer Kraft zu setzen, muss man die allmähliche Legitimierung gezielter Tötungen mit großer Sorge betrachten. Nur eine internationale Ächtung der Praxis, ein klares internationales und umfassendes Verbot von gezielten Tötungen kann helfen, staatlichen Missbrauch zu verringern und die schlimmsten Gefahren abzuwenden.

ANMERKUNGEN

Einleitung: Eine neue Form von Kriegführung

1. Vgl. Bruce Hoffman (1998), *Inside Terrorism*, New York: Columbia University Press, S. 15-28.
2. Bis vor kurzem befanden sich der ANC und Nelson Mandela daher noch auf der amerikanischen Liste der Terrorgruppen. (2008), »Mandela Taken Off US Terror List«, *BBC News* (1. Juli), http://news.bbc.co.uk/2/hi/americas/7484517.stm.
3. Vgl. Avery Plaw (2008), *Targeting Terrorists/A License to Kill?*, Aldershot, VK: Ashgate, S. 45-85; Kevin O'Brien (2001), »Counter Intelligence for Counter-Revolutionary Warfare: The South African Police Security Branch 1979-90«, *Intelligence and National Security* (16:3), S. 33.
4. Vgl. Plaw, *Targeting Terrorists*, S. 41-42; vgl. ebenfalls: Dan Raviv & Yossi Melman (2012), *Spies Against Armageddon/Inside Israel's Secret Wars*, New York: Levant Books, S. 11.
5. Vgl. Jane Mayer (2009), »The Predator War/What Are the Risks of the C.I.A.'s Covert Drone Program?«, *The New Yorker* (26. Oktober), http://www.newyorker.com/reporting/2009/10/26/091026fa_fact_mayer.
6. Vgl. Thomas Harding (2011), »Col Gaddafi Killed: Convoy Bombed by Drone Flown by Pilot in Las Vegas«, *The Telegraph* (20. Oktober), http://www.telegraph.co.uk/news/worldnews/africaandindianocean/libya/8839964/Col-Gaddafi-killed-convoy-bombed-by-drone-flown-by-pilot-in-Las-Vegas.html.
7. Vgl. Philip Alston (2010), »Report of the Special Rapporteur on Extrajudicial, Summary, and Arbitrary Executions«, *Vereinte Nationen Generalversammlung* A/HRC/14/24/Add.6 (28. Mai), http://www2.ohchr.org/english/bodies/hrcouncil/docs/14session/A.HRC.14.24.Add6.pdf, S. 4.
8. Vgl. Richard Belfield (2005), *The Assassination Business/A History of State-Sponsored Murder*, New York: Carroll

& Graf Publishers, S. 58-61; Bernard Lewis (2003), *The Assassins/A Radical Sect in Islam*, London: Phoenix Paperback, S. 125ff.

9. Vgl. Ulrich Beck, »The Silence of Words and Political Dynamics in the World Risk Society«, in: Stephen E. Bronner (Hrsg.) (2005), *Planetary Politics/Human Rights, Terror, and Global Society*, Oxford: Rowman & Littlefield, S. 10.
10. Vgl. Bruce Berkowitz (2002), »Is Assassination an Option?«, *Hoover Digest* No. 1 (30. Januar), http://www.hoover.org/publications/hoover-digest/article/7926.
11. Vgl. Plaw, *Targeting Terrorists*, S. 3.
12. Vgl. Thomas B. Hunter (2009), *Targeted Killing/Self-Defense, Preemption, and the War on Terrorism*, Charlotte, NC: Booksurge, S. 2.
13. Vgl. Nils Melzer (2009), *Targeted Killing in International Law*, Oxford: Oxford University Press, S. 5.
14. Vgl. Bruce Berkowitz (2003), *The New Face of War/How War Will Be Fought in the 21st Century*, New York: The Free Press, S. 124.
15. Vgl. George Crawford (2008), *Manhunting/Reversing the Polarity of War*, Baltimore, MD: PublishAmerica, S. 176-177.
16. Vgl. Aki Peritz & Eric Rosenbach (2012), *Find, Fix, Finish/Inside the Counterterrorism Campaigns that Killed Bin Laden and Devastated Al Qaeda*, New York: Public Affairs, S. 26.
17. Vgl. (2008), »Unmanned Vehicles/Handbook 2008 – The Concise Global Industry Guide«, *Shephard Press Publication*, http://www.groundsystems-index.com/images/2008homegsi/UVH08.pdf, S. 6.
18. Vgl. Max Eddy (2011), DoD's Airplane Plan: Fewer Fighters, Double the Drones«, *Geek-o-System* (31. Mai), http://www.geekosystem.com/dod-doubles-drones/.
19. Vgl. Adam Entous, Julian E. Barnes & Siobhan Gorman (2010), »CIA Escalates in Pakistan«, *Wall Street Journal* (2. Oktober), http://online.wsj.com/article/SB10001424052748704029304575526270751096984.html?KEYWORDS=drone+strikes.
20. Vgl. Walther Pincus (2009), »Air Force to Train More Remote Than Actual Pilots«, *The Washington Post* (11. August), http://www.washingtonpost.com/wp-dyn/content/article/2009/08/10/AR2009081002712.html.
21. Bewaffnete Drohnen wie die *Predator*- und *Reaper*-Drohnen sind viel zu langsam und zu wenig manövrierfähig, um gegen einen Gegner mit einem modernen Luftverteidigungs-

system bestehen zu können. Ferngesteuerte Drohnen sind außerdem sehr verwundbar, da die Funkverbindung durch Störsender oder durch Angriff auf Relaisstationen, wie Kommunikationssatelliten, unterbrochen werden. Drohnen sind kleiner, weniger leistungsfähig und tragen weniger Waffen als Jagdbomber. Zusammengenommen sind Drohnen eine schlechte Angriffswaffe gegen einen technisch gut ausgerüsteten Gegner in einem konventionellen Krieg.

22. Vgl. (2011), »Administration Weighs Transferring Drone Base from Iraq to Turkey«, *World Tribune.com* (13. September), http://www.worldtribune.com/worldtribune/WTARC/2011/ss_military1151_09_13.asp.
23. Vgl. (2011), »American Spy Drones Swarm in Droves over Afghanistan«, *Russia Today* (20. Oktober), http://rt.com/usa/news/afghanistan-us-drones-nato-243/.
24. Vgl. Bill Rogio & Alexander Mayer (2011), »Charting the Data for US Airstrikes in Pakistan, 2004-2011«, *The Long War Jounal* (31. Oktober), http://www.longwarjournal.org/pakistan-strikes.php.
25. Vgl. David S. Cloud, Jeffrey Fleischman & Brian Bennet (2011), »U.S. Drone Strike in Yemen Kills U.S. Born Al Qaeda Figure Awlaki«, *The Los Angeles Times* (1. Oktober), http://articles.latimes.com/2011/oct/01/world/la-fg-awlaki-killed-20111001.
26. Vgl. Declan Walsh (2011), »US Extends Drone Strikes to Somalia«, *The Guardian Online* (30. Juni), http://www.guardian.co.uk/world/2011/jun/30/us-drone-strikes-somalia.
27. Vgl. Martha Raddatz (2011), »Pentagon Confirms First Predator Strike in Libya«, *ABC News* (23. April), http://abcnews.go.com/International/pentagon-confirms-predator-drone-strike-libya/story?id=13442570.
28. Vgl. (2011), »U.S. Flies Predator Drones over Mexico to Spy on Drug Traffickers«, *Daily Mail Online* (17. März), http://www.dailymail.co.uk/news/article-1367184/U-S-flies-Predator-drones-Mexico-spy-drug-traffickers.html.
29. Vgl. Nick Turse (2011), »America's Secret Empire of Drone Bases«, *The Huffington Post* (17. Oktober), http://www.huffingtonpost.com/nick-turse/americas-secret-empire-of_b_1016206.html.
30. Vgl. Nick Turse (2011), »Inside Our Drone Base Empire«, *CBS News* (17. Oktober), http://www.cbsnews.com/stories/2011/10/17/opinion/main20121271.shtml.

31. Etwa 50 Staaten der Welt verfügen bereits über unbewaffnete Aufklärungsdrohnen und mehrere Staaten außer den USA haben bewaffnete Drohnen einsatzbereit, darunter Israel, Großbritannien, Italien und Iran. Mehrere Staaten haben Prototypen von bewaffneten Drohnen entwickelt, darunter Russland, China, Pakistan und Frankreich. Andere Staaten erwägen den Kauf von bewaffneten Drohnen, z.B. die Türkei und Deutschland. Vgl. William Wan & Peter Finn (2012), »Global Race to Match U.S. Drone Capabilities«, *The Washington Post* (4. Juli), http://www.washingtonpost.com/world/national-security/global-race-on-to-match-us-drone-capabilities/2011/06/30/gHQACWdmxH_story.html; vgl. ebenfalls: Nick Turse & Tom Engelhardt (2012), *Terminator Planet/The First History of Drone Warfare 2001-2050*, Lexington, KY: Dispatch Books.

1. Krieg und die ›gezielte Tötung‹ von Individuen

1. Vgl. Michael Ignatieff (2000), *Virtual War/Kosovo and Beyond*, London: Chatto & Windus, S. 111.
2. Vgl. Carl von Clausewitz, *Vom Kriege*, Kapitel 1, 2.
3. Vgl. Martin van Creveld (1998), *Die Zukunft des Krieges*, München: Gerling Akademie Verlag, S. 71.
4. Vgl. Carl von Clausewitz, *Vom Kriege*, Kapitel 1, 3.
5. Vgl. Leslie C. Green (2000), *The Contemporary Law of Armed Conflict*, Manchester: Manchester University Press, S. 127.
6. Vgl. Rain Liivoja (2010), »Chivalry without a Horse/Military Honour and the Modern Law of Armed Conflict«, *Working Paper Submitted to the Proceedings of the Estonian National Defence College*, S. 11.
7. Vgl. Larry May (2007), *War Crimes and Just War*, Cambridge: Cambridge University Press, S. 72.
8. Vgl. Carl Schmitt (1996), *Der Begriff des Politischen*, Berlin: Duncker & Humblot, S. 29.
9. Vgl. ibid., S. 50.
10. Vgl. *Genfer Abkommen über die Behandlung von Kriegsgefangenen* vom 12. August 1949, Artikel 13.
11. Vgl. Crawford, *Manhunting*, S. 31.
12. Vgl. Haager Landkriegsordnung (1907), Art. 22 und Art. 23 a) – d).
13. Carl Schmitt kritisiert den Universalismus in der Idee des ge-

rechten Krieges darin, dass Krieg in so einem völkerrechtlichen System »›unbgereiflich‹ geworden‹ [ist]; denn er ist entweder Recht, und dann kein Krieg, oder Unrecht, und dann nur noch ein Verbrechen, insbesondere als Angriffskrieg ein ›crime international‹ …« Vgl. Carl Schmitt (1988), *Die Wendung zum diskriminierenden Kriegsbegriff*, Berlin: Duncker & Humblot, S. 21.

14. Vgl. Carl Schmitt (1963), *Die Theorie des Partisanen*, Berlin: Duncker & Humboldt, S. 17.
15. Vgl. Wouter G. Werner (2010), »The Changing Face of Enmity: Carl Schmitt's International Theory and the Evolution of the Legal Concept of War«, *International Theory* (2:3), S. 351-380.
16. Vgl. Schmitt, *Die Theorie des Partisanen*, S. 91.
17. Vgl. ibid., S. 95.
18. Vgl. Michael Mandelbaum (1998), »Is Major War Obsolete?«, *Survival* (40:4), S. 34.
19. Vgl. Mary Kaldor (1999), *New & Old Wars/Organized Violence in a Global Era*, Oxford: Polity.
20. Vgl. Lotta Harbom & Peter Wallensteen (2009), »Armed Conflicts, 1946-2009«, *Journal of Peace Research* (47:4), S. 501-509.
21. Vgl. van Creveld, *Die Zukunft des Krieges*, S. 45.
22. Vgl. Herfried Münkler (2003), *Die neuen Kriege*, Hamburg: Rowohlt, S. 10 und 131ff.
23. Nach Peter W. Singer gibt es weltweit über 300.000 Kindersoldaten, die in über 75 Prozent aller gegenwärtigen Kriege kämpfen. Vgl. Peter W. Singer (2005), »Western Militaries Confront Child Soldiers Threat«, *Jane's Intelligence Review* (17:1), http://www.brookings.edu/articles/2005/01humanrights_singer.aspx.
24. Vgl. Tamara Makarenko (2004), »The Crime-Terror Continuum: Tracing the Interplay between Transnational Organized Crime and Terrorism«, *Global Crime* (6:1), S. 131.
25. Vgl. John Rollins & Liana Sun Wyler (2010), »International Terrorism and Transnational Crime: Security Threats, U.S. Policy, and Considerations for Congress«, Washington, DC: *Congressional Research Service Report* (18. März), http://www.fas.org/sgp/crs/terror/R41004.pdf.
26. Vgl. Max G. Manwaring (1993), *Gray Area Phenomena/Confronting the New World Disorder*, Westport, CT: Westview Press.

27. Der ehemalige Bundespräsident Horst Köhler entschied sich 2010 wegen der öffentlichen Kritik an seinen Äußerungen zur Rolle der Bundeswehr zum Schutz deutscher Interessen in der Welt von seinem Amt zurückzutreten. Köhler vertrat die Ansicht, dass ein Handelsstaat wie Deutschland gegebenenfalls militärische Mittel einsetzen soll, um Handelswege zu schützen und wirtschaftsschädigende politische Instabilität im Ausland zu verringern. Obwohl der moralische Aufschrei gegen die Idee, die Bundeswehr zur Schutztruppe deutscher Wirtschaftsinteressen im Ausland zu machen verständlich ist, so hat Köhler einfach nur ausgesprochen, was eine unumstößliche Tatsache ist: westliche Militärinterventionen dienen oft dem Schutz westlicher geopolitischer Interessen und sind nicht in erster Linie von moralischen Gesichtspunkten motiviert. Vgl. »Köhler: Mehr Respekt für deutsche Soldaten in Afghanistan«, *Deutschlandfunk* (22. Mai 2010), http://www.dradio.de/dlf/sendungen/interview_dlf/1188781/.
28. Vgl. William Shawcross (2001), *Deliver Us From Evil/ Peacekeepers, Warlords, and a World of Endless Conflict*, New York: Simon & Schuster, S. 65-70.
29. Vgl. Edward Luttwak (1996), »A Post-Heroic Military Policy«, *Foreign Affairs* (75:4), S. 33-44.
30. Der Ökonomieprofessor an der Columbia-Universität in New York und Nobelpreisträger Joseph Stiglitz hat errechnet, dass die volkswirtschaftlichen Kosten für die USA für die Kriege in Afghanistan und Irak sich auf über drei Billionen U.S.-Dollar belaufen könnten. S. Linda J. Bilmes & Joseph E. Stiglitz (2008), *The Three Trillion Dollar War/ The True Cost of the Iraq Conflict*, New York: W.W. Norton & Co.
31. Vgl. Peter W. Singer (2009), *Wired for War/The Robotics Revolution and Conflict in the 21st Century*, London: Penguin.
32. Vgl. Micah Zenko (2010), *Between Threats and War/U.S. Discrete Military Operations in the Post-Cold War World*, Stanford, CA: Stanford University Press, S. 5.
33. Vgl. Christopher Coker (2002), *Waging War Without Warriors? The Changing Culture of Military Conflict*, London: Rienner Publishers, S. 62-65.
34. Vgl. Sharon Weinberger (2010), »What Kind of High-Tech Top Secret Assassination Tech Does $58 Billion Buy«, *Po-*

pular Science Investigation (9. September), http://www.popsci.com/technology/article/2010-08/anyone-anywhere-anytime.

35. Vgl. Frank Kitson (1991), *Low Intensity Operations/Subversion, Insurgency and Peacekeeping*, London: Faber & Faber.
36. Vgl. Richard Stubbs (1989), *Hearts and Minds in Guerilla Warfare/The Malayan Emergency 1946-1960*, Oxford: Oxford University Press, S. 99.
37. Vgl. ibid., S. 159.
38. Vgl. ibid., S. 252f.
39. Vgl. Hugues Canuel (2010), »French Counterinsurgency in Algeria: Forgotten Lessons from a Misunderstood Conflict«, *Small Wars Journal* (14. März), S. 5.
40. Vgl. ibid., S. 6.
41. S. David Galula (1964), *Counter-Insurgency Warfare/Theory and Practice*, New York: Praeger, S. 107.
42. Vgl. David Kirsch (1990), »Death Squads in El Salvador: A Pattern of U.S. Complicity«, *Covert Action Quarterly* (Sommer), http://www.whale.to/b/kirsch.html.
43. Vgl. Noam Chomsky (1993), »The Crucifixion of El Salvador«, *Third World Traveller*, http://www.thirdworldtraveler.com/Chomsky/ChomOdon_ElSalvador.html.
44. Das Thema wird etwas ausführlicher im 2. Kapital im Abschnitt über die Operation Condor behandelt.
45. Vgl. J. Patrice McSherry (2009), »Counterterror Wars and Human Rights: From Operation Condor to the Present«, *NACLA Report on the Americas* (42:6), S. 10-14.
46. Die amerikanischen Streitkräfte formulierten zwei ›Visions‹-Schriften, in denen sie das Konzept der RMA ausbreiteten. Vgl. U.S. Vereinigte Stabschefs (1995), »Joint vision 2010«, Washington, DC: *U.S. Verteidigungsministerium*, U.S. Vereinigte Stabschefs (2000), »Joint vision 2020«, Washington, DC: *U.S. Verteidigungsministerium*.
47. Vgl. S. Albert Wohstetter (1983), »Bishops, Statesmen, and Other Strategists on the Bombing of Innocents«, *Commentary* 75, S. 19 zitiert nach A.J. Bacevich (2005), *The New American Militarism/How Americans Are Seduced by War*, Oxford: Oxford University Press, S. 161.
48. Vgl. Crawford, *Manhunting*, S. 87f.
49. Vgl. John Jacob Kaag (2008), »Another Question Concerning Technology: The Ethical Implications of Homeland

Defense and Security Technologies«, *Homeland Security Affairs* (4:1), S. 7.

50. Vgl. U.S. Vereinigte Stabschefs (2000), »Joint vision 2020«, Washington, DC: *U.S. Verteidigungsministerium.*
51. Vgl. Timothy D. Livsey (1994), »Air Occupation: A Viable Concept for Campaign Planning?«, *School for Advanced Military Studies*, U.S. Army, Fort Leavenworth, KA.
52. Vgl. United States Joint Forces Command (2001), *Effects-based Operations White Paper 1.0*, Norfolk, VA: Concepts Department, S. 5.
53. Vgl. John Warden (1995), »The Enemy as a System«, *Airpower Journal* (Frühjahr), http://www.airpower.au.af.mil/airchronicles/apj/apj95/spr95_files/warden.htm.
54. Vgl. ibid.
55. Die RAND-Analytiker John Arquilla und David Ronfeldt sprechen von sogenannten ›Netzkriegen‹, die von vernetzten transnationalen Akteuren geführt werden. Vgl. John Arquilla & David Ronfeldt (2001), *Networks and Netwars/The Future of Terror, Crime, and Militancy*, Santa Monica, CA: RAND; vgl. ebenfalls: Glenn E. Henke (2009), »How Terrorist Groups Survive:A Dynamic Network Analysis to the Resilience of Terrorist Organizations«, Fort Leavenworth, KS: *School of Advanced Military Studies.*
56. Vgl. Berkowitz, *The New Face of War*, S. 120.
57. Das Phoenix-Programm wird weiter unten im 2. Kapitel behandelt. Ein sehr gutes Buch zum Phoenix-Programm ist Douglas Valentine (2000), *The Phoenix Program*, Lincoln, NE: iUniverse.
58. Vgl. Michael Smith (2007), *Killer Elite/The Inside Story of America's Most Secret Special Operations Team*, New York: St. Martin's Press, S. 168-172.
59. Vgl. Richard Norton-Taylor & Jon Boone (2009), »US Puts Afghan Drug Lords on Hitlist to Disrupt Taliban Finances«, *The Guardian* (10. August), http://www.guardian.co.uk/world/2009/aug/10/us-policy-drugs-afghanistan-taliban.
60. Vgl. Sandeep Gopalan (2010), »Put Pirates to the Sword: Targeted Killings Are a Necessary, Justified and Legal Response to High-Seas Piracy«, *Wall Street Journal* (18. Januar), http://online.wsj.com/article/SB10001424052748703652104574651962659622546.html.
61. Vgl. ibid.
62. Vgl. Plaw, *Targeting Terror*, S. 41.

63. Vgl. »Project Babylon Supergun/ PC-2«, *Federation of American Scientists* Webseite http://www.fas.org/nuke/guide/iraq/other/supergun.htm.
64. Vgl. Raviv & Melman, *Spies Against Armageddon*, S. 11-20; – Raviv und Melman behaupten in ihrem neuen Buch, dass der Mossad wenigstens fünf iranische Wissenschaftler ermordete.
65. Vgl. Catrina Stewart (2010), »Bomb Blast Blamed on Israel and US Kills Iran Nuclear Scientist«, *The Independent* (30. November), http://www.independent.co.uk/news/world/middle-east/bomb-blast-blamed-on-israel-and-us-kills-iran-nuclear-scientist-2146996.html.
66. Vgl. (2012), »Iran Hangs ›Mossad-Agent‹ For Scientist Killing«, *Reuters* (15. Mai), http://www.reuters.com/article/2012/05/15/us-iran-nuclear-execution-idUSBRE84E09F20120515.
67. Vgl. Schmitt, *Die Wendung zum diskriminierenden Kriegsbegriff*, S. 45f.
68. Vgl. Mira Beham (1996), *Kriegstrommeln/Medien, Krieg und Politik*, München: Deutscher Taschenbuch Verlag, S. 107.
69. Vgl. Manuel Perez-Rivas (2001), »Bush Vows to Rid the World of ›Evil-Doers‹«, *CNN* (16. September), http://edition.cnn.com/2001/US/09/16/gen.bush.terrorism/.
70. Vgl. Kaag, »Another Question Concerning Technology«, S. 7.
71. Vgl. Walter Laqueur (1998), *Die globale Bedrohung/Neue Gefahren des Terrorismus*, Berlin: Propyläen Verlag.
72. Vgl. Thomas Friedman (2002), *Longitudes and Attitudes/Exploring the World after September 11*, New York: Farrar, Straus & Giroux.

2. Die gegenwärtige Praxis der ›gezielten Tötung‹

1. Vgl. Hunter, *Targeted Killing*, S. 11.
2. Vgl. Mark Lowenthal (2009), *Intelligence/From Secrets to Policy*, Washington, DC: CQ Press, S. 173.
3. Ein berühmtes Beispiel für die Eliminierung von Terroristen mit Hilfe von Intrigen, durch die die Terrororganisation dahingehend manipuliert werden, die eigenen Leute zu töten, ist der Fall der Abu Nidal Organisation. Mossad und die CIA nutzte Abu Nidals Paranoia, um ihn so zu beeinflussen,

dass er ca. hundert seiner eigenen Leute ermordete, was die Zerstörung seiner Organisation zur Folge hatte.

4. Während des Kalten Krieges hat die CIA meist erfolglos eine Reihe von politischen Attentaten auf Staatsoberhäupter verübt, wie z.B. auf den kongolesischen Premierminister Lumumba, den kubanischen Präsidenten Castro, den südvietnamesischen Präsidenten Diem und den chilenischen Präsidenten Allende. Patrice Lumumba sollte von der CIA durch ein speziell für das Attentat entwickeltes Virus, das von dem Leiter der technischen Unterstützungsabteilung der CIA Sidney Gottlieb selbst in den Kongo zur dortigen CIA Station gebracht wurde, getötet werden. Allerdings machte die Gefangennahme und Exekution Lumumbas der durch Belgien unterstützten kongolesischen Separatisten das Attentat unnötig. Der Revolutionsführer Fidel Castro war Anfang der 1960er Jahre ein Hauptziel amerikanischer Attentatsversuche. Viele davon zielten darauf ab, Fidel Castro zu vergiften, z.B. durch eine vergiftete Zigarre, einen mit Bakterien behandelten Taucheranzug und eine Geliebte, die ihm im Schlaf Gift verabreichen sollte. Die CIA verbündete sich sogar mit der Mafia, um Castro zu beseitigen. Die gelungenen CIA Attentate auf Ngo Dinh Diem und Salvador Allende waren Bestandteil von Staatsstreichen, die in diesen Ländern neue Regierungen an die Macht brachten. Die CIA hatte Diem 1960 als Präsident von der Republik Südvietnam installiert und als er für die amerikanischen Interessen unbequem wurde, organisierte die CIA einen Putsch gegen Diem in 1963. Diem wurde verhaftet und wenig später erschossen, wobei nicht klar ist, ob dies auf Anordnung der CIA geschah. Der von der CIA betriebene Putsch gegen die Regierung Allende 1973 führte ebenfalls zum Tod des ehemaligen Präsidenten. Allerdings stand zunächst der damalige chilenische Stabschef Rene Schneider den Bemühungen der CIA im Wege und musste daher zuerst beseitigt werden. Die Putschisten organisierten im Oktober 1970 einen Überfall auf Schneider, bei dem er tödlich verwundet wurde. Die Ermordung Schneiders hatte nicht die gewünschte Wirkung, aber ein weiterer Putschversuch gegen Salvador Allende war im September 1973 erfolgreich und endete in dessen Selbstmord.

5. Vgl. (2010), »Dubai-Affäre: Mord an Hamas-Führer beschäftigt nun auch deutsche Behörden«, *Zeit Online* (21. Februar),

http://www.zeit.de/politik/ausland/2010-02/dubai-mossad-hamas-pass.

6. Vgl. Ian Black & Benny Morris (1991), *Israel's Secret Wars/A History of Israel's Intelligence Services*, New York; Grove Weidenfeld, S. 188-191.
7. Vgl. Victor Ostrovsky & Claire Hoy (1990), *By Way of Deception/The Making and Unmaking of a Mossad Officer*, New York: St. Martin's Press, S. 34.
8. Vgl. Simon Reeve (2000), *One Day in September/ The Story of the 1972 Munich Olympics Massacre*, London: Faber & Faber, S. 103; betreffend der Versuche der deutschen Regierung die eigenen Fehler der Rettungsaktion zu verbergen s. S. 180ff.
9. Vgl. ibid. S. 135.
10. Vgl. Aaron Klein (2005), *Striking Back/The 1972 Munich Olympics Massacre and Israel's Deadly Response*, New York: Random House, S. 157ff.
11. Vgl. Reeve, *One Day in September*, S. 167.
12. Vgl. ibid., S. 178.
13. Die Israelis verdächtigten Wael Zwaiter anscheinend, dass er für die Planung der Entführung eines El Al Flugzeugs nach Algerien 1968 verantwortlich war und dass er ein Tonbandgerät an Bord des Flugzeugs geschmuggelt hatte. Vgl. Black & Morris (1991), *Israel's Secret Wars*, S. 273. Aaron Klein betrachtet die Tötung Zwaiters als einen operativen Fehler des Mossad, da er »bestenfalls ein kleiner Fisch in einem Teich von Haien war«. Vgl. Klein, *Striking Back*, S. 123.
14. Vgl. Reeve, *One Day in September*, S. 180 und S. 206.
15. Zumindest war die CIA durch einen Informanten im chilenischen Geheimdienst DINA von Anfang an über die Operation ›Condor‹ informiert. Vgl. John Prados (2006), *Safe for Democracy/The Secret Wars of the CIA*, Chicago, IL: Ivan R. Dee, S. 424; vgl. auch Jon Dinges (2000), »CIA Pulling Back the Veil on Condor«, *Third World Traveler* (24./31. Juli), http://www.thirdworldtraveler.com/CIA/Veil_Condor.html.
16. Vgl. J. Patrice McSherry (2009), »Counterterror Wars and Human Rights: From Operation Condor to the Present«, *NACLA Report on the Americas* (42:6), S. 10-14.
17. Vgl. Hugh O'Shaugnessy (2000), *Pinochet/The Politics of Torture*, New York: New York University Press, S. 104.
18. Vgl. Stella Calloni & Equipo Nizkor (1998), »Los Archivos del Horror del Operativo Condor«, *Derechos*, http://www.derechos.org/nizkor/doc/condor/calloni.html.

19. Vgl. Horacio Verbitsky (1996), *The Flight: Confessions of an Argentine Dirty Warrior*, New York: The New Press.
20. Vgl. Klaus Eichner (2009), *Operation Condor/Eine Internationale des Terrors*, Berlin: Verlag Wiljo Heinen, S. 113-114.
21. Vgl. Peter Kornbluh (2004), *The Pinochet File/A Declassified Dossier on Atrocity and Accountability*, New York: The New Press, S. 332.
22. Vgl. Eichner, *Operation Condor*, S. 127.
23. Für die Verantwortung des chilenischen Geheimdienstes DINA an dem Letelier Attentat gab es nach den Worten des damaligen U.S.-Außenministers »überwältigende Beweise« und die USA verlangte die Auslieferung der an der Operation beteiligten DINA Agenten von Chile. Vgl. Kornbluh (2004), *The Pinochet File*, S. 446f.
24. Vgl. William R. Long (1995), »Chile Jails Former Chief of Secret Police: Justice: Retired general's conviction in assassination of leftist in Washington created political tension«, *Los Angeles Times* (22. Oktober), http://articles.latimes.com/1995-10-22/news/mn-59943_1_secret-police.
25. Vgl. Ostrovsky & Hoy, *By Way of Deception*, S. 217-218.
26. Vgl. Thomas K. Adams (1998), *U.S. Special Operations Forces in Action/The Challenge of Unconventional Warfare*, London: Frank Cass, S. 1ff.
27. Die Briten unternahmen z.B. mehrere Versuche, den Wüstenfuchs-General Erwin Rommel in Nordafrika gezielt zu töten. Ein Überfall einer britischen Kommandoeinheit auf Rommels Hauptquartier im November 1941 schlug fehl, weil Rommel zu der Zeit nicht anwesend war. Berühmter ist allerdings das britische Attentat auf Reinhard Heydrich. Der Reichsprotektor von Böhmen und Mähren und Oberhaupt des Reichssicherheitsamtes Heydrich wurde von zwei tschechischen Partisanen mit Unterstützung der SOE im Mai 1942 getötet. Die Partisanen stoppten den Wagen von Heydrich in Prag und verwundeten ihn tödlich mit einer auf das Auto abgeworfenen Handgranate.
28. Vgl. Prados, *Safe for Democracy*, S. 364.
29. Vgl. William Rosenau & Austin Long (2009), *The Phoenix Program and Contemporary Counterinsurgency*, Santa Monica: RAND, S. VII.
30. Vgl. Douglas Valentine (1990), *The Phoenix Program*, New York: William Morrow & Co., S. 347.

31. Vgl. John Ranelagh (1986), *The Agency/The Rise and Decline of the CIA From Wild Bill Donovan to William Casey*, New York: Simon & Schuster, S. 440.
32. Vgl. Valentine, *The Phoenix Program*, S. 308-309.
33. Es gibt keine schriftlichen Dokumente, die eine Erstschusserlaubnis für die SAS belegen. Es gab anscheinend vielmehr eine Erwartungshaltung seitens der Regierung, dass die SAS schon wüsste was zu tun sei.
34. Vgl. Hunter, *Targeted Killing*, S. 44.
35. Vgl. ibid., S. 46.
36. Vgl. Mark Urban (1992), *Big Boy's Rules/The Secret Struggle Against the IRA*, London: Faber & Faber, S. 230.
37. Vgl. Maxine Williams (1989), »Murder on the Rock: How the British Government Got Away with Murder«, http://www.rcgfrfi.easynet.co.uk/larkin_pubs/older/motr/motr_all.htm.
38. Vgl. ibid.
39. Vgl. Crawford, *Manhunting*, S. 103.
40. Vgl. Timothy Naftali (2005), *Blind Spot/The Secret History of American Counterterrorism*, New York: Basic Books, S. 132-133.
41. Vgl. ibid., S. 184.
42. Vgl. Ulfkotte, *Der Krieg im Dunkeln*, S. 125.
43. Gaddafi beschuldigte die USA schon seit 1981 seine Ermordung zu planen und Anschläge auf ihn zu verüben. Der ehemalige britische Geheimdienstmitarbeiter David Shayler behauptete, der MI6 habe 1997 einen Anschlag mit einer Handgranate auf Gaddafi verübt, die aus der Menge auf sein Fahrzeug geworfen wurde.
44. Nach einer Untersuchung der Zeitung *Die Welt* wurde Gaddafis einzige Tochter Hana nicht in dem Luftangriff von 1986 getötet, sondern ist immer noch am Leben. Ein in dem Luftangriff getötetes Mädchen könnte von Gaddafi nach träglich adoptiert worden sein, um den Tod propagandistisch besser auszubeuten. Vgl. Patrick Müller (2011), »Libyscher Clan: Gaddafis Kinder – Totgesagte leben länger«, *Die Welt* (6. August), http://www.welt.de/politik/ausland/article13530021/Gaddafis-Kinder-Totgesagte-leben-laenger.html; vgl. auch Stephen T. Hosmer (2001), *Operations Against Enemy Leaders*, Santa Monica, CA: RAND, S. 27-28.
45. Vgl. Ulfkotte, *Der Krieg im Dunkeln*, S. 126.
46. Vgl. Hosmer, *Operations Against Enemy Leaders*, S. 29.
47. Vgl. ibid., S. 30.

48. Der Geheimdienstexperte Wilhelm Dietl argumentiert, dass Libyen nicht für den Lockerbie Anschlag verantwortlich war, sondern Iran. Demnach wollte Iran Vergeltung für ein von den USA in 1988 versehentlich über dem Persischen Golf abgeschossenes iranisches Passagierflugzeug. Es gab abgesehen von einigen Indizien keine überzeugenden Beweise für eine Schuld Libyens. Vgl. Wilhelm Dietl (2010), *Schattenarmeen/Die Geheimdienste der islamischen Welt*, Salzburg: Residenz Verlag, S. 159-166.
49. Vgl. Peter L. Bergen (2002), *Holy War Inc./Inside the Secret World of Osama bin Laden*, London: Phoenix, S. 113-117.
50. Vgl. Steve Coll (2004), *Ghost War/The Secret History of the CIA, Afghanistan and Bin Laden, From the Soviet Invasion to September 10*, 2001, London: Penguin Books, S. 319.
51. Vgl. Michael Scheuer (2006), »Bill and Dick, Osama and Sandy«, *The Washington Post* (4. Juli), http://www.washingtontimes.com/news/2006/jul/4/20060704-110004-4280r/.
52. Vgl. Zenko, *Between Threats and War*, S. 59.
53. Vgl. ibid., S. 65.
54. Die USA griff im Dezember 2009 mehrere Terroristenlager im Südjemen mit Tomahawks an, wobei über 120 Menschen getötet wurde. Vgl. Thomas McAdam (2009), »Obama, Nobel Peace Prize in Hand, Bombs Yemen with Cruise Missiles«, *The Examiner* (20. Dezember), http://www.examiner.com/public-policy-in-louisville/obama-nobel-peace-prize-hand-bombs-yemen-with-cruise-missiles.
55. Vgl. Naftali, *Blind Spot*, S. 278-279.
56. Vgl. Hosmer, *Operations Against Enemy Leaders*, S. 12.
57. Drohnen vom Typ *Predator* sind mit Radarbild und Infrarot-Nachtsichtgeräten ausgestattet. Ihre Piloten sind in der Lage, ein Nummernschild aus dreieinhalb Kilometern Entfernung lesen zu können. Vgl. Peter W. Singer, *Wired for War*, S. 33.
58. Drohnen vom Typ *Predator* kosten nur etwa 4,5 Millionen U.S.-Dollar, wohingegen ein F-16 Kampfflugzeug etwa $25 Millionen U.S.-Dollar kostet. Die Kosten für die Wartung und Betrieb der Drohnen ist ebenfalls deutlich niedriger als für bemannte Kampfflugzeuge.
59. Vgl. Bill Yenne (2010), *Birds of Prey/Predators, Reapers and America's Newest UAV's in Combat*, North Branch, MN: Specialty Press, S. 23 und 27.
60. Vgl. ibid., S. 86.
61. Vgl. Zenko, *Between Threats and War*, S. 73f.

62. Die technischen Daten der *Predator* und *Reaper* Drohnen finden sich in: Yenne, *Birds of Prey*, S. 152.
63. Vgl. Singer, *Wired for War*, S. 33.
64. Vgl. Zenko, *Between Threats and War*, S. 73.
65. Vgl. ibid., S. 73.
66. Vgl. ibid., S. 87.
67. Vgl. CNN Interview mit Zbiegniew Brzezinski vom 13. Juni 1997, in dem Brzezinski zugab, dass es das Ziel der Zusammenarbeit mit den Pakistanis unmittelbar nach der sowjetischen Invasion Afghanistans war, die Sowjets so viel als möglich und solange wie möglich bluten zu lassen. Das vollständige Interview befindet sich auf der Webseite des National Security Archive der George Washington University unter http://www.gwu.edu/~nsarchiv/coldwar/interviews/episode-17/brzezinski2.html. In einem späteren Interview mit Le Nouvel Observateur von 1998 enthüllte Brzezinski, dass die CIA bereits vor der sowjetischen Invasion mit der Destabilisierung Afghanistans begann. »Die geheime Operation war eine exzellente Idee. Es gelang damit, die Russen in die afghanische Falle zu locken … An dem Tag an dem die Sowjets die Grenze überschritten, schrieb ich einen Brief an Präsident Carter. Wir haben nun eine Gelegenheit, der Sowjetunion ihr Vietnam zu bereiten«. Vgl. *Centre for Research on Globalisation*-Webseite, http://www.globalresearch.ca/articles/BRZ110A.html.
68. Viele Details der Operation Cyclone (dem geheimen Krieg der CIA gegen die Sowjets in Afghanistan) sind in dem hervorragenden Buch von George Crile enthalten. Vgl. George Crile (2003), *My Enemy's Enemy/The Story of the Largest Covert Operation in History – Arming of the Mujahideen by the CIA*, New York: Atlantic Books.
69. In einer öffentlichen Erklärung im Februar 2009 behauptete der pakistanische Außenminister, dass es keinerlei pakistanische Erlaubnis für amerikanische Drohnenangriffe in Pakistan gebe und auch keine amerikanischen Drohnenstützpunkte in Pakistan. Yenne (2010), *Birds of Prey*, S. 120.
70. Vgl. Bill Roggio & Alexander Mayer (2012), »Charting the Data for US Airstrikes in Pakistan, 2004-2012«, *The Long War Journal* (Stand 4. Mai), http://www.longwarjournal.org/pakistan-strikes.php.
71. Vgl. Jeremy Scahill (2009), »The Secret US War in Pakistan«, *The Nation* (7. Dezember), http://www.thenation.com/article/secret-us-war-pakistan.

72. Vgl. (2010), »Thousands of notorious Xe Services men operating in Pakistan: Hamid Gul«, *South Asian News Agency* (23. August), http://www.defence.pk/forums/strategic-geopolitical-issues/70227-xe-services-men-operating-pakistan.html.
73. Vgl. Bill Roggio & Alexander Mayer (2012), »Charting the Data for US Airstrikes in Pakistan, 2004-2012«, *The Long War Journal* (Stand 4. Mai), http://www.longwarjournal.org/pakistan-strikes.php.
74. Vgl. (2011), »US Bombed Libya More than Pakistan«, *Russia Today* (20. Oktober), http://rt.com/usa/news/us-libya-pakistan-drone-325/.
75. Vgl. Mark Mazetti & Eric Schmidt (2011), »U.S. Expands Its Drone War Into Somalia«, *The Washington Post* (1. Juli), http://www.nytimes.com/2011/07/02/world/africa/02somalia.html?pagewanted=all.
76. Vgl. Bill Roggio (2012), »US Drone Strike Kills 2 AQAP Fighters in Central Yemen«, *The Long War Journal* (19. Mai), http://www.longwarjournal.org/archives/2012/05/us_drone_strike_kill_5.php.
77. Vgl. Dana Priest & William Arkin (2011), *Top Secret America/ The Rise of the New American Security State*, New York: Little, Brown & Co., S. 209.

3. Das globale Suchnetz

1. Vgl. Ronald F. White (2007), »A Prologemenon to a General Theory of Assassination«, *Assassination Research* (5:1), S. 8.
2. Richard Belfield beschreibt ausführlich die Probleme, die der sowjetische Geheimdienst bei der Ausführung von Attentaten im Westen während der 1950er Jahre hatte. Mehrere der vom KGB entsandten Attentäter entpuppten sich als entweder unfähig oder unwillig die Attentate auszuführen. Normale Geheimdienstler sind anscheinend ungeeignete Attentäter und die Bemühungen der CIA Mafiakiller zur Ermordung Fidel Castros anzuheuern endete in einem Skandal, als sie von einem Kongress-Untersuchungsausschuss aufgedeckt wurden. Vgl. Belfield, *The Assassination Business*, S. 31-56.
3. Manche Diktatoren und Politiker sind äußerst schwer zu töten, da sie rund um die Uhr von Leibwächtern und durch umfassende Sicherheitsmaßnahmen geschützt werden. Fidel Castro

behauptet, dass er insgesamt 638 Attentatsversuche überlebt hat. Saddam Hussein und Muammar Gaddafi hatten möglicherweise sogar Doppelgänger als Schutz gegen Attentate.

4. Vgl. Berkowitz, *The New Face of War*, S. 121.
5. Vgl. Kurt M. Campbell & Richard Weitz (2006), »Non-Military Strategies for Countering Islamist Terrorism: Lessons Learned from Past Counterinsurgencies«, *The Princeton Project Papers*, http://www.princeton.edu/~ppns/papers/counterinsurgency.pdf, S. 18.
6. Der Jurist Kenneth Anderson argumentiert, dass der Krieg dort stattfindet, wo sich die Teilnehmer aufhalten, was seit dem Zweiten Weltkrieg die amerikanische rechtliche Sichtweise sei. Vgl. Kenneth Anderson (2011), »Targeted Killing and Drone Warfare: How We Came to Debate Whether There Is A ›Legal Geography of War‹«, *Washington College of Law Research Paper* No. 2011-16, S. 4f.
7. Vgl. George W. Bush, Washington, DC, Rede vor dem U.S. Kongress am 20. September 2001.
8. Der Theoretiker der Aufstandsbekämpfung und frühere Berater von General Petreus im Irak, David Kilcullen, argumentiert, dass der Krieg gegen al Quaida als globalisierter Aufstand begriffen werden sollte bei dem ein Ansatz globaler Aufstandsbekämpfung verwendet werden sollte. Vgl. David Kilcullen (2005), »Countering Global Insurgency«, *The Journal of Strategic Studies* (28:4), S. 597-617.
9. Carl Schmitt hat den Begriff des Weltbürgerkriegs geprägt. Schmitt bezeichnete Lenin als »Berufsrevolutionär des Weltbürgerkriegs«. Vgl. Carl Schmitt, *Theorie des Partisanen*, S. 94.
10. Vgl. vor allem Walter Laqueur (2001), *Die globale Bedrohung/Neue Gefahren des Terrorismus*, München: Econ.
11. Vgl. David Tucker (2001), »What Is New About the New Terrorism and How Dangerous Is It?«, *Terrorism and Political Violence* (13:3), S. 1-14.
12. Vgl. Peter Neumann (2009), *Old & New Terrorism/Late Modernity, Globalization and the Transformation of Political Violence*, Cambridge: Polity Press, S. 82.
13. Nach Peter Bergen kosteten die Anschläge vom 11. September, welche den USA $100 bis 300 Milliarden an Schäden verursachten, al Quaida nur bescheidene $200.000 U.S.-Dollar bis $500.000 U.S.-Dollar. Vgl. Bergen, *Holy War, Inc.*, S. 107. Vgl. ebenfalls Rohan Gunaratna (2003), *Inside Al Qaeda/Global Network of Terror*, London: C. Hurst & Co., S. 65.

14. Vgl. Dana Priest (2005), »CIA Holds Terror Suspects in Secret Prisons«, *The Washington Post* (2. November).
15. Vgl. Matteo M. Winkler (2007), »When Extraordinary Means Illegal: International Law and European Reaction to United States Rendition Program«, *Loyola of Los Angeles International & Comparative Law Review* 30, S. 33-76.
16. Vgl.Trevor Paglen & A.C. Thompson (2007), *Torture Taxi/ On the Trail of the CIA's Rendition Flights*, Cambridge: Icon Books, S. 17ff. und vgl. (2011), »Court Case Reveals Details of Secret Extraordinary Rendition Flights«, *Associated Press* (9. Januar), http://www.nationalmemo.com/article/court-case-reveals-details-secret-extraordinary-rendition-flights.
17. Vgl. Jane Mayer (2005), »Outsourcing Torture: The Secret History of the CIA's ›Extraordinary Rendition‹ Program«, *The New Yorker* (14. Februar), http://www.newyorker.com/archive/2005/02/14/050214fa_fact6.
18. Wegen der Verwendung von Folter sind die durch Verhöre in den Geheimgefängnissen beschafften Informationen nicht vor Gericht als Beweismittel zulässig. Eine Freilassung von womöglich gefährlichen Terroristen scheint ebenfalls für die USA keine gute Lösung zu sein und eine Auslieferung an andere Staaten scheitert oft daran, dass wenige Staaten bereit sind die Terroristen aufzunehmen. Der zwischen 1995 und 1999 für außerordentliche Überstellungen zuständige CIA Terrorismusexperte Michael Scheuer hat darum die Ausweitung der Praxis unter der Regierung George W. Bush mit den Worten beklagt »alles, was wir getan haben, ist für uns zu einem Alptraum geworden«. Vgl. (2005), »CIA ›Outsourcing Torture‹«, *Agence France Presse* (7. Februar), http://www.commondreams.org/headlines05/0207-12.htm.
19. Vgl. Robert F. Hahn II & Bonnie Jezior (1999), »Urban Warfare and the Urban Warfighter 2025«, *Parameters* (2), S. 74.
20. Vgl. »UNFPA State of the World Population/ Unleashing the Potential of Urban Growth«, *United Nations Population Fund*, S. 1.
21. Vgl. Ralph Peters (1996), »Our Soldiers, Their Cities«, *Parameters* (1), S. 6.
22. Vgl. Alice Hills (2004), *Future War in Cities/Rethinking a Liberal Dilemma*, London: Frank Cass, S. 68.
23. Vgl. ibid., S. 75.
24. Vgl. Stephen Graham (2006), »Cities and the ›War on Terror‹«,

International Journal of Urban and Regional Research Vol. 30.2, S, 266f.

25. Vgl. Stephen Graham, »Interrupting the Algorithmic Gaze? Urban Warfare and US Military Technology«, www.citeseerx.ist.psu.edu/viewdoc/download?doi=10.1.1.124.
26. Vgl. Steven Metz & James Kievit (1994), »The Revolution in Military Affairs and Conflict Short of War«, *US Army War College*, http://www.dtic.mil/cgi-bin/GetTRDoc?Location=U2&doc=GetTRDoc.pdf&AD=ADA283836.
27. Das Department of Homeland Security war vormals als das 2001 gegründete Office of Homeland Security bekannt.
28. Vgl. Jonathan Masters (2011), »Backgrounder: Militant Extremists in the United States«, *Council on Foreign Relations*, http://www.cfr.org/terrorist-organizations/militant-extremists-united-states/p9236.
29. 2007 wurde im U.S. Kongress ein Gesetz vorgeschlagen (»Violent Radicalization and Homegrown Terrorism Prevention Act«), das Globalisierungsgegner, radikale Umweltschützer und Gegner des Kapitalismus als Gefahren, als hausgemachten Terrorismus bezeichnet. Obwohl das Gesetz nicht verabschiedet wurde, mehren sich Zeichen, dass die amerikanische Regierung Protestbewegungen wie *Occupy Wall Street* als terroristische Gefahr ansieht. Vgl. (2011), »NYPD Counter Terrorism Unit Monitoring the Occupy Wall Street Protests«, *The Intelhub* (30. September), http://ozhouse.org/2011/09/30/nypd-counter-terrorism-unit-monitoring-the-occupy-wall-street-protests/; (2011), »FBI Targeting Political Activists as Terrorists«, *Global Research TV* (27. Mai), http://tv.globalresearch.ca/2011/05/fbi-targeting-political-activists-terrorists; Eric Lichtblau (2005), »F.B.I. Watched Activist Groups, New Files Show«, *The New York Times* (20. Dezember), http://www.nytimes.com/2005/12/20/politics/20fbi.html?pagewanted=all.
30. Vgl. Hoffman, *Inside Terrorism*, S. 105-106.
31. Vgl. Northern Command Webseite, http://www.northcom.mil/about/history_education/posse.html.
32. Vgl. William F. Jasper (2008), »20,000 Troops to Be Deployed in the United States«, *The New American* (3. Dezember), http://www.thenewamerican.com/usnews/congress/565.
33. Vgl. (2011), »Friedrich will Bundeswehreinsatz im Inneren«, *Die Zeit Online* (21. Mai), http://www.zeit.de/politik/deutschland/2011-05/bundeswehr-einsatz-innern-friedrich.
34. Vgl. (2011), »UK May Use Army in Future Riots – Cameron«,

Reuters (11. August), http://www.reuters.com/article/2011/08/11/uk-britain-riots-cameron-idUSLNE77A02B20110811.

35. Vgl. Harry Helms (2002), *Inside the Shadow Government/National Emergencies and the Cult of Secrecy*, Los Angeles, CA: Feral House, S. 124.
36. Vgl. Gavin Bailey (2008), »The Killing of Jean-Jacques De Menezes«, *In-Spire: Journal of Law, Politics and Societies* (3:1), S. 22-31.
37. Vgl. National Defense Authorization Act for the Fiscal Year 2012, S. 1867, Section 1031. Darin heißt es: »Der Kongress bestärkt das Recht des Präsidenten alle notwendige und angemessene Gewalt anzuwenden im Bezug auf die Autorisierung militärischer Gewalt, was die Autorität einer Internierung von abgedeckten Personen einschließt, wie definiert unter Sektion (b) gemäß des Kriegsrechtes ... [eine abgedeckte Person ist:] Eine Person, die Mitglied von al Quaida, der Taliban oder assoziierter Kräfte verwickelt in Feindseligkeiten gegen die Vereinten Staaten war, einschließlich jeder Person die einen kriegerischen Akt beging oder direkt die Feindseligkeiten solcher Feindkräfte unterstützte.«
38. Vgl. (2012), »Attorney General Eric Holder Speaks at the Northwestern University School of Law«, Chicago (5. März), *Department of Justice*, http://www.justice.gov/iso/opa/ag/speeches/2012/ag-speech-1203051.html.
39. Vgl. Jeffrey Richelson (2007), »The Technical Collection of Intelligence«, in: Loch K. Johnson (Hrsg.), *Handbook of Intelligence Studies*, New York: Routledge, S. 105-117.
40. Das amerikanische Sound Surveillance System (SOSUS) besteht aus einem Netz von Sensoren, die in den Weltmeeren platziert sind, und in der Lage sind, über große Entfernung U-Boote zu entdecken und zu identifizieren. Das amerikanische Radarsystem PAVE PAWS kann Flugobjekte aus einer Entfernung von 3.100 Meilen entdecken und identifizieren.
41. Vgl. Martin Rudner (2004), »Britain Betwixt and Between: UK SIGINT Alliance's Strategy Transatlantic and European Connections«, *Intelligence and National Security* (19: 4), S. 572.
42. Vgl. Duncan Campbell (2000), »Inside Echelon: The History, Structure and Function of the Global Surveillance System Known as Echelon«, *heise-online* (25. Juli), http://www.heise.de/tp/artikel/6/6929/1.html.
43. Die wichtigsten Abhör- und Satellitenkontrollstationen des Echelon-Netzes sind Sugar Grove in Virginia, Yakima im Staat

Washington, Leitrim in Kanada, Menwith Hill und Morwenstow in England, Diego Garcia im indischen Ozean, Pine Gap in Australien und Waihopai in Neuseeland. Vgl. ibid.

44. Vgl. (2001), »Report: On the Existence of a Global System for the Interception of Private and Commercial Communications (ECHELON Interception System)«, *Europäisches Parlament* (11. Juli), (A5-0264/2001).
45. Vgl. ibid., S. 102.
46. Vgl. James Bamford (2008), *The Shadow Factory/The Ultra-Secret NSA from 9/11 to the Eavesdropping of America*, New York: DoubleDay, S. 139.
47. Vgl. Maureen Webb (2007), *Illusions of Security/ Global Surveillance and Democracy in the Post-9/11 World*, San Francisco, CA: City Lights, S. 56.
48. Vgl. James Risen (2005), »Bush Lets U.S. Spy on Callers Without Courts«, *The New York Times* (16. Dezember), http://www.nytimes.com/2005/12/16/politics/16program.html?pagewanted=all. Obwohl eine Verletzung der Bürgerrechte vorlag und die George W. Bush-Regierung illegal handelte, verabschiedete der U.S. Kongress 2008 ein Gesetz, das den im Abhörprogramm teilnehmenden Firmen nachträglich Immunität gegen zivilrechtliche Anklagen gewährt. Die Verfassungsverletzung wurde also im Nachhinein legalisiert. Vgl. (2008), »Recent Legislation, Electronic Surveillance – Congress Grants Telecommunications Companies Retroactive Immunity from Civil Suits for Complying with NSA Terrorist Surveillance Program«, *Harvard Law Review* 122, S. 1271-1278.
49. Vgl. Talitha Nabbali & Mark Perry (2004), »Going for the Throat: Carnivore in an Echelon World«, *Computer Law & Security Report* (20: 4), S. 84-97.
50. Vgl. Webb, *Illusions of Security*, S. 149.
51. Vgl. Shane Harris (2010), *The Watchers/The Rise of America's Surveillance State*, New York: Penguin Press, S. 147-148.
52. Vgl. (2008), »Stunning New Report on Domestic NSA Dragnet Spying Confirms ACLU Surveillance Warning«, *American Civil Liberties Union* (12. März), http://www.aclu.org/technology-and-liberty/stunning-new-report-domestic-nsa-dragnet-spying-confirms-aclu-surveillance-wa.
53. Vgl. Björn Greif (2007), »EU Datenschützer kritisieren Datenspeicherung bei Google«, *ZD Net* (25. Mai), http://www.zdnet.de/news/39154791/eu-datenschuetzer-kritisieren-datenspeicherung-bei-google.htm.

54. Vgl. Priest & Arkin, *Top Secret America*, S. 144.
55. Vgl. (2007), »All UK ›Must Be on DNA Database‹«, *BBC News* (5. September), http://news.bbc.co.uk/2/hi/uk_news/6979138.stm.
56. Vgl. Tom Shanker (2011), »To Track Militants, U.S. Has System That Never Forgets a Face«, *The New York Times* (13. Juli), http://www.nytimes.com/2011/07/14/world/asia/14identity.html?pagewanted=all.
57. Vgl. ibid. Die CIA organiserte angeblich zum Schein ein Impfungsprogramm in Abbottabad, um an die DNS der bin Laden Familie heranzukommen, welche später angeblich für die Identifizierung bin Ladens genutzt wurde. Vgl. Saeed Shah (2011), »CIA organised fake vaccination drive to get Osama bin Laden's family DNA«, *The Guardian Online* (11. Juli), http://www.guardian.co.uk/world/2011/jul/11/cia-fake-vaccinations-osama-bin-ladens-dna.
58. Vgl. Sharon Weinberger (2008), »What Is Bob Woodward's ›Secret Weapon‹ in Iraq?«, *Wired Danger Room* (9. September), http://www.wired.com/dangerroom/2008/09/whats-the-mi-lit/.
59. Vgl. Chris Williams (2010), »MoD Labels Facebook a ›Targeting Pack‹ for Terrorists«, *The Register* (1. Oktober), http://www.theregister.co.uk/2010/10/01/mod_facebook_places/.
60. Vgl. Wayne Masden (1997), »Did the NSA Help Russia Target Dudayev?«, *Covert Action Quarterley* 61, S. 47-49.
61. Der Leiter der CIA bin Laden Suchabteilung Michael Scheuer sagte in einem Fernsehinterview: »Osama bin Ladens Inmarsat Telefon war ein Geschenk Gottes. Es gab uns wegen all der Telefongespräche rund um die Welt nicht nur eine genaue Vorstellung von seinem Aufenthaltsort in Afghanistan, sondern auch davon, wo al Quaida als Organisation etabliert war.« Vgl. (2009), »NOVA Explores the Role of Technology in Espionage«, (2. Februar), http://www.pbs.org/newshour/bb/science/jan-june09/nova_02-02.html.
62. Vgl. Bamford, *The Shadow Factory*, S. 148.
63. Vgl. Smith, *Killer Elite*, S. 170.
64. Vgl. Coll, *Ghost Wars*, S. 446-447.
65. Vgl. Adam Rawnsley (2009), »CIA Drone Targeting Tech Revealed, Qaeda Claims«, *Wired Danger Room* (8. Juli), http://www.wired.com/dangerroom/2009/07/infrared-beacons-guiding-cia-drone-strikes-qaeda-claims/.

66. Die Firma VeriChip hat einen Chip von nur 12mm Größe entwickelt, der unter die Haut implantiert werden kann. Vgl. Katherine Albrecht & Liz MacIntyre (2005), *Spychips/ How Major Corporations and Government Plan to Track Your Everyday Move with RFID*, Nashville, TN: Nelson Current, S. 179.
67. Vgl. (2002), »US Family Gets Health Implants«, *BBC News* (11. Mai), http://news.bbc.co.uk/2/hi/health/1981026.stm.
68. Vgl. Albrecht & MacIntyre, *Spychips*, S. 181.
69. Vgl. (2011), »Official: Human Tracking Chips Don't Work«, *UPI* (22. August), http://www.upi.com/Top_News/US/2011/08/22/Official-Human-tracking-chips-dont-work/UPI-48351314016431/.
70. Vgl. (2012), »The US Military Wants to ›Microchip‹ Troops«, *Business Insider* (6. Mai), http://articles.businessinsider.com/2012-05-06/news/31591343_1_troops-first-step-computer-chips.
71. Vgl. David Hambling (2011), »A Game of Tag«, *Fortean Times* (Mai), http://www.forteantimes.com/features/fbi/5383/a_game_of_tag.html.
72. Vgl. David Hambling (2009), »Court to Defendant: Stop Blasting that Man's Mind!«, *Wired Danger Room Blog* (1. Juli), http://www.wired.com/dangerroom/2009/07/court-to-defendant-stop-blasting-that-mans-mind/.
73. Vgl. Deborah Dupre (2010), »Obama Targeted Killings Lawsuit Spotlights American Civilians«, *The Examiner* (2. September), http://www.examiner.com/human-rights-in-national/obama-s-targeted-killings-lawsuit-may-spotlight-tis.
74. Vgl. (2011), »Official: Human Tracking Chips Don't Work«, *UPI* (22. August), http://www.upi.com/Top_News/US/2011/08/22/Official-Human-tracking-chips-dont-work/UPI-48351314016431/.
75. Der dänische Künstler Jakob Boeskov erfand die fiktive Waffe ›ID Sniper‹ als ein Kunstprojekt und stellte es als real existierende Waffe 2002 auf einer chinesischen Polizei-Ausstellung vor. Anscheinend zeigten eine Vielzahl von Regierungen Interesse an einer Waffe, die Individuen per Chip unauffällig markieren kann. Selbstverständlich ist dies technisch derzeit nicht machbar, aber es ist denkbar, dass es vielleicht in der Zukunft möglich ist so eine Waffe zu entwickeln.
76. Vgl. H. Keith Melton (2009), *Ultimate Spy*, New York: Metro Books, S. 164-193.

77. Vgl. die Dokumentation »Secrets of the CIA« (1998) von James L. Otis (Regisseur), http://personalgrowthcourses.net/video/secrets_cia.
78. Vgl. Yossi Melman (2010), »Death knell for targeted killings?«, *Haaretz.com* (18. Februar), http://www.haaretz.com/weekend/week-s-end/death-knell-for-targeted-killings-1.263596.
79. Vgl. Jeff Stein (2012), »CIA's Secret Fear: High-Tech Border Checks Will Blow Spies' Cover«, *Gizmodo* (12. April), http://gizmodo.com/5901362/cias-secret-fear-high+tech-border-checks-will-blow-spies-cover#13376306223142&{“type”:”iframeUpdated”,”height”:324}.
80. Vgl. Jeremy Scahill (2009), »The Secret US War in Pakistan«, *The Nation* (7. Dezember), http://www.thenation.com/article/secret-us-war-pakistan.
81. Vgl. Nathan Hodge (2010), »Targeted Killing Lite: Inside the CIA's New Drone Arsenal«, *Wired Danger Room*.
82. Vgl. Steven Metz (2000), »Armed Conflict in the 21st Century: The Information Revolution and Postmodern Warfare«, *Strategic Studies Institute*, U.S. Army War College, Carlisle Baracks, PA, S. 65.
83. Vgl. David Hambling (2010), »Air Force Completes Killer Micro-Drone Project«, *Wired Danger Room*.
84. Vgl. Donald Macintyre (2006), »›Bionic Wasp‹ Could Be Miniature Future Weapon With a Deadly Sting«, *The Independent* (18. November).
85. Vgl. Nick Turse (2008), »Weaponizing the Pentagon's Cyborg Insects«, *TomDispatch* (31. März), http://www.tomdispatch.com/post/174912.
86. Vgl. Stuart Fox (2009), »DARPA's Cyborg Insect Spies, Now Nuclear Powered«, *Popular Science* (12. Oktober), http://www.popsci.com/technology/article/2009-12/nuclear-power-cyborg-insect-spies.
87. Vgl. Jeffrey A. Lockwood (2009), *Six-Legged Soldiers/Using Insects as Weapons of War*, Oxford: Oxford University Press, S. 295.
88. Vgl. Turse, »Weaponizing the Pentagon's Cyborg Insects«.
89. Vgl. Daryl J. Hauck (2005), »The Pandora's Box Opened Wide: UAVs Carrying Genetic Weapons«, *Air University*, Montgomery, AL: *Air War College*, S. 235.
90. So z.B. Doug Beason (2005), *The E-Bomb/How America's Directed Energy Weapons Will Change the Way Future Wars Will Be Fought*, Cambridge, MA: Da Capo Press.

91. Vgl. ibid., S. 16-18.
92. Vgl. (2009), »Advanced Tactical Laser Defeats Ground Target«, *Boeing Pressemitteilung* (1. September), http://boeing.mediaroom.com/index.php?s=43&item=817.
93. Vgl. David Hambling (2008), »Laser Gunship Fires; Deniable Strikes Ahead?«, *Wired Danger Room* (13. August), < http://www.wired.com/dangerroom/2008/08/will-new-laser>.
94. Vgl. Ed Cumming (2010), »The Active Denial System: the Weapon That's a Hot Topic«, *The Telegraph Online* (20. Juli), http://www.telegraph.co.uk/science/7900117/The-Active-Denial-System-the-weapon-thats-a-hot-topic.html.
95. Vgl. (1976), »Foreign Relations: The Microwave Furor«, *Time Magazine* (22. März), http://www.time.com/time/magazine/article/0,9171,911755,00.html.
96. Vgl. John St. Clair Akwei (1996), »Covert Operations of the U.S. National Security Agency«, *Nexus Magazine* (April/ Mai), http://www.bibliotecapleyades.net/scalar_tech/esp_scalar-tech12.htm.
97. Vgl. (2006), »Microwave-oven gun«, *New Scientist Blog* (23. Oktober), http://www.newscientist.com/blog/invention/2006/10/microwave-oven-gun.html.
98. Vgl. Michael L. Gross (2010), *Moral Dilemmas of Modern Warfare/Torture, Assassination, and Blackmail in an Age of Asymmetric Conflict*, Cambridge: Cambridge University Press, S. 84.
99. Vgl. David Hambling (2006), »Moscow's Remote-Controlled Heart Attacks«, *Defense Tech* (14. Februar), http://defensetech.org/2006/02/14/moscows-remote-controlled-heart-attacks/.
100. Vgl. K. Eric Drexler (1987), *Engines of Creation/The Coming Age of Nanotechnology*, New York: Anchor Books.
101. Vgl. (2001), »Nanotechnology: Its Impact on Defence and the MoD«, *UK Ministry of Defence*.
102. Vgl. Drexler, *Engines of Creation*, S. 172-173.
103. Vgl. Ajay Lele (2009), »The Role of Nanotechnology in Defence«, *Strategic Analysis* (33:2), S. 237.

4. Das ethische Dilemma der ›gezielten Tötung‹

1. Vgl. zum Beispiel Philip Alston, »Report of the Special Rapporteur on Extrajudicial, Summary, and Arbitrary Execu-

tions, Philip Alston«, *Vereinte Nationen Generalversammlung*, 28. Mai, A/HRC/14/24/Add.6.

2. Vgl. z.B. Michael Schmitt (1992), »State-sponsored Assassination in International and Domestic Law«, *Yale Journal of International Law* 17, S. 644-645; Tyler J. Harder (2002), »Time to Repeal the Assassination Ban of Executive Order 12,333: A Small Step in Clarifying Current Law«, *Military Law Review* 172, S. 19-21.
3. Vgl. Daniel Statman (2004), »Targeted Killing«, *Theoretical Inquiries in Law* (5:1), S. 179-187.
4. Es kann auf bereits vorhandene exzellente juristische Analysen zum Thema verwiesen werden, nämlich die detaillierten Abhandlungen von Nils Melzer, Avery Plaw, Gary Solis, Kenneth Anderson und anderen.
5. Nach dem deutschen Strafgesetzbuch ist ein Mörder: »wer aus Mordlust, zur Befriedigung des Geschlechtstriebs, aus Habgier oder sonst niedrigen Beweggründen, heimtückisch oder grausam oder mit gemeingefährlichen Mitteln oder um eine andere Straftat zu ermöglichen oder zu verdecken, einen Menschen tötet.« § 211 StGB.
6. Vgl. Oliver Burkeman (2009), »Obama Administration Says Goodbye to ›War on Terror‹«, *The Guardian* (25. März), http://www.guardian.co.uk/world/2009/mar/25/obama-war-terror-overseas-contingency-operations.
7. Vgl. z.B. Daniel Byman (2006), »Do Targeted Killings Work?«, *Foreign Affairs* (85:2), S. 95-111; vgl. ebenfalls: Alston (2010), »Report of the Special Rapporteur on Extrajudicial, Summary, or Arbitrary Executions, Philip Alston«; und Afsheen John Radsan & Richard Murphy (2012), »The Evolution of Law and Policy for CIA Targeted Killing«, *Journal of National Security Law & Policy* (5:2), S. 439-462.
8. Vgl. Klein, *Striking Back*, S. 107.
9. Vgl. Ami Pedahzur (2009), *The Israeli Secret Services & the Struggle Against Terrorism*, New York: Columbia University Press, S. 122.
10. Vgl. ibid., S. 118.
11. Eine Diskussion dazu findet sich in Plaw, *Targeting Terrorists*, S. 84.
12. Vgl. Mya Guarnieri (2012), »The Killing of Zuhair al Quaissi Exposes Israel's Attitude to Its Supreme Court«, *The Guardian* (14. März), http://www.guardian.co.uk/commentisfree/2012/mar/14/israel-killing-zuhair-al-qaissi.

13. Vgl. Hosmer, *Operations Against Enemy Leaders*, S. 12-13.
14. Vgl. Tara Mckelvey (2011), »Inside the Killing Machine«, *Newsweek* (13. Februar), http://www.thedailybeast.com/newsweek/2011/02/13/inside-the-killing-machine.html.
15. Vgl. ibid.
16. Vgl. Priest & Arkin, *Top Secret America*, S. 204.
17. Vgl. ibid., S. 205.
18. Vgl. Glenn Greenwald (2012), »Execution by Secret WH Committee«, *Salon* (16. Oktober), http://www.salon.com/2011/10/06/execution_by_secret_wh_committee/.
19. Vgl. Alexander Higgins (2012), »Obama Appoints First Ever Assassination Czar«, *The Examiner* (23. Mai), http://www.examiner.com/article/obama-appoints-first-ever-assassination-czar.
20. Vgl. Jo Becker & Scott Shane (2012), »Secret ›Kill List‹ Proves a Test of Obama's Principles and Will«, *The New York Times* (29. Mai), http://www.nytimes.com/2012/05/29/world/obamas-leadership-in-war-on-al-qaeda.html?pagewanted=all.
21. Vgl. Mike Sacks & Andrea Stone (2011), »Al-Awlaki Killing in Yemen Raises Constitutional Questions«, *Huffington Post* (30. September), http://www.huffingtonpost.com/2011/09/30/awlaki-killed-american-cl_n_988929.html.
22. Der Oberste Gerichtshof in Israel hat 2005 entschieden, dass »ein Zivilist, der allgemein Kampfhandlungen gegen die Armee unterstützt, nicht direkt an Feindseligkeiten teilnimmt« und darum kein Kombattant ist und somit nicht zum Objekt gezielter Tötungen gemacht werden darf. Vgl. (2005), »The Supreme Court Sitting as the High Court of Justice Before President (Emeritus) A. Barak, President E. Beinisch and Vice President E. Rivlin«, *HCJ* 769/02 (11. Dezember), http://elyon1.court.gov.il/files_eng/02/690/007/A34/02007690.a34.pdf.
23. Vgl. Shane Harris (2010), »Are Drone Strikes Murder?«, *National Journal* (9. Januar), S. 23.
24. Vgl. James Risen (2009), »U.S. to Hunt Down Drug Lords Tied to Taliban«, *The New York Times* (9. August), http://www.nytimes.com/2009/08/10/world/asia/10afghan.html.
25. Vgl. die UN-Konvention »gegen die Verhinderung und die Bestrafung von Verbrechen gegen international geschützte Personen« vom 20. Februar 1977.
26. Vgl. ibid., Art. 2.
27. Vgl. Byman, »Do Targeted Killings Work?«, S. 106.
28. Vgl. Richard Spencer (2011), »Libya: NATO Raid was ›Gaddafi Assassination Attempt‹«, *The Telegraph* (1. Mai),

http://www.telegraph.co.uk/news/worldnews/africaandindianocean/libya/8486741/Libya-Nato-raid-was-Gaddafi-assassination-attempt.html.

29. Vgl. (2008), »Wir hätten Mengele töten können«, *SPIEGEL Online* (8. September), http://www.spiegel.de/spiegel/print/d-59889991.html.
30. Vgl. Michael N. Schmitt, »Direct Participation in Hostilities and 21st Century Armed Conflict«, in. H. Fischer (ed.) (2004), *Crisis Management and Humanitarian Protection*, Berlin: Berliner Wissenschafts Verlag, S. 509.
31. Vgl. Michael Walzer (2000), *Just and Unjust Wars*, New York: Basic Books, S. 153-155.
32. Vgl. Michael N. Schmitt (2005), »Precision Attacks and International Humanitarian Law«, *International Review of the Red Cross* (87:859), S. 445.
33. Es gibt in Pakistan eine Anklage gegen Mitglieder der CIA durch Hinterbliebene der Opfer von Drohnenangriffen wegen der Tötung von Unschuldigen. Vgl. Saeed Sha (2011), »Pakistani Legal Action Targets U.S. Drone Program«, *McClatchy Newspapers* (18. Juli), http://www.mcclatchydc.com/2011/07/18/117804/pakistani-legal-action-targets.html.
34. Vgl. Ami Pedhazur (2009), *The Israeli Secret Services & the Struggle Against Terrorism*, New York: Columbia University Press, S. 122.
35. Vgl. Steven R. David (2002), »Fatal Choices: Israel's Policy of Targeted Killing«, *Mideast Security and Policy Studies* 51 (September), S. 3.
36. Vgl. z. B. Marc E. Galasco (2009), *Precisely Wrong: Gaza Civilians Killed by Israeli Drone Launched Missiles*, New York: Human Rights Watch; (2005), »Promoting Impunity: The Israeli Military Failure to Investigate Wrongdoing«, *Human Rights Watch* (17:7).
37. Vgl. Plaw, *Targeting Terrorists*, S. 85.
38. Vgl. Roni Sofer (2011), »Report: Shehade Killing Legitimate: Civilian Killings Due to Intel Failure«, *ynetnews.com* (27. Februar), http://www.ynetnews.com/articles/0,7340,L-4035172, 00.html; Avery Plaw, *Targeting Terrorists*, S. 73.
39. Vgl. ibid.
40. Vgl. Galasco, »Precisely Wrong: Gaza Civilians Killed by Israeli Drone-Launched Missiles«, S. 3.
41. Vgl. ibid., S. 5.

42. Vgl. Plaw, *Targeting Terrorists*, S. 76.
43. Vgl. (2004), »UN Commission on Human Rights Adopts Resolution Which Condemns Continuing Grave Violations of Human Rights in the Territory, Including the Tragic Assassination of Sheikh Yassin«, *Vereinte Nationen Pressemitteilung* (24. März), http://www.ifamericaknew.org/cur_sit/un-yassin.html.
44. Demian Casey schätzt, dass 30-35 Prozent der getöteten Personen in israelischen Operationen für die gezielte Tötung von Terroristen unschuldige Zivilisten sind. S. Demian Casey (2005), »Breaking the Chain of Violence in Israel and Palestine«, *Syracuse Journal of International Law and Commerce* (32:2), S. 316.
45. Vgl. Alan Dershowitz (2008), »Targeted Killing Is Working: So Why Is the Press Not Reporting It?«, *The Huffington Post* (3. Januar), http://www.huffingtonpost.com/alan-dershowitz/targeted-killing-is-worki_b_79616.html?.
46. Vgl. (2011), »Statistics: Fatalities«, *B‹Tselem The Israeli Information Center for Human Rights in the Occupied Territories* (31. August), http://old.btselem.org/statistics/english/Casualties.asp.
47. Vgl. ibid.
48. Der Parteiführer von Pakistans größter islamistischer Partei, Jamaat-e-Islami, Syed Munawar Hasan hat während einer Fernsehansprache sogar die Behauptung aufgestellt, dass fast 100 Prozent der durch Drohnen getöteten Personen Zivilisten gewesen seien. Vgl. Sebastian Abbott (2012), »Investigation Sheds More Light on Drone War's Death Toll in Pakistan«, *Associated Press* (25. Februar), http://www.statesman.com/news/world/investigation-sheds-new-light-on-drone-wars-death-2199932.html?printArticle=y.
49. Vgl. J.J. Green (2010), »Collateral Damage ›Acceptable‹ When Terrorists Are Targeted«, *WTOP* (9. März), http://www.wtop.com/?nid=&sid=1907176.
50. Vgl. Matt J. Matin & Charles W. Sasser (2010), *Predator/The Remote-Control Air War Over Iraq and Afghanistan: A Pilot's Story*, Minneapolis, MN: Zenith Press, S. 42.
51. Vgl. David Hambling (2009), »Why Was Pakistan Drone Strike So Deadly?«, *Wired Danger Room* (24. Juni), http://www.wired.com/dangerroom/2009/06/why-was-pakistan-drone-strike-so-deadly/.
52. Vgl. Augustine Anthony (2009), »Factbox: U.S. Drone Strikes

in Pakistan«, *Reuters* (24. Juni), http://in.reuters.com/article/2009/06/24/idINIndia-40566720090624.

53. Vgl. (2011), »U.S. Drone Strike ›Kills 40‹ in Pakistani Tribal Region«, *BBC News* (17. März), http://www.bbc.co.uk/news/world-south-asia-12769209.
54. Vgl. Scott Shane (2011), »C.I.A. Is Disputed in Civilian Toll in Drone Strikes«, *The New York Times* (11. August), http://www.nytimes.com/2011/08/12/world/asia/12drones.html?pagewanted=all.
55. Vgl. Bill Roggio & Alexander Mayer (2011), »Charting the Data for U.S. Airstrikes in Pakistan, 2004-2011«, *The Long War Journal* (27. September), http://www.longwarjournal.org/pakistan-strikes.php.
56. Vgl. (2011), »Covert Drone War – the Data«, *Bureau of Investigative Journalism* (27. September), http://www.thebureauinvestigates.com/2011/08/10/pakistan-drone-strikes-the-methodology2/.
57. Vgl. (2011), »The Year of the Drone«, *New America Foundation* (27. September), http://counterterrorism.newamerica.net/drones.
58. Vgl. (2011), »Drone Attacks in Pakistan«, *Pakistan BodyCount.org* (27. September), http://pakistanbodycount.org/drone_attack.
59. Vgl. Noah Shachtman (2010), »No-name Terrorists Now CIA Drone Targets«, *CNN* (7. Mai), http://articles.cnn.com/2010-05-07/tech/wired.terrorist.drone.strikes_1_drone-attacks-drone-strikes-pakistani-taliban?_s=PM:TECH.
60. Ein vor Kurzem veröffentlichter interner Untersuchungsbericht der CIA über abgeschossene Drogenflugzeuge in Peru kommt zu dem Ergebnis, dass die CIA schwere Fehler gemacht hat: es wurden Flugzeuge fälschlich als Drogenflugzeuge identifiziert wie z.B. ein Flugzeug einer Missionarin und deren Tochter und Flugzeuge wurden ohne Vorwarnung abgeschossen. Vgl. John I. Helgerson (2008), »Report of Investigation: Procedures used in narcotics airbridge denial in Peru, 1995-2001«, *Generalinspekteur der CIA* (25. August).
61. Vgl. (2011), »2010 Report on Terrorism«, *National Counterterrorism Center* (30 April), http://www.nctc.gov/witsbanner/docs/2010_report_on_terrorism.pdf, S. 19.
62. Vgl. »Instructions for the Armies of the US Government in the Field« (Lieber Code) vom 24. April 1863, Art. 148.
63. Vgl. *The Law of War on Land, Being Part III of the Ma-*

nual of Military Law (1958), § 115 zitiert von Rain Liivoja (2010), »Chivalry without a Horse/ Military Honour and the Modern Law of Armed Conflict, *Proceedings of the Estonian Defense College Arbeitspapier*, http://works.bepress.com/rain_liivoja/15, S. 13.

64. Vgl. Michael Gross, »Assassination: Killing in the Shadow of Self-Defense«, in: J. Irwin (2004), *War and Virtual War: The Challenges to Communities*, Amsterdam: Rodopi, S. 99-116.
65. Vgl. ibid., S. 107.
66. Vgl. Plaw, *Targeting Terrorists*, S. 224.
67. Vgl. Statman, »Targeted Killing«, S. 179f.
68. Vgl. Michael Walzer (2000), *Just and Unjust Wars*, New York: Basic Books, S. 143-145.
69. Vgl. Ralph Peters (1996), »A Revolution in Military Ethics«, *Parameters* (26:2), S. 102 und 108.
70. Vgl. Yaroslav Trofimov (2011), »Many Afghans Shrug at ›This Event Foreigners Call 9/11«, *The Wall Street Journal* (8. September), http://online.wsj.com/article/SB1000142405311 1904103404576556531604340742.html.
71. Vgl. Carl Conetta (2002), »Enduring Freedom: Why a Higher Rate of Civilian Bombing Casualties«, *Project on Defense Alternatives* (18. Januar), http://www.comw.org/pda/0201oef.html.
72. Vgl. Ward Thomas (2000), »Norms and Security: The Case of Assassination«, *International Security* (25:1), S. 105-133.
73. Vgl. (1990), *Selective Assassination as an Instrument of National Policy*, Boulder, CO: Paladin Press.
74. Vgl. Klein, *Striking Back*, S. 208.
75. Vgl. Larry May (2007), *War Crimes and Just War*, Cambridge: Cambridge University Press, S. 119.
76. Vgl. Leslie Green (2000), *The Contemporary Law of Armed Conflict*, Manchester: Manchester University Press, S. 122.
77. Vgl. Mark Mazetti (2009), »C.I.A. Sought Blackwaters Help to Kill Jihadists«, *The New York Times* (19. August), http://www.nytimes.com/2009/108/20/us/20intel.html.

5. Die Frage der militärischen Effektivität

1. Vgl. Federico Sperotto (2010), »Illegal and Ineffective? Drone Strikes and Targeted Killing in the ›War on Terror‹«,

OpenSecurity (17. März), http://www.opendemocracy.net/opensecurity/federico-sperotto/illegal-and-ineffective-drone-strikes-and-targetted-killing-in-war-on; Shamim ur-Rahman (2011), »Drone Strikes Fuel Terrorism«, *Dawn.com* (22. Mai), http://www.dawn.com/2011/05/22/drones-fuel-terrorism-says-imran.html; Ehud Eiran (2004), »Targeted Killing: Two Israeli Perspectives«, *The Jewish Daily Forward* (9. April), http://www.forward.com/articles/5453/.

2. Vgl. (2011) »The Targeted Killings Debate«, *Council on Foreign Relations Webseite* (8. Juni), http://www.cfr.org/international-peace-and-security/targeted-killings-debate/p25230.
3. Vgl. Hunter, *Targeted Killing*, S. 51-59.
4. Vgl. ibid., S. 58.
5. Vgl. ibid., S. 54.
6. Vgl. Kapitel 2.
7. Vgl. Frederick Studemann (2005), »Shoot-to-Kill Tactics Accepted in Israel and Russia«, *Financial Times* (25. Juli), http://www.ft.com/cms/s/0/9fb1e632-fd30-11d9-b224-00000e2511c8.html#axzz1ZwLwZXua.
8. Vgl. (2005), »IACP Suggests Head Shots to Stop Suicide Bombers«, *Associated Press* (4. August), http://www.policeone.com/news/117762-IACP-suggests-head-shots-to-stop-suicide-bombers/.
9. Vgl. (2005), »Shooting to Kill: Excuse Me, Are You a Suicide Bomber«, *The Economist* (28. Juli), http://www.economist.com/node/4240539.
10. Der deutsche Bundestag verabschiedete 2005 sogar ein Luftsicherheitsgesetz, dass es der Bundeswehr erlaubt hätte, entführte Flugzeuge einfach abzuschießen. Allerdings wurde dieses Gesetz durch ein Urteil des Bundesverfassungsgerichts als verfassungswidrig erklärt.
11. Vgl. (2006), »Karlsruhe verbietet den Abschuss entführter Flugzeuge«, *SPIEGELOnline* (15. Februar), http://www.spiegel.de/politik/deutschland/0,1518,401003,00.html; (2010), »Paketbomben aus dem Jemen: Landesminister fordert Not-Abschuss von Frachtflugzeugen«, *SPIEGELOnline* (2. November), http://www.spiegel.de/politik/deutschland/0,1518,726840,00.html.
12. Vgl. Byman, »Do Targeted Killings Work?, S. 103f.
13. Vgl. ibid., S. 104.
14. Vgl. Plaw, *Targeting Terror*, S. 86.
15. Vgl. ibid., S. 88.

16. Vgl. Alex Wilner (2010), »Targeted Killings in Afghanistan: Measuring Coercion and Deterrence in Counterterrorism and Counterinsurgency«, *Studies in Conflict and Terrorism* (33:4), S. 318.
17. Vgl. Avi Kober (2007), »Targeted Killing During the Second Intifada: Quest for Effectiveness«, *The Journal of Conflict Studies* (27:1), S. 77.
18. Vgl. (2011), »UN: Deadliest Six Months for Afghan Civilians«, *Al Jazeera* (14. Juli), http://english.aljazeera.net/news/asia/2011/07/201171481738639871.html.
19. Vgl. Spencer Ackerman (2011), »Assassinations Up 588 Percent«, *Wired Danger Room* (9. März), http://www.wired.com/dangerroom/2011/03/assassinations-up-588-percent-in-afghan-province/.
20. Vgl. Alexandre Wilner (2008), »Deterring Terrorism: Lessons from Afghanistan«, *Dalhousie Graduate Society of Political Science/Third Annual Graduate Student Symposium*; vgl. auch: Hunter, *Targeted Killing*, S.55.
21. Vgl. Klein, *Striking Back*, S. 132.
22. Vgl. Byman, »Do Targeted Killings Work?«, S. 104.
23. Vgl. Wilner, »Deterring Terrorism«, S. 11
24. Vgl. S. Thomas O'Connor (2011), »Covert Action and Targeted Killing«, *Megalinks in Criminal Justice*, http://www.drtomoconnor.com/3440/3440lect07asecure.htm.
25. Vgl. Byman, »Do Targeted Killings Work«, S. 104.
26. Vgl. Don Radlauer (2010), »Rational Choice Deterrence and Israeli Counterterrorism«, *Institute for the Study of Asymmetric Conflict* (10. September), http://www.asymmetric-conflict.org/index.php/articles/radlauer-rational-choice.html.
27. Vgl. Z.B. John J. Donahue & Justin Wolfers (2006), »The Death Penalty: No Evidenc for Deterrence«, *The Economist's Voice* (April), http://www.deathpenaltyinfo.org/DonohueDeter.pdf; Jeffrey Fagan (2005), »Public Policy Choices on Deterrence and the Death Penalty: A Critical View of New Evidence«,*Testimony before the Joint Committee on the Judiciary of the Massachusetts Legislature on House Bill 3834*, »An Act Reinstating Capital Punishment in the Commonwealth« (15. Juli), http://www.deathpenaltyinfo.org/MassTestimonyFagan.pdf.
28. Vgl. Greg Miller (2011), »Increased Drone Strikes in Pakistan Killing Few High-Value Military Targets«, *The Washington Post* (20. Februar), http://www.washingtonpost.com/natio-

nal/increased-us-drone-strikes-in-pakistan-killing-few-high-ranking-militants/2011/02/20/ABdO3YQ_story.html.

29. Vgl. Helene Cooper & Mark Landler (2010), »Targeted Killing Is New U.S. Focus in Afghanistan«, *The New York Times* (31. Juli), http://www.nytimes.com/2010/08/01/world/asia/01afghan.html?pagewanted=all.
30. Vgl. Nick Davies (2010), »Afghanistan War Logs: Task Force 373 – Special Forces Hunting Top Taleban«, *The Guardian* (25. Juli), http://www.guardian.co.uk/world/2010/jul/25/task-force-373-secret-afghanistan-taliban.
31. Vgl. Spencer Ackerman (2011), »Team Petraeus Brings Body Count Back«, *Wired Danger Room* (8. März), http://www.wired.com/dangerroom/2011/03/team-petraeus-brings-body-counts-back/.
32. Vgl. Kathrin Bennhold (2011), »Afghanistan War ›Fragile‹ but Doable, General Says«, *The New York Times* (20. Juli), http://www.nytimes.com/2011/07/21/world/asia/21iht-military21.html.
33. Vgl. Belfield, *The Assassination Business*, S. XIV.
34. Vgl. Michael Scheuer (2011), »Always Ready for Death: Leadership Succession in Al Qaeda«, *Michael Scheuer's Non-Intervention.com* (5. Juni), http://non-intervention.com/937/always-ready-for-death-leadership-succession-in-al-qaeda/.
35. Vgl. Jenna Jordan (2009), »When Heads Roll: Assessing the Effectiveness of Leadership Decapitation«, *Security Studies* 18, S. 745.
36. Vgl. ibid., S. 30-31.
37. Vgl. Molly Moore (2004), »Killings May Make Hamas More Formidable«, *The Washington Post* (25. April), http://www.washingtonpost.com/ac2/wp-dyn/A39999-2004Apr24?language=printer.
38. Vgl. Hunter, *Targeted Killing*, S. 64.
39. Vgl. Rachel L. Swarns (2002), »Angolans Cheer the Peace and Hope It Will Stay Awhile«, *The New York Times* (5. April), http://www.nytimes.com/2002/04/05/world/angolans-cheer-the-peace-and-hope-it-will-stay-awhile.html?ref=jonassavimbi.
40. Vgl. Byman, »Do Targeted Killings Work?«, S. 100.
41. Vgl. (2011), »Karzai Abandons Peace Talks with the Taliban«, *BBC News* (30. September), http://www.bbc.co.uk/news/mobile/world-south-asia-15134128.
42. Vgl. Hosmer, *Operations Against Enemy Leaders*, S. 133.
43. Vgl. *PakistanBodyCount* (2011), http://pakistanbodycount.org/suicide_bombing.

44. Vgl. *South Asia Terrorism Portal* (2011), http://www.satp.org/satporgtp/countries/pakistan/database/casualties.htm.
45. Vgl. (2011), »Pakistan Wants End to US Drone Strikes«, *UPI* (11. April), http://www.upi.com/Top_News/World-News/2011/04/11/Pakistan-wants-end-to-US-drone-strikes/UPI-28051302551443/.
46. Vgl. Declan Walsh (2011), »Pakistan Orders US Out of Drone Base«, *The Guardian* (30. Juni), http://www.commondreams.org/headline/2011/06/30-2.
47. Vgl. (2011), »U.S. Image in Pakistan Falls No Further Following bin Laden Killing«, *Pew Research Center* (21. Juni), http://pewglobal.org/files/2011/07/Pew-Global-Attitudes-Pakistan-Report-FINAL-June-21-2011.pdf.
48. Vgl. Kate Woodsome (2010), »Poll: Majority of Pakistanis View America as Enemy«, *Voice of America* (30. Juni), http://www.voanews.com/english/news/Poll-Majority-of-Pakistanis-View-US-as-Enemy-99620719.html.
49. Vgl. Leila Hudson, Colin S. Owens & Matt Flannes (2011), »Drone Warfare: Blowback from the New American Way of War«, *Middle East Policy* (18:3), S. 126.
50. Vgl. (2011), »Estimated Costs of Post-9/ 11 Wars: 225,000 Lives, Up to $4 Trillion«, *Brown University Pressemitteilung* (29. Juni), http://news.brown.edu/pressreleases/2011/06/warcosts.
51. Vgl. (2011), »The Costs of Homeland Security/How Much Does All that Post-9/11 Security Cost?«, *The Economist* (8. September),http://www.economist.com/blogs/gulliver/2011/09/costs-homeland-security.
52. Vgl. Belfield, *The Assassination Busines*, S. XIV.
53. Vgl. Marc W. Herold (2011), »Drones, Predators, and Terminators ... Costs and Casualties«, *TacStrat* (28. September), http://tacstrat.com/content/?p=4907.
54. Vgl. (2011), »Drone Strikes Killing Few Leaders«, *UPI* (21. Februar), http://www.upi.com/Top_News/US/2011/02/21/Report-Drone-strikes-killing-few-leaders/UPI-16061298272647/.
55. Vgl. Ali Chishti (2011), »Time to Re-Think the Drone War«, *Military.com* (14. April), http://www.military.com/opinion/0,15202,229660,00.html.
56. Die direkten Kosten für die amerikanische Besetzung Afghanistans belaufen sich auf $100 Milliarden Dollar im Jahr, während die indirekten Kosten weitere $100 Milliarden Dollar betragen. Es werden etwa 2000 Taliban pro Jahr von der NATO getötet, was also etwa $50-$100 Millionen Dollar

entspricht, die die U.S.-Regierung ausgeben muss, um einen Taliban Kämpfer zu töten. Vgl. Matthew Nasuti (2010), »Killing Each Taliban Soldier Costs $50 Million«, *Kabul Press* (5. Oktober), http://www.informationclearinghouse.info/article26521.htm.

57. Vgl. Byman, »Do Targeted Killings Work?«, S. 100.
58. Vgl. Gordon Raynor, Con Coughlin & Duncan Gardham (2010), »British Threat to Israel Over Dubai Hamas Assassination«, *The Telegraph* (18. Februar), http://www.telegraph.co.uk/news/worldnews/middleeast/israel/7258631/British-threat-to-Israel-over-Dubai-Hamas-assassination.html.
59. Vgl. Ostrovsky & Hoy, *By Way of Deception*, S. 206.
60. Vgl. Klein, *Striking Back*, S. 186.
61. Vgl. ibid., S. 187.
62. Vgl. Alexander B. Calahan (1995), »Countering Terrorism: The Israeli Response to the 1972 Olympic Massacre and the Development of Independent Covert Action Teams«, *Marine Corps Command and Staff College*, Magisterarbeit, http://www.fas.org/irp/eprint/calahan.htm.
63. Vgl. Klein, *Striking Back*, S. 198.
64. Vgl. Black & Morris, *Israel's Secret War*, S. 277.
65. Vgl. Steven Eke (2006), »Russia Law on Killing ›Extremists‹ Abroad«, *BBC News* (27. November), http://news.bbc.co.uk/2/hi/europe/6188658.stm.
66. Vgl. ibid.
67. Vgl. Luke Harding (2010), »WikiLeaks Cables: Alexander Litvinenko Murder ›Probably Had Putin's OK«, *The Guardian* (1. Dezember), http://www.guardian.co.uk/world/2010/dec/01/wikileaks-cables-alexander-litvinenko-murder.
68. Vgl. Edward Lucas (2008), *The New Cold War/Putin's Russia and the Threat to the West*, Basingstoke: Palgrave Macmillan, S. 82.
69. Vgl. Alexander Litvinenko & Yuri Felshtinsky (2007), *Blowing Up Russia/The Secret Plot to Bring Back KGB Terror*, New York: Encounter Books.
70. Vgl. Alan S. Cowell (2008), *The Terminal Spy/A True Story of Espionage, Betrayal, and Murder*, New York: Doubleday, S. 285.
71. Vgl. Lucas, *The New Cold War*, S. 83.
72. Vgl. H. Fischer & Avril MacDonald (2002), *Yearbook of International Humanitarian Law, Vol. 5*, Den Haag: T.M.C. Asser Press, S. 758.

73. Vgl. Abdul Wahed Wafa & Mark McDonald (2008), »Deadly U.S. Airstrike Said to Have Hit Afghan Wedding Party«, *The New York Times* (5. November), http://www.nytimes.com/2008/11/05/world/asia/05iht-afghan.3.17553439.html.
74. Vgl. Ted Rall (2011), »The US Love Affair with Drones«, *Al Jazeera* (18. Juli), http://english.aljazeera.net/indepth/opinion/2011/07/201171791639571583.html.
75. Vgl. Ewen MacAskill (2011), »Two US Soldiers Killed in Friendly-Fire Drone Attack in Afghanistan«, *The Guardian* (11. April), http://www.guardian.co.uk/world/2011/apr/11/us-soldiers-killed-in-drone-attack.
76. Vgl. (2011), »Pentagon Report Admits Mistakes in Drone Strikes«, *Dawn.Com* (16. Oktober), http://www.dawn.com/2011/10/16/pentagon-report-admits-mistake-in-drone-strikes.html.
77. Vgl. Daniel Spencer (2010), »CIA Used Pirated, Inaccurate Software to Target DroneAttacks: Lawsuit«, *The Raw Story* (24. September), http://www.rawstory.com/rs/2010/09/24/cia-inaccurate-software-drone-attacks/.

6. Gefahren und Zukunft

1. Vgl. (2010), »Westerwelle hält Bekämpfung von Taliban für legitim«, *Welt Online* (4. August), http://www.welt.de/politik/deutschland/article8817332/Westerwelle-haelt-Bekaempfung-von-Taliban-fuer-legitim.html.
2. Vgl. Alan Dershowitz (2011), »Targeted Killing Vindicated?«, *Huffington Post* (2. Mai), http://www.huffingtonpost.com/alan-dershowitz/targeted-killing-vindicat_b_856538.html.
3. Vgl. Curtis Doebbler (2011), »The Illegal Killing of Osama bin Laden«, *Jurist Forum* (5. Mai), http://jurist.org/forum/2011/05/curtis-doebbler-illegal-killing-obl.php.
4. Vgl. Stephen M. Pezzi (2011), »The Legality of Killing Osama bin Laden«, *National Security Journal* (16. Mai), http://harvardnsj.com/2011/05/killing-osama-bin-laden-and-the-law/.
5. Vgl. Arabella Thorp (2011), »Killing Osama bin Laden: Has Justice Been Done«, *Bibliothek des Unterhauses* (16. Mai), www.parliament.uk/briefing-papers/SN05967.pdf.
6. Vgl. (2010), »Targeted Killing«, *American Civil Liberties Union* (28. April), http://www.aclu.org/human-rights-national-security/targeted-killings.

7. Vgl. (2009), *Antiterrorism and Force Protection Annual Refresher Training Course*, Washington, DC: U.S. Verteidigungsminsiterium; (2009), »Pentagon Exams Calls Protests ›Low Level Terrorism‹, Angering Activists«, *Fox News.com* (17. Juni), http://www.foxnews.com/story/0,2933,526972,00.html.
8. Vgl. Fox Business News vom 10. Dezember 2010.
9. Vgl. David Edwards (2010), »Gingrich: Assange is an ›Enemy Combattant‹, But Fault Is Obama's«, *The Raw Story* (5. Dezember 2010), http://www.rawstory.com/rs/2010/12/05/gingrich-assange-enemy-combatant/.
10. Vgl. Shane Bauer (2009), »Iraq's New Death Squad«, *The Nation* (3. Juni), http://www.thenation.com/article/iraqs-new-death-squad.
11. Vgl. Andrei Soldatov & Irina Borogan (2010), *The New Nobility/ The Restoration of Russia's Security State and the Enduring Legacy of the KGB*, New York: Public Affairs, S. 179-208.
12. Vgl. (2011), »Anna Politkovskaya: No Justice«, *The Economist* (2. Februar), http://www.economist.com/node/13167226; vgl. auch Edward Lucas (2009), *The New Cold War/ Putin's Russia and the Threat to the West*, New York: Palgrave Macmillan, S. 1-2.
13. Vgl. Robert Wall (2010), »Iran Unveils Karar UAV«, *Aviation Week* (23. August), http://www.aviationweek.com/aw/blogs/defense/index.jsp?plckController=Blog&plckScript=blogScript&plckElementId=blogDest&plckBlogPage=BlogViewPost&plckPostId=Blog%3A27ec4a53-dcc8-42d0-bd3a-01329aef-79a7Post%3Ac5ea1e7a-d7ef-40de-8f65-ab582c3519b4.
14. Vgl. Warren Mass (2010), »U.S. Concerned About Iran's Assault Boats and Drones«, *The New American* (25. August), http://thenewamerican.com/index.php/world-mainmenu-26/asia-mainmenu-33/4412-us-concerned-about-irans-assault-boats-and-drone.
15. Vgl. (2011), »China Building an Army of Unmanned Military Drones ›to Rival the U.S.‹«, *Daily Mail Online* (5. Juli), http://www.dailymail.co.uk/news/article-2011533/China-building-army-unmanned-military-drones-rival-U-S.html.
16. Vgl. Aleksandra Bielska (2010), »Drone Attacks – The Proliferation of a New Form of Warfare«, *Foreign Policy Journal* (27. August), http://www.foreignpolicyjournal.com/2010/08/27/drone-attacks-the-proliferation-of-a-new-form-of-warfare/.

17. Die USA, Israel, Großbritannien, Russland, Pakistan, Saudi-Arabien und die Türkei haben oder hatten ein Terrorismusproblem und haben auch gezielte Tötungen von bestimmten Terroristen durchgeführt oder waren daran maßgeblich beteiligt.
18. Vgl. Kashmir Hill (2011), »How Libyan Rebels Got a $120,000 Micro-Drone«, *Forbes* (26. August), http://www.forbes.com/sites/kashmirhill/2011/08/26/how-libyan-rebels-got-a-120000-mini-drone/.
19. Im September 2011 wurde der erste Fall eines geplanten Terroranschlags mit einer Drohne bekannt. Ein 26-jähriger Hochschulabsolvent plante mit einer mit Sprengstoff ausgestatteten Drohne Regierungsgebäude in Washington anzugreifen. Die libanesische Hesbollah benutzt bereits seit 2004 Aufklärungsdrohnen über Israel, 2006 griff erstmals eine Drohne ein israelisches Kriegsschiff an. Vgl. Kevin Johnson (2011), »Man accused of plotting drone attacks on Pentagon, Capitol«, *USA Today* (29. September), http://www.usatoday.com/news/washington/story/2011-09-28/DC-terrorist-plot-drone/50593792/1; Hamza Hemdawi (2006), »Israel: Hezbollah Drone Attacks Warship«, *The Washington Post* (14. Juli), http://www.washingtonpost.com/wp-dyn/content/article/2006/07/14/AR2006071401786.html.
20. Vgl. R. Jeffrey Smith & Joby Warrick (2009), »Disclosure of ›Targeted Killing‹ Program Comes at a Bad Time for CIA«, *Washington Post* (21. August), http://www.washingtonpost.com/wp-dyn/content/article/2009/08/20/AR2009082004064.html.
21. Vgl. ibid.
22. Zitiert von William Hartung (2011), *Prophets of War/ Lockheed Martin and the Making of the Military-Industrial Complex*, New York: Nation Books, S. 220.
23. Vgl. Jeremy Scahill (2010), »Blackwaters Black Ops«, *The Nation* (4. Oktober).
24. Vgl. Christopher Ketchum (2009), »Former CIA agent once played by George Clooney explains why he quit DC and is holing up in the mountains«, *CounterPunch* (5. November), http://www.alternet.org/story/143738/former_cia_agent_once_played_by_george_clooney_explains_why_he_quit_dc_and_is_holing_up_in_the_rockies/?page=1.
25. Vgl. Jeremy Scahill Interview mit Laura Flanders auf GRIT tv am 25. November 2009, http://grittv.org/2009/11/25/blackwaters-secret-war-in-pakistan/.

26. Vgl. John Prados (1996), *Presidents' Secret Wars*, Chicago, IL: Ivan R. Dee.
27. Die frühere School of the Americas in Fort Benning, GA, die mittlerweile Western Hemisphere Institute for Security Cooperation heißt, war Mitte der 1990er gezwungen benutzte Ausbildungshandbücher zu veröffentlichen. Diese Handbücher lehren Methoden wie »Folter, Erpressung, Zensur, falsche Verhaftungen, Hinrichtungen und die ›Neutralisierung‹ von Feinden«. S. Steven Lee Myers (1996), »Be All That You Can Be: Your Future as an Extortionist«, *The New York Times* (6. Oktober), http://www.nytimes.com/1996/10/06/weekinreview/be-all-that-you-can-be-your-future-as-an-extortionist.html?pagewanted=all&src=pm.
28. Vgl. (1998), »Summary of the 1993 UN Truth Commission On El Salvador«, *School of the Americas Watch*, http://www.soaw.org/about-the-soawhinsec/history/reports-citing/225.
29. Vgl. Jennifer Kibbe (2004), »The Rise of the Shadow Warriors«, *Foreign Affairs* (83:2), S. 102-103.
30. Vgl. Priest & Arkin, *Top Secret America*, S. 251.
31. Vgl. ibid. S. 254.
32. Vgl. (2011), »U.S. Flies Predator Drones Over Mexico to Spy on Drug Traffickers«, *Daily Mail Online* (17. März), http://www.dailymail.co.uk/news/article-1367184/U-S-flies-Predator-drones-Mexico-spy-drug-traffickers.html.
33. Vgl. (2011), »U.S. Special Forces Training Mexican Assassination Squads to Battle Cartels«, *Public Intelligence* (2. September), http://publicintelligence.net/u-s-special-forces-training-mexican-assassination-squads-to-battle-cartels/.
34. Vgl. Olga R. Rodriguez (2011), »Mexico: ›Zetas Killer‹ Kill at Least 67 People, Authorities Say«, *Huffington Post* (7. Oktober), http://www.huffingtonpost.com/2011/10/07/mexico-zeta-killers-kill-_n_1001006.html.
35. Vgl. (2011), »Mexico: Paramilitary ›Mata Zetas‹ Called Just Another Crime Group«, *Los Angeles Times* (30. September), http://latimesblogs.latimes.com/world_now/2011/09/mexico-government-denies-paramilitary-matazetas-zetas-drug-war-1.html.
36. Vgl. Michael Tennant (2011), »U.S. Special Forces Secretly Operating in 120 Countries«, *The New American* (9. August), http://thenewamerican.com/usnews/foreign-policy/8512-us-special-forces-operating-secretly-in-120-countries.

37. Vgl. (2011), »Pakistan's PM Warns of ›Full Force‹ Response to Future U.S. Raids«, *Fox News* (9. Mai), http://www.foxnews.com/politics/2011/05/09/pakistan-backlash-mounts-does-opportunity-new-terror-targets/#ixzz1Lsz8RWZI.
38. Vgl. Robert Windrem (2011), »US Prepares for Worst-Case Scenario with Pakistan Nukes«, *MSNBC* (3. August), http://openchannel.msnbc.msn.com/_news/2011/08/03/7189919-us-prepares-for-worst-case-scenario-with-pakistan-nukes.
39. Vgl. National Research Council (2008), *U.S. Conventional Prompt Global Strike: Issues for 2008 and Beyond*, Washjington, DC: National Academies Press, S. 1-2.
40. Vgl. David Axe (2011), »Air Force Waffles on Nutty ›ICBMs vs. Terrorists‹ Plan«, *Wired Danger Room Blog* (3. März), http://www.wired.com/dangerroom/tag/prompt-global-strike/; Noah Shachtman (2010), »How to Risk World War III, and Blow Billions Doing It«, *Wired Danger Room Blog* (26. April), http://www.wired.com/dangerroom/2010/04/how-to-risk-world-war-iii-and-blow-billions-doing-it/.
41. Vgl. Anatoly Diakov, Eugene Miasnikov & Timur Kadyshev (2011), »Nuclear Reductions After New START: Obstacles and Opportunities«, *Arms Control Today* (Mai), http://www.armscontrol.org/act/2011_05/Miasnikov.
42. Vgl. Kenneth Anderson (2011), »Efficiency in Bello and ad Bellum: Targeted Killing through Drone Warfare«, *Arbeitspapier* (23. September), http://papers.ssrn.com/sol3/papers.cfm?abstract_id=1812124, S. 17.
43. Vgl. ibid., S. 22.
44. Dies schließt über 267 dokumentierte Drohnenangriffe in Pakistan ein sowie dutzende von Drohnenangriffen in Jemen, Somalia und Lybien. Vgl. *Long War Journal* (http://www.longwarjournal.org/pakistan-strikes.php) und *Global Post* (http://www.globalpost.com/special_reports/drone_wars).
45. Vgl. Christian Caryl (2011), »U.S. Expert Says Robots Are Changing the Face of War«, *Radio Free Europe* (21. Juni), http://www.rferl.org/content/us_expert_says_robots_are_changing_the_face_of_war/24241776.html.
46. Vgl. (2011), »Drones Mean the Iraq War Is Never Over«, *Gizmodo* (21. Oktober), http://gizmodo.com/5852228/drones-mean-the-iraq-war-is-never-over.
47. Vgl. ibid.
48. Vgl. Turse & Engelhardt, *Terminator Planet*.
49. Vgl. Martin Libicki (1994), »The Mesh and the Net: Specu-

lations on Armed Conflict in an Age of Free Silicon«, *McNair Paper* 28 (März), http://www.isn.ethz.ch/isn/Digital-Library/Publications/Detail/?ots591=cab359a3-9328-19cc-a1d2-8023e646b22c&lng=en&id=23483.

50. Vgl. ibid. S. 19.
51. Vgl. ibid. S. 50.
52. Vgl. Drexler, *Engines of Creation*.
53. Vgl. Avrum Gubrud (1996), »Nanotechnology and International Security«, *Foresight Institute*, http://www.foresight.org/Conferences/MNT05/Papers/Gubrud/.
54. Vgl. Tom McCarthy (2000), »Molecular Nanotechnology and the World System: War in the Age of Invisible Machines«, *World System*, http://www.mccarthy.cx/WorldSystem/war.htm.
55. Vgl. (2012), »Dangers of Molecular Nanotechnology«, *Center for Responsible Nanotechnology*, http://www.crnano.org/dangers.htm.
56. Vgl. Hauck, »Pandora's Box Opened Wide«, S. 257.
57. Vgl. J. Storrs (2005), *Nanofuture/What's Next for Nanotechnology?*, Amherst, NY: Prometheus Books, S. 237.
58. Vgl. Drexler, *Engines of Creation*, S. 171-190; vgl. ebenfalls:Hall (2005), *Nanofuture*, S. 215-226.
59. Vgl. Paul R. Ehrlich, John Holdren & Anne H. Ehrlich (1977), *Ecoscience: Population, Resources, Environment*, New York: W.H. Freeman & Co.
60. Vgl. Noel Sharkey (2008), »Grounds for Discrimination: Autonomous Robot Weapons«, *RUSI Defence Systems* (Oktober).
61. Vgl. Tom Mangold & Jeff Goldberg (1999), *Plague Wars/The Terrifying Reality of Biological Warfare*, New York: St. Martin's Press, S. 260-261.
62. Vgl. (2003), »Emerging Technologies: Genetic Engineering and Biological Weapons«, *Sunshine Project Background Paper* 12 (November), http://www.sunshine-project.org/publications/bk/bk12.html.
63. Vgl. (2007), »Russia Observes the Human Specimen«, *Komersant* Nr. 92 (3668), (30. Mai), http://www.kommersant.ru/doc/769777.
64. Der überraschende Tod des Journalisten und politischen Aktivisten Andrew Breitbart in Los Angeles ist diesbezüglich womöglich relevant. Breitbart starb nach offizieller Darstellung in der Nacht zum 1. März 2012 an einem Herzinfarkt. Besonders verdächtig an diesem Fall sind allerdings mehrere Umstände: Breitbart hatte einen Monat zuvor an-

gekündigt, am 1. März (seinem Todestag) Videomaterial zu veröffentlichen, das eine Wiederwahl des Präsidenten Obama in Frage gestellt hätte; Breitbart war nur 43 Jahre alt und erfreute sich anscheinend bester Gesundheit; Breitbarts Leichenbeschauer, Michael Cromier, starb an einer Arsenvergiftung am selben Tag, an dem der offizielle Bericht veröffentlicht wurde, der den Tod Breitbarts als ›natürlich‹ erklärt; es ist ebenfalls bekannt, dass es Gifte und Energiewaffen gibt, die Herzinfarkte künstlich verursachen können. Diese Indizien sind natürlich kein Beweis für eine Ermordung des Journalisten, aber dieser und eine Vielzahl ähnlicher Fälle werfen doch die Frage auf, ob die USA und andere westliche Regierungen zuweilen auch Regimekritiker von ihren Geheimdiensten heimlich töten lassen.

65. So berichtete ACLU bereits 2008, dass die Terrorismus-Beobachtungsliste der U.S.-Regierung über eine Million Namen enthält. Vgl. (2008), »Terrorist Watch List Hits One Million Names«, *ACLU* (14. Juli), http://www.aclu.org/technology-and-liberty/terrorist-watch-list-hits-one-million-names. Eine konsolidierte Liste für Einwanderung und Terrorismus des U.S.-Außministeriums, der Zollbehörde, der DEA und des FBIs enthielt 2005 bereits 13 Millionen Namen. Vgl. Webb, *Illusion of Security*, S. 183. In Europa gibt es ebenfalls Terrorismus-Beobachtungslisten. Es gibt eine Liste der EU auf der einige Hundert Namen stehen. Darüberhinaus gibt es Listen der Geheimdienste der jeweiligen EU-Staaten. Der britische Inlandsgeheimdienst MI5 hatte während des Kalten Krieges Akten über Millionen von britischen Bürgern, die als ›subversiv‹ galten. Die Schweizer Polizei legte während des Kalten Krieges Akten zu 700.000 vermeintlich subversiven Schweizern an, was 1989 im Fichenskandal bekannt wurde. Tatsache ist, dass auch europäische Staaten schon seit Langem vermeintliche Staatsfeinde und Teroristen auf Listen setzen, die womöglich größere Teile der Bevölkerung umfassen könnten.

66. Das von Präsident Obama unterzeichnete Gesetz mit der Klausel für die unbegrenzte Sicherheitsverwahrung von Terrorismus-Verdächtigen (NDAA 2012) wurde von einem New Yorker Gericht im August 2012 für verfassungswidrig erklärt, woraufhin die Obama-Regierung Berufung eingelegt hat.

LITERATURVERZEICHNIS (AUSWAHL)

Alston, Philip (2010), »Report of the Special Rapporteur on Extrajudicial, Summary, or Arbitrary Executions«, *Vereinte Nationen Generalversammlung* (28. Mai).

— (2011), »The CIA and Targeted Killings Beyond Borders«, *New York University Public Law and Legal Theory Working Papers* (1. September).

Altmann, Jürgen (2004), »Military Nanotechnology: Perspectives and Concerns«, *Security Dialogue* (35:1), S. 61-79.

— (2006), *Military Nanotechnology/Potential Applications and Preventive Arms Control*, London: Routledge.

— (2009), »Preventive Arms Control for Uninhabited Military Vehicles«, in: R. Capurro & M. Nagenborg (Hrsg.), *Ethics and Robotics*, Heidelberg: AKA Verlag, S. 69-82.

Anderson, Kenneth (2009), »Targeted Killing in U.S. Counterterrorism Strategy and Law«, *Brookings Institution, Georgetown University Law Center, and Hoover Institution*, Counterterrorism and American *Statuary Law Working Paper.*

— (2011), »Targeted Killing and Drone Warfare: How We Came to Debate Whether There Is a ›Legal Geography of War‹«, *Washington College of War*, Forschungspapier No. 2011-16.

Andreas, Peter & Ethan Nadelmann (2006), *Policing the Globe/ Criminalization and Crime Control in International Relations*, Oxford: Oxford University Press.

Arkin, Ronald C. (2009), *Governing Lethal Behavior in Autonomous Robots*, Boca Raton, FL: CRC Press.

Bamford, James (2008), *The Shadow Factory/The Ultra-Secret NSA From 9/11 to the Eavesdropping of America*, New York: Doubleday.

Beck, Jürgen (2005), »The Silence of Words, and Political Dynamics in the World Risk Society«, in: Stephen Eric Bronner (Hrsg.), *Planetary Politics/Human Rights, Terror, and Global Society*, Oxford: Rowman & Littlefield Publishers.

Belfield, Richard (2005), *The Assassination Business/A History of State-Sponsored Murder*, New York: Carroll & Graf Publishers.

Bell, J. Bowyer (1979), *Assassin!*, New York: St. Martin's Press.

Berkowitz, Bruce (2002), »Is Assassination an Option?«, *Hoover Digest*, No. 1 (30. Januar), http://www.hoover.org/publications/hoover-digest/article/7926.

Black, Ian & Benny Morris (1991), *Israel's Secret Wars/A History of Israel's Intelligence Services*, New York: Grove Weidenfeld.

Blum, Gabriela & Philip Heymann (2010), »Law and Policy of Targeted Killing«, *Harvard National Security Journal* Vol. 1, S. 145-170.

Boyden, Andrew W., Phillip P. Menard & Robert Ramirez (2009), »What Is the Problem with Targeted Killing?«, *Naval Postgraduate School*, Monterey, CA, Research Report.

Burghardt, Tom (2009), »Network-Centric Warfare: Dominating Entire Societies Worldwide Through Ubiquitous Surveillance«, *Global Research* (11. Juni), http://www.globalresearch.ca/index.php?context=va&aid=13939.

Byman, Daniel (2006), »Do Targeted Killings Work?«, *Foreign Affairs* (85:2), S. 95-111.

Campbell, Kurt M. & Richard Weitz (2006), »Non-Military Strategies for Countering Islamist Terrorism: Lessons Learned from Past Counterinsurgencies«, *The Princeton Project Papers*, http://www.princeton.edu/~ppns/papers/counterinsurgency.pdf.

Casey, Demian (2005), »Breaking the Chain of Violence in Israel and Palestine«, *Syracuse Journal of International Law and Commerce* (32:2).

Celeski, Joseph D. (2010), »Hunter-Killer Teams: Attacking Enemy Safe Havens«, *Joint Special Operations University*, Report 10-1 (Januar).

Clausewitz, Carl von, (1963), *Vom Kriege/Vollständige letzte Fassung von 1832*, Reinbek: rororo.

Cordesman, Anthony (2010), »Attack of the Drones«, *The National Interest: Commentary* (4. Oktober), http://nationalinterest.org/commentary/attack-the-drones-4177.

Crawford, George (2008), *Manhunting/Reversing the Polarity of Warfare*, Baltimore, MD: Publish America.

— (2009), »Manhunting: Counter-Network Organization for Irregular Warfare«, *Joint Special Operations University*, Report 09-7 (September).

Cullen, Peter M. (2007), »The Role of Targeted Killing in the Campaign against Terror«, *U.S. Army War College*, Forschungspapier, Carlisle Barracks, PA.

Drexler, K. Eric (1987), *Engines of Creation/The Coming Era of Nanotechnology*, New York: Anchor Books.

Duke, Selwyn (2008), »The New Nanotech World: Good and Bad Things Come in Small Packages«, *The New American* (31. März).

Eichner, Klaus (2009), *Operation Condor/Eine Internationale des Terrors*, Berlin: Verlag Wiljo Heinen.

Entous, Adam (2010), »Special Report: How the White House Learned How to Love the Drone«, *Reuters* (18 Mai), http://www.reuters.com/article/idUSTRE64H5SL20100518.

Farren, Nick & John Gibb (2007), *Who's Watching You/The Chilling Truth About the State, Surveillance, and Personal Freedom*, New York: Conspiracy Books.

Follendore, Roy (2002), »Targeted Killing«, *Noise to Knowledge* (5. November), http://www.noisetoknowledge.com/targeted_killing.htm.

Ford, Franklin L. (1985), *Political Murder/From Tyrannicide to Terrorism*, Cambridge, MA: Harvard University Press.

Friedman, George (2010), »The Utility of Assassination«, *Stratfor* (22. Februar), http://www.stratfor.com/weekly/20100222_utility_assassination.

Gallahue, Patrick (2010), »Targeted Killing of Drug Lords: Traffickers as Members of Armed Opposition Groups and/or Direct Participants in Hostilities«, *International Yearbook on Human Rights and Drug Policy*, Vol. 1.

Graham, Stephen (2006), »Cities and the ›War on Terror‹«, *International Journal of Urban and Regional Research* (30:2), S. 255-276.

Green, Leslie C. (2000), *The Contemporary Law of Armed Conflict*, Manchester: Manchester University Press.

Gross, Michael L. (2003), »Fighting by Other Means in the Mideast: A Critical Analysis of Israel's Assassination Policy«, *Political Studies* 51, S. 350-368.

— (2004), »Assassination: Killing in the Shadow of Self-Defence«, in: J. Irwin (Hrsg.), *War and Virtual War: The Challenges to Communities*, Amsterdam: Rodopi, S. 99-116.

— (2006), »Assassination and Targeted Killing: Law Enforcement, Execution or Self-Defence?«, *Journal of Applied Philosophy* (23:3), S. 223-235.

— (2010), *Moral Dilemmas of Modern War/Torture, Assassination, and Blackmail in an Age of Asymmetric Conflict*, Cambridge: Cambridge University Press.

Hall, J. Storrs (2005), *Nanofuture/What's Next for Nanotechnology*, Amhurst, NY: Prometheus Books.
Hambling, David (2010), »Air Force Completes Killer Micro-Drone Project«, *Wired Danger Room Blog* (5. Januar), http://www.wired.com/dangerroom/2010/01/killer-micro-drone/.
Harder, Tyler J. (2002), »Time to Repeal the Assassination Ban of Executive Order 12,333: A Small Step in Clarifying Current Law«, *Military Law Review* 172, S. 1-39.
Harris, Shane (2010), »Are Drone Strikes Murder?«, *The National Journal* (9. Januar).
— (2010), *The Watchers/The Rise of America's Surveillance State*, New York: Penguin Press.
Hauck, Daryl J. (2005), »Pandora's Box Wide Open: UAVs Carrying Genetic Weapons«, *Air University*, Maxwell AFB, AL: *U.S. Air War College*.
Hayden, Tim (2008), »Reviving Vietnam War Tactics«, *The Nation* (31. März), http://www.thenation.com/article/reviving-vietnam-war-tactics.
Hodge, Nathan (2010), »Drone Pilots Could Be Tried for ›War Crimes‹, Law Prof Says«, *Wired Danger Room Blog* (28. April), http://www.wired.com/dangerroom/2010/04/drone-pilots-could-be-tried-for-war-crimes-law-prof-says/.
Hoffman, Bruce (1998), *Inside Terrorism*, New York: Columbia University Press.
Homan, Kees (2010), »Autonomous Killer Robots and Ethics«, *The Broker* (16. August), http://www.thebrokeronline.eu/Online-discussions/Blogs/Nano-Rights-and-Peace/Autonomous-killer-robots-and-ethics.
Hosmer, Stephen T. (2001), *Operations against Enemy Leaders*, Santa Monica, CA: RAND.
Hudson, Miles (2000), *Assassination*, Stroud, UK: Sutton Publishing.
Hunter, Thomas B. (2009), *Targeted Killing/Self-Defense, Preemption, and the War on Terrorism*, Charlotte, SC: BookSurge.
Ignatieff, Michael (2004), *The Lesser Evil/Political Ethics in an Age of Terror*, Princeton: Princeton University Press.
Jahagirdar, Om M. (2008), »Targeted Killing, Not Assassination: The Legal Case for the United States to Kill Terrorist Leaders«, *Journal of Islamic Law and Culture* (10:2), S. 231-248.
Johnson, Glenn (2007), »Mortus Discriminatus: Procedures in Targeted Killing«, *Naval Postgraduate School*, Monterey, CA, Research Report.

Jones, Seth G. & C. Christine Fair (2010), *Counterinsurgency in Pakistan*, Santa Monica, CA: RAND.
Jordan, Jenna (2009), »When Heads Roll: Assessing the Effectiveness of Leadership Assassination«, *Security Studies* 18, S. 719-755.
Kaplan, Edward (2005), »What Happened to Suicide Bombings in Israel? Insights from a Terror-Stock Model«, *Studies in Conflict & Terrorism* 28, S. 225-235.
Kilcullen, David J. (2005), »Countering Global Insurgency«, *Journal of Strategic Studies* (28:4), S. 597-617.
Kitfield, James (2010), »Wanted: Dead«, *NationalJournal.com* (9. Januar), http://www2.nationaljournal.com/member/magazine/-wanted-dead--20100109?print=true.
Klein, Aaron (2007), *Striking Back/The 1972 Munich Olympics Massacre and Israel's Deadly Response*, New York: Random House.
Kober, Avi (2007), »Targeted Killing during the Second Intifada: Quest for Effectiveness«, *Journal of Conflict Studies*, 27, S. 76-93.
Kretzmer, David (2005), »Targeted Killing of Suspected Terrorists: Extra-Judicial Executions or Legitimate Means of Defence«, *The European Journal of International Law* (16:2), S. 171-212.
Machon, Matthew J. (2006), »Targeted Killing as an Element of U.S. Foreign Policy in the War on Terror«, *School of Advanced Military Studies*, U.S. Army and General Staff College Fort Leavenworth, KA.
Mannes, Aaron (2008), »Testing the Snake Head Strategy: Does Killing or Capturing Its Leaders Reduce a Terrorists Group's Activity?«, *The Journal of International Policy Solutions* (9:1), S. 40-49.
Martin, Matt J. & Charles W. Sasser (2010), *Predator/The Remote-Control Air War Over Iraq and Afghanistan*, Minneapolis, MN: Zenith Press.
May, Larry (2007), *War Crimes and Just War*, Cambridge: Cambridge University Press.
Mazetti, Mark (2009), »C.I.A. Sought Blackwaters Help to Kill Jihadists«, *New York Times* (19. August), http://www.nytimes.com/2009/08/20/us/20intel.html.
Meisels, Tamar (2004), »Targeting Terror«, *Social Theory and Practice* (30:3), S. 297-326.
Melzer, Nils (2009), *Targeted Killing in International Law*, Oxford: Oxford University Press.

Metz, Steven (2000), *Armed Conflict in the 21st Century: The Information Revolution and Post-Modern Warfare*, Carlisle, PA: Strategic Studies Institute.

Morehouse, Matthew (2011), »*Hellfire* and Grey Drones: An Empirical Examination of the Effectiveness of Targeted Killing«, *Magisterarbeit Universität von Nebraska*.

Münkler, Herfried (2003), *Die neuen Kriege*, Reinbek: Rowohlt.

Naftali, Timothy (2005), *Blind Spot/The Secret History of American Counterterrorism*, New York: Basic Books.

O'Brien, Kevin (2010), »Counter-Intelligence for Counterrevolutionary Warfare: The South African Police Security Branch 1979-1990«, *Intelligence and National Security* (16:3), S. 27-59.

Ofek, Hillel (2010), »The Tortured Logic of Obama's Drone War«, *The New Atlantis* (Frühjahr), S. 35-44.

Ostrovsky & Claire Hoy (1990), *By Way of Deception/The Making and Unmaking of a Mossad Officer*, New York: St. Martin's Press.

Patterson, Eric & Teresa Casale (2005), »Targeting Terror: The Ethical and Practical Implications of Targeted Killing«, *International Journal of Intelligence and Counterintelligence* (18:4), S. 638-652.

Pedhazur, Ami (2009), *The Israeli Secret Services & the Struggle Against Terrorism*, New York: Columbia University Press.

Peritz, Aki & Eric Rosenbach (2012), *Find, Fix, Finish/Inside the Counterterrorism Campaigns that Killed Bin Laden and Devastated Al-Qaeda*, New York: Public Affairs.

Plaw, Avery (2008), *Targeting Terrorists/A License to Kill*, Aldershot, VK: Ashgate.

Poole, H. John (2006), *Terrorist Trail/Backtracking the Foreign Fighter*, Emerald Isle, NC: Posterity Press.

Priest, Dana & William M. Arkin (2011), *Top Secret America/ The Rise of the New American Security State*, New York: Little, Brown & Co.

Ratner, Daniel & Mark A. Ratner (2004), *Nanotechnology and Homeland Security/New Weapons for New Wars*, Upper Saddle River, NJ: Prentice Hall.

Raviv, Dan & Yossi Melman (2012), *Spies Against Armageddon/Inside Israel's Secret Wars*, New York: Levant Books.

Reeve, Simon (2000), *One Day in September/The Story of the 1972 Munich Olympics Massacre*, London: Faber & Faber.

Rosenau, William & Austin Long (2009), *The Phoenix Program and Contemporary Counterinsurgency*, Santa Monica, CA: RAND.

Schellenberger, Michael (2009), »Is the Predator Assassination Program Helping or Hindering the War on Terrorists?«, *Breakthrough Blog* (23. Oktober), http://thebreakthrough.org/blog/2009/10/is_predator_assassination_prog.shtml.

Schmitt, Carl (1963), *Die Theorie des Partisanen*, Berlin: Duncker & Humblot.

— (1988), *Die Wendung zum diskriminierenden Kriegsbegriff*, Berlin: Duncker & Humblot.

— (1996), *Der Begriff des Politischen*, Berlin: Duncker & Humblot.

Schmitt, Michael N. (1992), »State-sponsored Assassination in International and Domestic Law«, *Yale Journal of International Law* 17, S. 609-657.

— (2005), »Precision Attack and International Humanitarian Law«, *International Review of the Red Cross* (87:859), S. 455-466.

Singer, Peter W. (2009), *Wired for War/The Robotics Revolution and Conflict in the 21st Century*, London: The Penguin Press.

— (2010), »The Ethics of Killer Applications: Why Is It So Hard to Talk about Morality When It Comes to New Military Technology?«, *Journal of Military Ethics* (9:4), S. 299-312.

Smith, Michael (2007), *Killer Elite/The inside Story of America's Most Secret Special Operations Team*, New York: St. Martin's Press.

Soldatov, Andrei & Irina Borogan (2010), *The New Nobility/The Restoration of Russia's Security State and the Enduring Legacy of the KGB*, New York: Public Affairs.

Sperotto, Federico (2010), »Illegal and Ineffective? Drone Strikes and Targeted Killing in ›the War on Terror‹«, *OpenSecurity* (17. März), http://www.opendemocracy.net/opensecurity/federico-sperotto/illegal-and-ineffective-drone-strikes-and-targetted-killing-in-war-on#.

Stark, John T. (2002), *Selective Assassination as an Instrument of National Policy*, Boulder, CO: Paladin Press.

Statman, Daniel (2004), »Targeted Killing«, *Theoretical Inquiries in Law* (5:1), S. 183-202.

Tinetti, John (2004), »Lawful Targeted Killing or Assassination? A Roadmap for Operators in the Global War on Terror«,Newport, RI: *U.S. Naval War College*.

Turse, Nick & Tom Engelhardt (2012), *Terminator Planet/The History of Drone Warfare 2001-2050*, Lexington, KY: Dispatch Books.

Wachtel, Howard A. (2005), »Targeting Osama bin Laden: Examining the Legality of Assassination as a Tool of U.S. Foreign Policy«, *Duke Law Journal* (55:3), S. 677-710.

Ward, Thomas (2000), »Norms and National Security: The Case of International Assassination«, *International Security* (25:1), S. 105-133.

Warrick, Joby & Peter Finn (2010), »Amid Outrage Over Civilian Deaths in Pakistan, CIA Turns to Smaller Missiles«, *Washington Post* (26. April), http://www.washingtonpost.com/wp-dyn/content/article/2010/04/25/AR2010042503114.html.

Webb, Maureen (2007), *Illusions of Security/Global Surveillance and Democracy in the Post-9/11 World*, San Francisco, CA: City Lights.

Weinberger, Sharon (2009), »What Kind of Top Secret Assassination Tech Does $58 Billion Buy?«, *Popular Science* (9. September), http://www.popsci.com/technology/article/2010-08/anyone-anywhere-anytime.

Werner, Wouter G. (2010), »The Changing Face of Enmity: Carl Schmitt's International Theory and the Evolution of the Concept of War«, *International Theory* (2:3), S. 351-380.

White, Ronald F. (2007), »A Prologomenon to a General Theory of Assassination«, *Assassination Research* (5:1), S. 1-22.

Whitlock, Craig (2009), »U.S. Hit Lists of Suspected Afghan Drug Lords Draws Protests«, *The Washington Post* (24. Oktober), http://www.washingtonpost.com/wp-dyn/content/article/2009/10/23/AR2009102303709.html.

Wijze, Stephen de (2009), »Targeted Killing: a ›Dirty Hands‹ Analysis«, *Contemporary Politics* (15:3), S. 305-320.

Wilner, Alex S. (2010), »Targeted Killings in Afghanistan: Measuring Coercion and Deterrence in Counterterrorism and Counterinsurgency«, *Studies in Conflict and Terrorism* (33:4), S. 307-329.

— (2011), »Deterring the Undeterred: Coercion, Denial, and Delegitimization in Counterterrorism«, *Journal of Strategic Studies* (34:1), S. 3-37.

Yenne, Bill (2004), *Attack of the Drones/A History of Unmanned Aerial Combat*, St. Paul, MN: Zenith Press.

— (2010), *Birds of Prey/Predators, Reapers and America's Newest UAVs in Combat*, North Branch, MN: Specialty Press.

Yoo, John (2011), »Assassination or Targeted Killings after 9/11«, *New York Law School Law Review* 56, S. 57-79.

Zenko, Micah (2010), *Between Threats and War/U.S. Discrete Military Operations in the Post-Cold War World*, Stanford, CA: Stanford University Press.

Zussman, Asaf & Noam Zussman (2010), »Targeted Killings: Assessing the Effectiveness of a Counterterrorism Policy«, *Bank of Israel Research Department Discussion Paper* 2005.02 (Januar).

Erste Auflage Berlin 2012

Göhrener Str. 7, 10437 Berlin
info@matthes-seitz-berlin.de

Druck und Bindung: Pustet, Regensburg

www.matthes-seitz-berlin.de

ISBN 978-3-88221-568-7